色彩学概説

千々岩英彰

東京大学出版会

I　セガンティーニ「アルプスの真昼」(1892年, 大原美術館蔵)
線描による, 並置的加法混色の原理を応用した例.

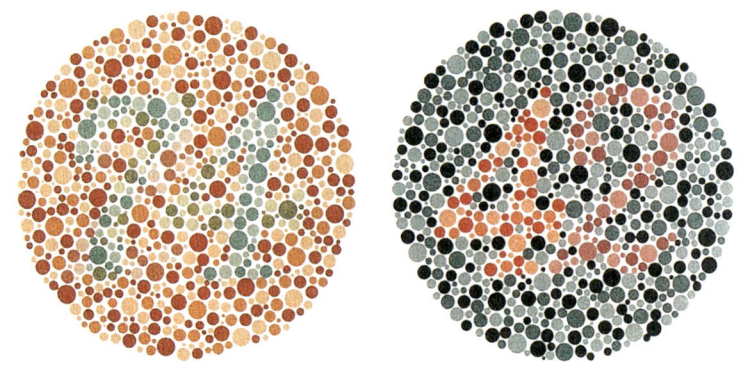

2 石原式色覚検査表の図版例
左は健常者には74に，色覚障害者には21に見える．右は健常者と赤緑色覚障害者には
42に見える．赤色覚障害者には4が，緑色覚障害者には2が見えにくい．

3 マッカロウ効果
黒と赤の右下り模様と黒と緑の左下り模様を交互に10秒間ずつ5分間から10分間凝視した後で，
黒と白の模様に視線を移すと，右下り模様には緑が，左下り模様には赤がうっすら見えてくる．

An Outline of Color Science
Hideaki CHIJIIWA

University of Tokyo Press, 2001
ISBN978-4-13-082085-1

4 同時的色相対比と彩度対比

5 色対比に及ぼす図柄の影響 (Albers, J., 1963)

6 赤と青の文字の見かけの大きさの比較
赤い文字の方が青い文字よりやや大きく見える．

7 ネオンカラー効果
文字の内部が黄色で照らされているように見える．

8 渦巻き模様の色の変容（村上直子, 1984）
離れて見ると，内側の渦巻きの色は赤く輝いて見える．

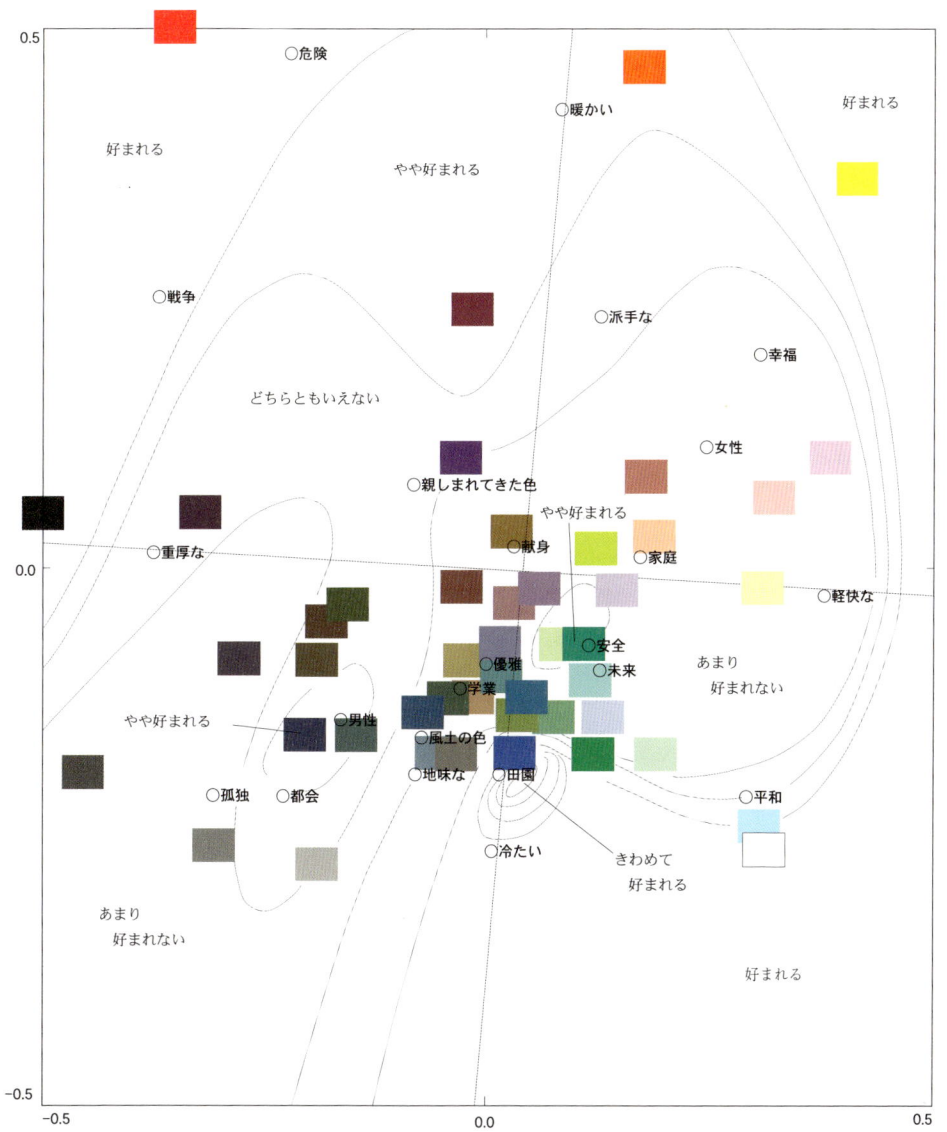

9 色彩感情空間 (千々岩英彰, 1997)
色の連想・意味・イメージを20ヵ国・地域の学生に答えさせた結果から
得られた各概念と色の布置を示す.

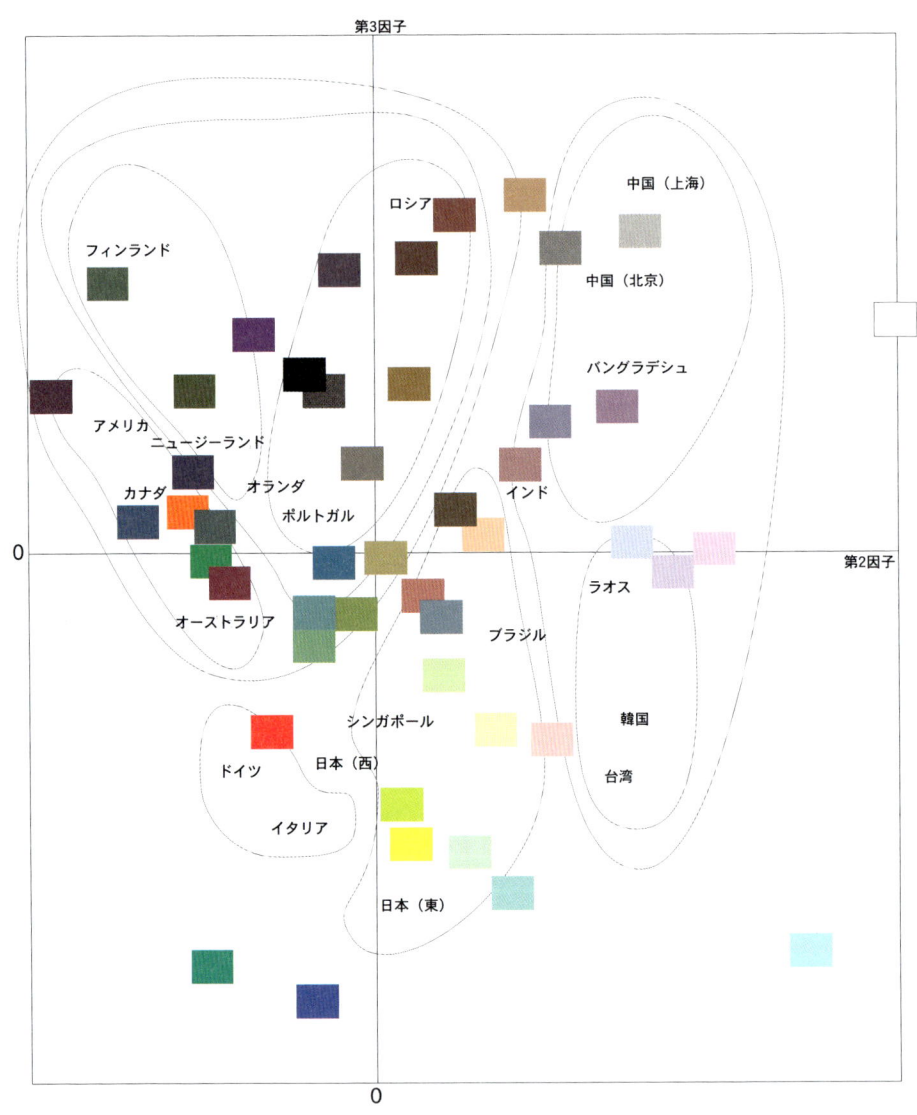

10 国・地域による色の好みの違い (千々岩英彰, 1997)
色の好みの違いにより, 20ヵ国・地域は大きく三つに分けられる.

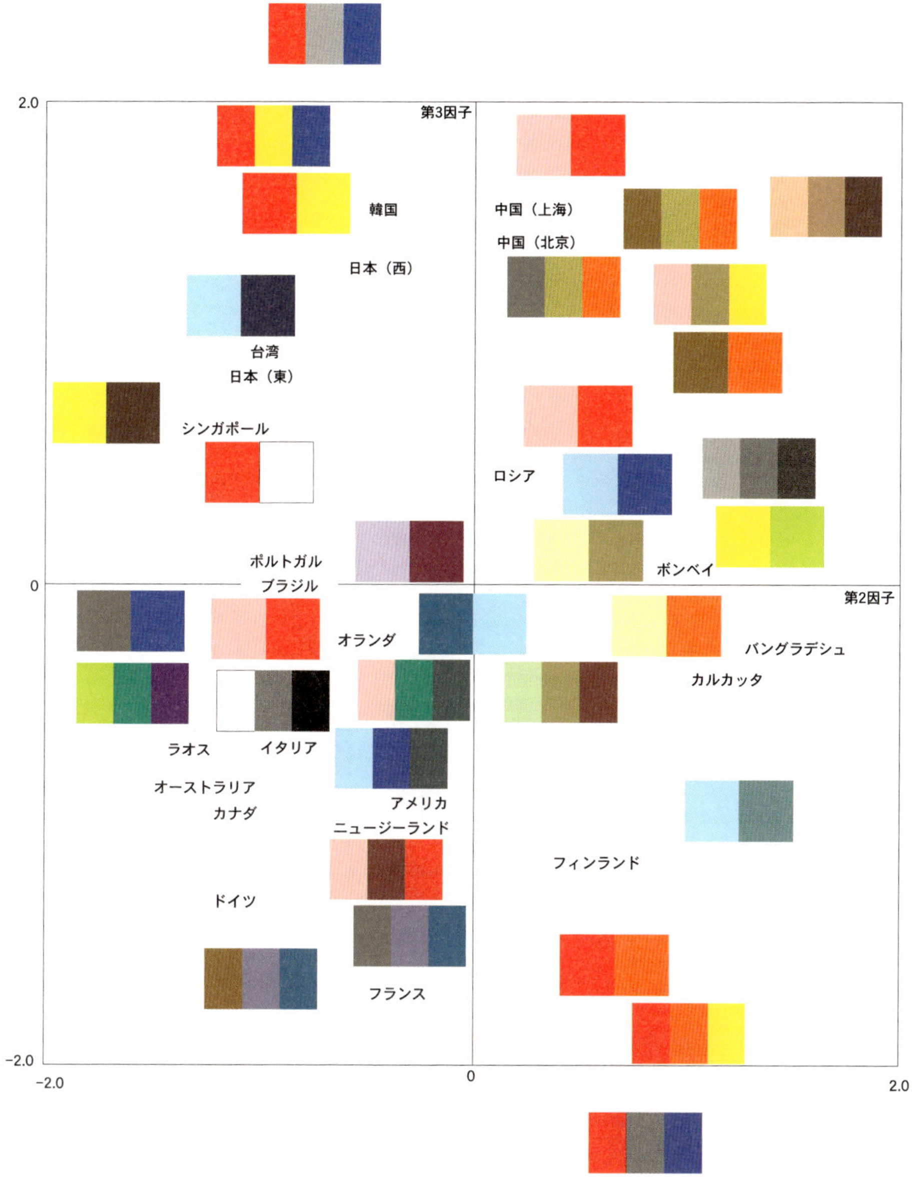

11 国・地域による配色の好みの違い (千々岩英彰, 1997)
配色の好みの違いにより, 20ヵ国・地域は大きく四つに分けられる.

国名	1位	2位	3位	4位	5位	6位
全体合計	赤	白	緑	青	紺	橙
日本（東日本）	赤	白	紺	茶	紫	黄緑
日本（西日本）	赤	白	緑	黄緑	茶	紫
中国（上海）	赤	橙	黄			
中国（北京）	赤	黄	茶	橙		
韓国	白	ベージュ	赤			
台湾	赤	黄	緑			
ラオス	白	茶	青	橙	黄	灰
シンガポール	赤	白	黒	青	緑	水色
インド（ボンベイ）	橙	赤	茶			
インド（カルカッタ）	橙		白	茶	緑	深緑
バングラデシュ	白	茶	緑	ベージュ	茶	赤
オーストラリア	青	赤		白	黄	
ニュージーランド	緑	黒	青	茶	紺	赤
カナダ	赤	緑	黒	青	深緑	白
アメリカ	赤	青	緑		白	茶
ブラジル	緑	白	黄			
ロシア	赤	青灰	白	灰	茶	
フィンランド	青	青	白			
オランダ	橙	青	青	赤	緑	茶
ドイツ	赤	青	黒	茶	紺	茶
フランス	ベージュ	青	青	灰	ベージュ	茶
ポルトガル	緑	赤	黒	紺		
イタリア	緑	青	赤	青	黄	灰

12「もっとも親しまれてきた色」の比較（千々岩英彰, 1997）
アジアは女性的な, 欧米は男性的な色に親しんできたということのほかに,
宗教や国旗との関係が深いことを示す.

まえがき

　本書は，筆者の前著『色彩学』（福村出版，1983）をその後の研究発展に即して書き改めたものである．前著は筆者が若い頃に書いた『色彩学』（武蔵野美術大学通信教育部，1970）に拠っていたから，それから数えると本書は二度書き改めたことになる．

　その間に，色を取り巻く環境は大きく変化した．新しい色彩理論と新しい色彩技術が誕生したかどうかはともかく，色の知識と技術はこれまでになく普及し，誰もが色を気軽に楽しめるようになったことは確かである．今では高度情報化社会やマルチメディア時代の到来が現実のものとなってきたが，その中心的役割を果たしているのが"色"である．それだけに，色の楽しみを享受するだけでなく，色によって自分の思想や感情をわかりやすく周囲に伝えることが大切になってきた．そうなると，色とは何か，どう使うのがよいかなどを知ることが非常に重要になる．今後は，絵画やデザインの学生たちがこれまで頭を悩ませてきたのと同じことを，一般の人びともしなければならなくなるだろう．カラーコーディネーターが脚光を浴びているのも，これと関係がある．

　筆者は学生たちが抱えている色の問題のすべてを知っているわけではないが，これまで30数年間にわたって2万人以上の学生に接し，色の問題を克服するさまをこの目で見てきたから，その長所も短所もよくわかっているつもりである．学生たちの長所は興味があることには最大限の努力を払うということである．たとえば彼らは，混色や残像，対比，同化などの色彩現象に強い興味を持っている．だから，教科書から知識を得るだけでは満足せず，それを自ら確かめ，制作に応用しようとする．これは大変よいことである．だが，色の調和やイメージ，嗜好といった問題に対しては，自分たちにとって身近かな問題であるにもかかわらず，あまり興味を示さない．統計に基づく知識よりもむしろ自分の経験や感性を大事にしたいかのようである．

　しかし，興味のあるものには積極的に取り組むがそうでないものには耳を

傾けないというのでは，色の問題を解決する本当の力はつきにくい．色の本質を知り応用力をつけるためには，色全般にわたる総合的な理解力を養う必要がある．その意味で，色の心理物理学や測色学のような少し厄介と思われる分野の話にも耳を傾ける努力を惜しんではならない．本書の構成と内容は以下のとおりである．

第1章では，色とは何かを考えるためにヘレン・ケラー女史の視覚世界の話から入り，色を知るにはどういうことがらを明らかにしなければならないか，また色をどのようにして定量化するかなど，色の根本的な問題について解説した．

第2章では，感覚としての色を具体的にはどのようにして表すか，色光の割合によるものから色見本に記号をつけたり色名によるものまで，各種の約束ごとについて説明した．第3章では，混色の原理と応用について述べた．

第4章と5章では，色の心理学的研究の成果を比較的詳しく解説した．そして最後の第6章では，代表的な色彩調和理論と近年の研究動向について紹介した．また，第5章と6章では，筆者らが行った色彩感情の国際比較のデータに基づき，類書とはひと味違った色彩論を展開している．

以上，本書の構成はきわめて常識的である．しかし，色の心理的作用の解説にかなり多くのページを割いている点で類書とは異なる．また，読者が理解しやすいように，各章には図を多用し，必要な文献もできるだけ多く掲載している．本書は美術や芸術系の大学で絵画やデザイン，建築などを学ぶ学生の教科書としてだけではなく，カラーコーディネーターの資格認定制度に関係するか関心深い人びとの副読本としても，また色に興味を持つ一般の人びとの入門書としても十分役立つだろうと自負している．

最後になるが，このたび新版成るにあたり，筆者の著書から本書へ一部転載することを承諾していただいた福村出版(株)に感謝したい．また，本書の企画から出版まで，すべてにわたって尽力して下さった，東京大学出版会編集部の井上三男氏に心からお礼を申し上げる．

2001年3月

千々岩英彰

目　次

まえがき

第1章　色の世界の成り立ち

1.1　色の役割 …………………………………………………………………… 1
1.2　目が不自由な人の視覚の世界 ……………………………………………… 2
1.3　色とは何か ………………………………………………………………… 4
　1.3.1　色の概念と測定法 ─────5
　1.3.2　色の定義 ─────8
　1.3.3　色彩学の性格 ─────9
1.4　色の諸相と色の見え方・感じ方 ………………………………………… 10
　1.4.1　光の進路からみた色の種類 ─────11
　　　　(1) 光源色　11,　(2) 物体色　12,　(3) 開口色　12
　1.4.2　色の現象的様相による分類 ─────13
　　　　(1) 面色　13,　(2) 表面色　13,　(3) 空間色　13
　1.4.3　色の感覚知覚的属性による分類 ─────14
　　　　(1) 色相　14,　(2) 彩度　14,　(3) 明度　15
　1.4.4　色の心理的作用による分類 ─────16
　　　　(1) 活動性　16,　(2) 力量性　17,　(3) 快適性　17
1.5　色刺激の物理的性質 ……………………………………………………… 18
　1.5.1　光の特性 ─────19
　1.5.2　光源の種類とその特性 ─────21
　　　　(1) 白熱光源　21,　(2) 冷光源　23,　(3) レーザー光線　24
　1.5.3　物体による光の変容 ─────25
　1.5.4　着色材の性質 ─────29
1.6　視覚系の構造と機能 ……………………………………………………… 30
　1.6.1　光受容器としての目の構造 ─────31
　1.6.2　視覚路と視中枢 ─────35
　1.6.3　脳における色彩情報の処理 ─────36
　1.6.4　網膜における光化学的変化 ─────38
　　　　(1) 視紅　38,　(2) 視紫　40
　1.6.5　視覚の欠陥と色覚障害 ─────40
　　　　(1) 一色型色覚　43,　(2) 二色型色覚　44,　(3) 障害三色型色覚　44

1.6.6 色覚説――――46
(1)ヤング-ヘルムホルツの三色説　46, (2)ヘリングの反対色説　47, (3)ハーヴィッヒ-ジェームソンの反対色過程説　47, (4)ラッド・フランクリンの発生説　48, (5)フォン・クリースの二重説　49, (6)そのほかの色覚説　49

第 2 章　色の表し方

2.1 CIE 表色法 ··51
 2.1.1 標準の光――――52
 2.1.2 観察条件――――53
 2.1.3 *RGB* 表色系――――54
 2.1.4 *XYZ* 表色系――――56
 2.1.5 UCS 表色系――――60
2.2 マンセル表色系 ···63
2.3 オストワルト表色系 ···67
2.4 DIN 表色系 ···72
2.5 NCS 表色系 ··74
2.6 PCCS 表色系 ··76
2.7 色名による色の表し方 ··78

第 3 章　混色の原理と応用

3.1 加法混色 ··83
3.2 減法混色 ··86
3.3 三原色 ···88
3.4 着色材混合 ···89

第 4 章　色の感覚的・知覚的作用

4.1 色感覚の基本的性質 ···93
4.2 光（色）刺激の強さと色の見え方 ···95
 4.2.1 プルキンエ現象――――96
 4.2.2 ベツォルト-ブリュッケ現象――――100
 4.2.3 アブニー効果――――101
4.3 刺激の大きさと色の見え方 ··103
4.4 刺激時間と色の見え方 ··105
4.5 色の残像 ··108

4.6 刺激と目の感受性の関係 ……………………………………………… 110
　4.6.1 暗順応視 —— 110
　4.6.2 明順応視 —— 112
　4.6.3 色順応視 —— 113
4.7 照明と色の見え方 ……………………………………………………… 113
4.8 色の恒常性 ……………………………………………………………… 116
4.9 対比的場面での色の見え方 …………………………………………… 118
　4.9.1 明るさの対比 —— 119
　4.9.2 マッハの帯と側抑制 —— 120
　4.9.3 色の対比 —— 123
　4.9.4 色対比に及ばす図柄の影響 —— 125
4.10 色の同化現象 ………………………………………………………… 126
4.11 色知覚と記憶色 ……………………………………………………… 128
4.12 色知覚と個人差 ……………………………………………………… 133
4.13 色の見えやすさと見えにくさ ……………………………………… 136
　4.13.1 図色と地色の関係 —— 136
　4.13.2 色の誘目性 —— 137
　4.13.3 色を見えやすくする工夫 —— 138

第5章　色の認知的・感情的作用

5.1 色の属性間効果 ………………………………………………………… 141
　5.1.1 色の大きさ感 —— 142
　5.1.2 色と距離感 —— 145
　5.1.3 色と形態感 —— 146
5.2 色の様相間効果 ………………………………………………………… 148
　5.2.1 色と共感覚 —— 148
　　　　(1) 色と音　149，(2) 色と味，色と香り　150
　5.2.2 色と時間感覚 —— 154
　5.2.3 色と軽重感 —— 155
　5.2.4 色と温冷（暖寒）感 —— 156
　5.2.5 色と派手地味感 —— 158
5.3 色の感情効果 …………………………………………………………… 160
　5.3.1 色の感情効果の研究方法 —— 160
　5.3.2 単色の感情効果 —— 161
　5.3.3 配色の感情効果 —— 165

5.4 色彩嗜好 ……………………………………………………………………………168
　5.4.1 色彩嗜好における共通性と特殊性──────169
　5.4.2 色彩嗜好を規定する要因──────170
　　　　(1)年齢と性　171, (2)地域　172, (3)民族　174, (4)時代　174
　5.4.3 色彩嗜好とパーソナリティ──────175
　5.4.4 色彩嗜好の反応の特質──────176
5.5 色の意味的作用 ……………………………………………………………………179
　5.5.1 色の連想と象徴──────179
　5.5.2 色の意味と生活への応用──────187
5.6 色彩認知と色彩感情の国際比較 …………………………………………………189
　5.6.1 全般的傾向──────189
　5.6.2 国・地域による違い──────190
　5.6.3 色彩感情の「日本的」と「欧米的」──────191
　5.6.4 「親しまれてきた色」と宗教および国旗の色との関係──────193

第6章　色の美的作用

6.1 色彩調和理論の沿革 ………………………………………………………………195
6.2 シュヴリュールの色彩調和論 ……………………………………………………199
6.3 オストワルトの色彩調和論 ………………………………………………………201
6.4 ムーンとスペンサーの色彩調和論 ………………………………………………203
　6.4.1 色彩調和の区分──────203
　6.4.2 面積効果──────205
　6.4.3 配色の美度──────206
6.5 最近の色彩調和論 …………………………………………………………………209
　6.5.1 細野尚志らの研究──────209
　6.5.2 納谷嘉信らの研究──────210
　6.5.3 千々岩英彰らの研究──────211
　6.5.4 ジャッドの色彩調和の原理──────213

【終わりに】色彩学の課題──快適色彩環境づくりをめざして ……………………216

文　献 …………………………………………………………………………………219
索　引 …………………………………………………………………………………229

第1章

色の世界の成り立ち

1.1 色の役割

われわれは，外界からの情報をいわゆる五感をとおして獲得している．その中でもっとも重要なものは，視覚をとおして得られる情報である．視覚による情報は，さらに対象の大きさ，形，運動，質感，および色彩などの情報に分けられるが，中でも色彩は，視覚的印象形成に欠くことのできない重要な情報の一つである．

もしわれわれが色を見分けることができなかったならば，外界に関する情報の量と質は低下してしまい，場合によっては生活に支障をきたすかもしれない．たとえば，魚や肉，野菜や果物などの食物が新鮮か，腐りかけていないか，食べごろかなどといったことがわからず，困ることになろう．内科の医師は患者の皮膚の色を見ればどこが悪いかおおよそ見当がつくそうだし，われわれも皮膚の色で家族や友人の体調や心理状態を判断することがあるけれども，そういうことができなくなるおそれがある．

色彩はこのように，食物の鮮度や味覚，人の健康状態といった，われわれにとってもっとも大切なことがらを判断する上で，重要な手掛りとなっているのである．もちろん，白黒写真や白黒映画のように，画像に色がついていなくてもその内容が理解でき，楽しめる場合もある．しかし，夕日の彼方に消えて行く幌馬車の光景や火事場の中を逃げまどう人びとの場面などは，白黒だけでは十分に理解できない．これらの映像は，色彩によって表現されたとき，真に迫った効果をもたらす．

このように色彩は，人間の五感や感情を刺激し，臨場感を高める力を持っており，われわれの生活に拡がりと潤いを与えているのである．

1.2 目が不自由な人の視覚の世界

　色が見えるということはどういうことなのだろうか？　こう考えたとき不思議に思うことは，目が不自由な人の視覚の世界はどのようなものかということである．

　われわれは，目をつぶっても視覚を完全に失うわけではない．瞼の裏側にわずかながら明かりが見える．それは外からの光が多少入り込むからである．しかし光を完全に遮断した暗室でも，黒い霧のような何かがゆっくり移動するのを体験することができる．これは眼灰または固有灰といわれ，視覚の素地をなすものである．日常われわれが経験する明るさや色みの感覚は，照明によってこの眼灰が白色化または色彩化したものにほかならない．

　では目が不自由な人はどうかというと，彼らは，何らかの理由で視覚が機能しないためにこの眼灰でさえ体験することができず，もっぱら暗闇の中にいるのではないかとわれわれは思ってしまう．実際，盲目の詩人・ミルトン（Milton, J.）は，「おお闇の闇の闇，真昼間の光の中に在りながら，かえす由なき闇の身の，無辺際なる日触，白日の望，あわれ影さえもなし」と『失楽園』（平井 訳，1981）の中で謳っている．だが，目が不自由な人の視覚の世界はそうとは限らない．彼らが外界をどう把握しているか話を聞いてみると，われわれと同様その様子を上手に話せるし，場合によっては彼らのほうが外界を具体的に詳細に捉えていると感心させられることがある．物の形や質感だけでなく，色の知覚もできていると思えることが多い．

　たとえば，ケラー（Keller, H., 1歳半のとき，胃と脳髄の急性充血により失明，同時に聴覚も失った）は，『わたしの生涯』（岩橋 訳，1966）の中で，「太陽が葉から葉へ照り返す光を見ることができました．こうして，……見えないものの実証をとらえることができました」と述べ，「私は人間にはみな，その歴史が始まって以来経験してきた印象や感情を理解する一種の力が与えられているように思います．人はみな，緑の大地やささやく水について一種の潜在意識的記憶を持っていて，失明も耳疾も人間からこの過去の賜物を奪い去ることができぬように思います．この遺伝的能力は一種の第六感ともいうべきものでありまして，一つの中に一切を見，聞き，感ず

る一種の霊感であります」と語っている．

　彼女が第六感もしくは霊感が働くといえたのは，才能と周囲の人びとの愛情に恵まれ，そして何といっても彼女自身の努力と勇気の賜物である．それにより，彼女は色がわかったというわけである．これは，視覚系は網膜と脳とからなり，網膜の機能を欠いては視覚系は機能しないと思っている人にとっては，信じられない話かもしれない．しかし，「網膜は外界を写しているだけで，そこに写っているものを脳が見ないことには見たことにはならない．網膜に写った外界に関する感覚情報を脳がいかに処理するかが重要である．色を見るのは脳であり，目ではない」（岩田，1997）とか，「人間の視覚系は眼球の中でゆらめく断片的なはかないイメージを基礎にして，経験から割りだした推測をする，という驚異的な能力を持っている」（ラマチャンドラン（Ramachandran, V. S.）・ブレイクスリー（Blakeslee, S.），『脳の中の幽霊』，山下 訳，1999）といった最近の脳の研究者たちの見解から判断すると，あり得ない話ではない．

　それでは，目が不自由な人は外界がいったいどう見えているのだろう？これは私見に過ぎないけれども，われわれが盲点（網膜の乳頭部分．そこは視細胞を欠いている）で外界を見たのと同じような光景が見えているのではないだろうか？

　図1.1で実際に体験してみると明らかなように，盲点にあたる部分は，真っ黒い穴に見えたり空白に見えるわけではない．そこは，図形は消え，周囲と同じ薄い灰色で"色づけ"されているように見える．目が不自由な人の場合も，この状態が視野一面に拡がったように見える，というのが一つの考え方である．もちろんこれは，筆者の勝手な想像に過ぎない．しかし，われわれには「視覚イメージの中にある不可解なギャップに対処する，驚異的な能力がある」（『脳の中の幽霊』）ように，目が不自由な人にも同じ能力がある，と考えるのは決して不自然なことではない．

　ラマチャンドランとブレイクスリーは，「知覚は，感覚信号と過去に貯蔵された視覚イメージに関する高次記憶と動的な相互作用の最終結果である」（同上）と述べている．目が不自由な人は，感覚入力が極端に少ない分を聴覚や触覚をとおして入手した，あるいはケラーのように第六感を働かせて獲

図 1.1 盲点での見え方（Ramachandran, V. S. and Blakeslee, S., 1999）
　　右目を閉じて，黒い点を左目で見る．本を前後にゆっくり動かすと，ある距離で円形が消える．そのとき，そこは黒く穴があいたようには見えない．そこは，背景と同じうすいグレーでおおわれているように見える．

得した記憶を動員することにより，色の知覚ができているといえよう．

1.3　色とは何か

　ところで，目が不自由な人の話を持ちだしたのはほかでもない．色が見えることの大切さと，視覚系における脳の働きの偉大さについて考えてみたかったからである．しかし，それはさておき，一般には「色は光である」とか，「色は感覚である」といわれている．もちろんこれは間違いというわけではないが，観点が一方に片寄っているきらいがある．色には光としての物理的側面と感覚としての心理的側面とがあるとはいえ，色は，音・味・痛み・時間・空間などと同様，人間の統一のとれた認識の一つであることに変わりはないから，色の統一性をそこなわないような考え方と扱い方をしなければならない．

　哲学者で物理学者のマッハ（Mach, E.）が「色は光源との依属関係においてみれば，物理学的対象である．網膜との依属関係においてみれば，それは心理学的対象，つまり感覚である．二つの領域において異なるのは，素材

ではなくて，研究方向である」(『感覚の分析』，須藤・廣瀬 訳，1971) と述べているのは，そのことをいわんとしたものである．

実例をあげよう．いま，木の葉の緑色（A とする）を例にとり，光源からの光が木の葉にあたり網膜に達する過程を X，網膜から皮質にいたる過程（これは電気生理学的方法で測定可能な物理的過程であるが，いまは心理的過程と考えておく）を Y とすると，

$$A = X \cdot Y$$

という関数式で表せる．この式で明らかなように，木の葉の緑色（A）は，物理的過程なくしてはあり得ず，かといって心理的過程なくしてはあり得ない．しかし，緑色（A）それ自体は，私たちが X と Y のいずれに関心を向けるかということとかかわりなく，常に一定である．

したがって，「色とは何か」を考える場合，光と感覚，物体と感覚，物質的世界と心理的世界，外界と内界というように互いを対照させるやり方は，両者の間に溝渠を仮定することであるから採るべき態度ではない．色それ自体は物理的なものでも心理的なものでもなく，二つの間に横たわる溝渠はあるように見えて実際はないのである．その点，たとえば速度を表すのに時速 40 km というけれども，速度は時間の関数で与えられ，速度はもはや距離の長さでも時間の永さでもないのとよく似ている．

1.3.1 色の概念と測定法

それでは，今日の色彩の科学はこの点をどのように考え，どのような具体化を企てているのであろうか？ それを知るには，アメリカ光学協会内の測色部会が発表した「色の概念」に関するリポートが参考になる．そこには，「光源から放射されたエネルギーは，大気中を伝播する過程で量的にも質的にも変化を受けるが，最終的には神経インパルスのかたちで皮質の視覚野から連合野へ伝えられる．そして，これらの情報が他の諸知覚と結合し合い，以前に得た経験に基づいて調整され，そののち初めていわゆる色が体験される」として，図1.2に示すような「色が見える過程」が掲載されている．

ここでは，色が見えるまでの過程は四角枠（物理学的過程と生理学的過程を合わせて物理学的過程とみなし，枠の中央に"物理的"と記してある）で

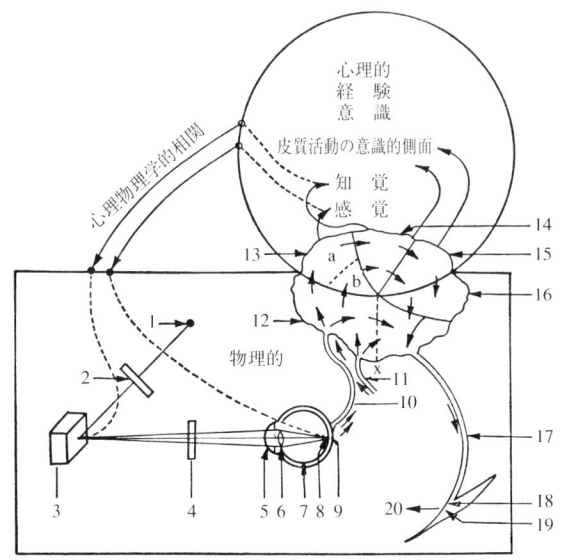

図1.2 色知覚成立の過程（OSA，測色部会リポート，1943）

囲み，それによって生じる色体験は円形枠（その中に皮質活動の産物である感覚や知覚という文字が見え，最上段に"心理的"と記されている）で示されるばかりでなく，四角枠と円形枠とを図の外で結んでいる．そして，両者を結ぶ線のすぐ上に「心理物理学的相関」と書かれている．いうまでもなく，この図は，色は心理物理学的相関を表す概念であることをいわんとしているのである．

そこで読者は，「心理物理学的相関」という文字のすぐ上に「色」という文字を書き加えてみるとよい．すると，色は頭の中にあるのでもなく頭の外にあるのでもない，マッハが指摘した「それ自身としては主観的でも客観的でもない，いわば中性的な諸要素が機能的に連関し合っている一総体なのである」（前出）という意味がわかった気分になるだろう．

さて，色彩に関する考え方がここまで煮詰まってくると，つぎにその考え方を崩すことなくどうすれば色を捉え表せるかが問題になる．それにはどうするかというと，色が等しく見えるとか色が異なることがわかるのに必要な刺激の性質を調べ，刺激と反応の関係を明らかにし，それによって色を表す

のである．

　いま，赤(R)，緑(G)，青(B)の3種の色光（原色）をプロジェクターを使ってスクリーン上に重ね合わせるとしよう（図1.3）．そして，別のところに投影された検査光(F)と見かけが等しくなるように3種の色光の量を加減する（光量調節器の絞り具合を変える）とする．もちろん，最初からうまく等色（color matching）できるとは限らず，何回か反復・調整しなければならない．

　こうして等色することができたら，光量調節器の絞りの目盛りの値を読み取り，これに要した三つの色光（原色）の割合を計算する．これがわかったということは，色刺激と色反応との関係が三つの色光の割合で与えられたということである．ただし，等色の仕方は一通りしかないかというとそうではない．一つの色(検査光)と等しい見かけの色を作るには無数のやり方がある．

　そこで，色反応を R とし，それを生じさせるすべての刺激要因を S_i とすると，

$$R = f(S_1, S_2, S_3, \cdots, S_i)$$

となる．この式は，特定の色反応は刺激条件を組み替えることによって起こり得ることを意味しているのである．

　なお，このようにして等色に必要な三つの色光の割合が求められたという

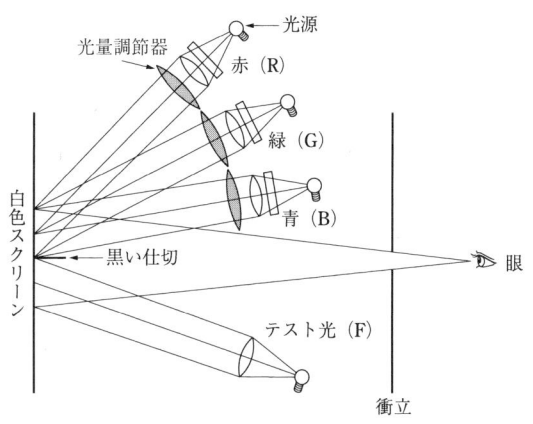

図1.3　同時的加法混色による等色場面

ことは，刺激と反応の関数関係が示されたということであり，この関数のことを心理物理学的関数という．そして，後で述べるように，色を表すには色度（仮に，色らしさといっておく）と明るさとがわかればよいとされるが，この色表示方法を心理物理学的表示方法という．しかし，この色度と明るさを知るには赤，緑，青の三つの色光の強度を変える等色操作をしなければならず，結局，特定の色を作るのに必要な色刺激の条件を問題にしているわけである．

1.3.2 色の定義

それでは，色はどう定義されるのであろうか？　日本色彩学会が1969年（昭和44年）に決めた定義（日本工業規格，色に関する用語，JIS Z 8105）は，色とは「目にはいる放射の分光組成（spectral composition）の差によって，性質の差が認められる視知覚の様相．または前記の視知覚を生じる放射の特性．または物体の特性」となっていたが，現在はつぎのように改められている．

(1) 有彩色成分と無彩色成分との組合せからなる視知覚の属性．この属性は，黄，オレンジ，赤，ピンク，緑，青，紫などの有彩色名，もしくは白，灰，黒などの無彩色名を，明るい，暗いなどで修飾したもの，またはこれらの色名の組合せで記述される．

(2) 三刺激値のように，算出手法が規定された3個の数値による色刺激の表示．

改訂前も後も考え方にそう変わりはないけれども，改訂後のほうがより具体的な表現になっている．

色刺激の特性とそれに対する人間の反応との関係を明らかにするのが測色（colorimetry）であるが，これは測色学的色合いが強く出た定義である．測色上の操作に重点を置いた，いわば操作的定義といってよい．一般の人にとっては，「色とは，目に見える物一般がその特徴として持っていて，われわれが明るい所で見た時すぐ美醜・明暗・快不快を感じ取るもの」（『新明解国語辞典』（三省堂））という説明のほうが体験的で実感がわくかもしれない．

JISの色の定義は，人間の色反応を色相，明るさ（または明度），飽和度

（または彩度）の三つの感覚属性に限定しており，色の美醜や快不快といった情緒的ないし感情的効果を除外してしまっているばかりでなく，空の色や炎の色，液体の色，光沢のある色など生活場面で体験する知覚事象も含んでいない．これらの反応は主観的・現象的属性であって，物理的特性との対応づけが難しいため除外されたと考えられるが，本来は，色の心理物理学的定義にはこれらも含めるべきである．現在の色彩科学における色の定義は，それと知りつつ見切り発車をしたも同然といえなくもない．しかしそれにより，測色と表色（colorimetric specification）の技法を確立し，色彩の学術的研究や技術的進歩をもたらした功績はきわめて大きい．

1.3.3　色彩学の性格

　色彩学は色彩の科学（science of color）と同義である．色彩学は，色の物理的諸変数の解明，色の測定上の諸条件，写真や印刷，放送における画像の色再現上の工学的問題，人間が色を知覚する上の心理的な諸特質に関する問題などと取り組んで非常な成果をあげている．色覚に関する網膜や脳の機構についても，最近は多くのことがらが明らかにされている．しかし，色の美学的原理はまだ十分確立されておらず，色の計画的使用法については試行錯誤が繰り返されているのが現状である．いずれにしろ，色彩の問題は多岐にわたっているので，多くの他の学問領域の知識を必要とすることは明らかである．

　すなわち，網膜を刺激して色反応を起こさせるのは光であるが，もっと厳密にいえば，光源から放出される放射エネルギー（radiant energy）である．これはいろいろな波長からなる電磁波（electromagnetic wave）で，大気中を伝わるエネルギーである．その中のあるものが網膜を刺激し興奮を起こさせるが，これを色刺激（color stimulus）と呼ぶ．この特性を理解するには物理学的（光学的）知識を必要とする．

　また，放射エネルギーは物体にあたり，ここであるものは吸収され，あるものは物体の中を突き抜け，あるものは反射される．その場合，物体が選択吸収する性質を持っておれば，放射エネルギーは量的にも質的にも変化を受ける．ここでは顔料や染料の化学的性質が問題になる．これを知るには化学

的知識が必要である．

　また，色刺激に対する網膜の光受容器の興奮はインパルスの形で脳へ送られ処理されるが，これについては電気生理学的理解が必要となる．しかし，ここまでの過程が明らかにされただけでは色が解明されたことにならない．色として認識されるには精神の活動が不可欠である．それを知るには，脳科学や認知科学の知識が必要になる．したがって，色彩学はこれら多方面の学問的知識によって成立するきわめて学際的学問であるということができる．

　色が見えるまでを明らかにするだけでも図1.4に示すような多くの学問と連携する必要があり，さらに生活や芸術への応用をも含めれば，色彩学は生活学や文化人類学，芸術学などとも関係がある．ちなみに，日本の大学で講義されている色彩学の項目を調べ整理すると，図1.5のようであるという．自然科学的項目と人文科学的項目の基礎から応用までが講義されている，というわけである．

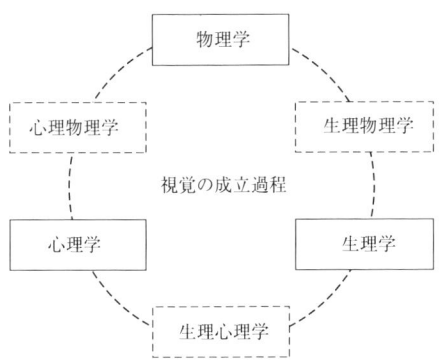

図1.4　視覚過程と隣接科学（Sheppard, J. J., 1968）

1.4　色の諸相と色の見え方・感じ方

　色にはいろいろな種類がある．それは，一部は光源の性質によるし，一部は大気の性質に，一部は物体の性質に起因する．光源から放出されたエネルギーが網膜に達するまでの間にいろいろな変化が生じることが主な原因である．また，人間の受容器の光に対する感度特性や脳の色彩認知の機構とも関係が

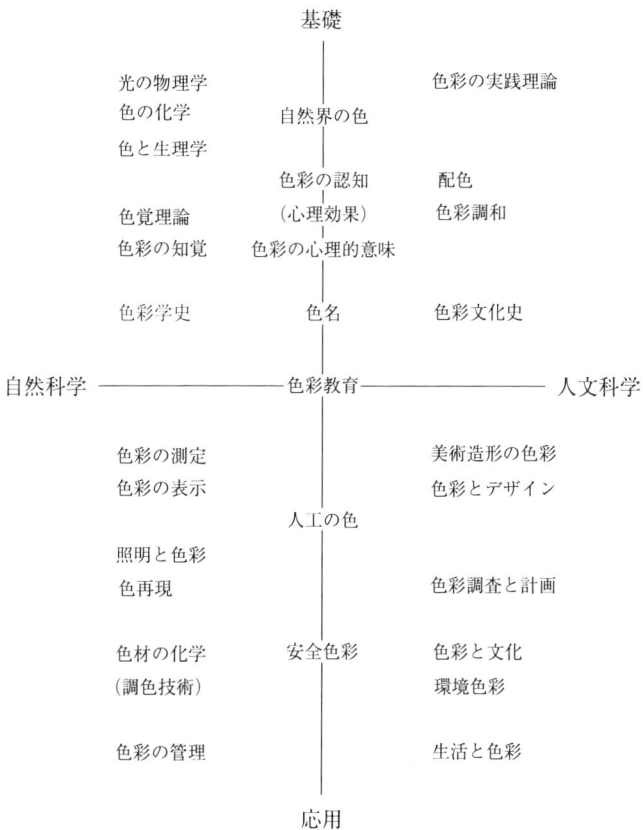

図 1.5　色彩学のカリキュラムの配当（鈴木・小町谷，2000）

ある．しかしそれらは，いくつかの観点から分類・整理することができる．

1.4.1　光の進路からみた色の種類

　光の放射や反射，吸収といった光の進み方の違いにより，色は光源色，物体色，開口色に分けることができる．さらに物体色は，表面色と透過色に分けることができる．

(1) 光源色

　これは文字どおり，光源から出る光の色のことである．太陽や炎のような

自然光の色や，電球やネオンサイン，テレビ画面のような人工光の色がそうである．光源色（light source color）のことを発光色（luminous color）ということもある．光源色は，光源自体の光の色であるから物の色と違って他の色の影響を受けない．光が強いと明るくまぶしく感じ，弱いと暗くにぶく感じる．コンピュータのモニター画面を長時間見ていると目が疲れるのは，強い光が目を直射するからである．しかし，室内が明るいと，画面の光源色的様相は弱まる．

(2) 物体色

これは物の色のことで，物体からの反射光の色は表面色（surface color）という．日常目にするほとんどの物の色は表面色である．ステンドガラスやスライドフィルムの色は透過色（transparent color）である．物体色（object color）は，その物体に備わった固有の属性であるように感じられる．しかしそれは錯覚であって，物自体に色がついているわけではないことはつとにニュートン（Newton, I.）によって証明されている．物体は光を反射または透過する物理的性質を備えているに過ぎない．その点では，高価なダイヤモンドも安価なガラス玉も同じである．

なお，物体色は，光源色と異なり，他の影響を受けやすい．照明が変われば色も変化するし，周囲の色による光の反射の影響も無視できない．また，人は色を周りの状況に照らして見ることを考えると，物の色の見え方はいつも同じであるとは限らない．そこで，物体色のことを関係色（related color）ということもある．

とはいえ，物体色は物体に固有の色のように見える．それは，色が物の凹凸感や材質感，光沢感などと一体となり，存在感を抱かせるからであろう．その色の質感は硬く，冷たさを感じさせる．しかし，もっと重要なことは，表面色は照明が少々変わっても変化しないことである．これを恒常（constancy）といい，白い物体は暗い照明下でも白く見え，黒い物体は明るい照明下でも黒く見えることに変わりはない．

(3) 開口色

開口色（aperture color）とは，小さな穴をとおして見える色で，光がどこからきているかという知覚を伴わない色をいう．実例としては，色彩計や

光度計を覗いたときの色がある．澄み切った青空の色も開口色にあたる．物体の色も小穴をとおして見ると，空の色と同じ様相を帯びる．物の材質感は消え，硬さが取れ，混ざり気がなく，爽やかで，美しい色に見える．

1.4.2 色の現象的様相による分類

同じ青と呼ばれるものでも，空の青と海の青とでは色の様相はまるで異なる．このような対象の性質と関連した知覚現象をカッツ（Katz, D.）は「色の現れ方のモード」と呼び，つぎのような種類をあげている．

(1) 面　色

面色（film color）は，青空のように物体に属さず，空間中の大きな面に拡がって見え，そこまでの距離も明らかでない色をいう．その色の面は柔らかみを帯び，その中に入り込むことができるような感じを与える．にもかかわらず，面は厚み感がなく，平面に見える．そこで，平面色（flat color）ということもある．

面色といういい方は表面色とまぎらわしいが，面色は前述の開口色にあたる．色彩計の視野の色もそうである．残像補色も面色的様相を持つ．

(2) 表面色

表面色とは不透明な物体の表面に見られる色をいう．表面が硬い感じで，面色のように突き通せる感じはない．物体のあるがままに，空間中のいずれの向きにも存在し得る．また，その色までの距離感もはっきりしている．物体の質感を軽減するために目から離してながめたり，目を細めたり，薄紙でおおって観察すると表面色は面色的な見え方に近くなり，色の比較につごうがよい．

(3) 空間色

空間色（volume color）とは，澄んだ湖の深みを見たときのような，色が空間内に限なく拡がりみちているような感じを与える場合をいう．ガラス容器に着色液が入っているときの色の見え方もこれと同じである．物体の性質も面の性質も持たないが，透明感を伴う．

このほか，カッツは鏡映色（mirrored color），光沢（lustre），光輝（luminosity），灼熱（glow）などをあげている．これらは客観的な測定や

表示が難しく，測色とは関連が少ないこともあって色彩学では正面から取りあげることはしない．しかし，画家にとってはこの色の質感をどう表現するかが非常に重要で，物体色的性質を持つ色材しか使えないにもかかわらず，それ以上の効果をあげている．

口絵1はセガンティーニ（Segantini, G., 1892）の「アルプスの真昼」という作品であるが，ここでは，パレットの上で色を混ぜるのではなく，数種類の絵の具を細い線状にぬるという技法が試みられている．これは線描彩色法という点描画法の一種で，並置的加法混色の原理を応用したものである．

1.4.3　色の感覚知覚的属性による分類

色の見え方は光源の種類や物体の性質などにより変化するが，物の色であれ空や水の色であれ，色みと明暗と濃淡の印象を伴う点はどの場合も共通している．これはいわば色を人の側から見た主観的印象に過ぎないが，それには色相と彩度，明度の三つがあり，これらを色の三属性という．

(1) **色　相**

色相（hue）は赤・黄・緑・青などの色の質的性質の相違を表し，特定の波長成分が卓越しているかどうかによって，赤，黄などと定性的に区分することができる．ある波長の色がいつも同じ色相に見えるとは限らないけれども，波長と色相との間にはおおむね表1.1に示すような関係があることが知られている．

ここに赤紫と紫がないのは，特定の波長と対応させることができないからである．それらは長短両波長成分の合成によって得られる．これらを含め，すべての色相を円環状に配置したのが，色相環（hue circle）である．色相環上の相対する2色は，互いに補色（complementary color）の関係にある．

(2) **彩　度**

色には，さえた色もあればくすんだ色もある．この色のあざやかさの度合いを表すのが，彩度（chroma）である．さえた色は彩度が高く，にぶい色は彩度が低いという．彩度が限りなく低いのが白・灰・黒などの無彩色（achromatic color），彩度が多少でもあれば有彩色（chromatic color）という．無彩色は，色相と彩度の属性を欠く色相を持たない色でもある．

表1.1 波長と色相との関係

波長範囲 (nm)	色相		記号
380–430	青 み の 紫	bluish Purple	bP
430–467	紫 み の 青	purplish Blue	pB
467–483	青	Blue	B
483–488	緑 み の 青	greenish Blue	gB
488–493	青 緑	Blue Green	BG
493–498	青 み の 緑	bluish Green	bG
498–530	緑	Green	G
530–558	黄 み の 緑	yellowish Green	yG
558–569	黄 緑	Yellow Green	YG
569–573	緑 み の 黄	greenish Yellow	gY
573–578	黄	Yellow	Y
578–586	黄 み の 黄 赤	yellowish Orange	yO
586–597	黄赤(オレンジ)	Orange	O
597–640	赤 み の 黄 赤	reddish Orange	rO
640–780	赤	Red	R

　有彩色の中でもっとも彩度の高い色が，純色（full color）である．色の中でもっとも彩度が高いのは太陽光の白色光をプリズムで分光したスペクトル色（spectral color）であるが，光の色のあざやかさの度合いを表すには純度（purity）が用いられる．

(3) 明　度

　有彩色であれ無彩色であれ，色には明るい色と暗い色とがある．無彩色の中では，白はもっとも明るく，黒はもっとも暗い．有彩色の純色では，黄色は明るく，青は暗い．このような色の明るさの度合いを明度（lightness）という．明度の高低は，物の表面の反射率の高低と密接な関係がある．光の明暗をいうときは明るさ（brightness または luminousity）が用いられ，感覚的には同じことをさしている．

　このように，物の色の見え方はこの色相，明度，彩度の三つで表されるが，それぞれは互いに関連し合っており，ある属性だけを切り離して扱うことはできない．色の三つの属性の関係は，図1.6のような三次元の空間で表される．

　ここでは，明度を垂直方向に取り，その周囲に色相の環を考え，垂直軸か

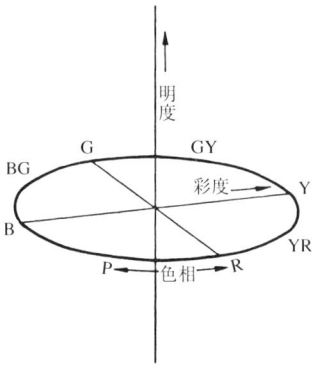

図 1.6　色の三属性

ら色相環への水平方向の距離が彩度を表す．こうすると，あらゆる色はこの立体の中に含まれることになり，これを色立体（color solid）または色の樹（tree of color）ともいう．色立体の軸，円環，径のそれぞれに適当な目盛が刻まれれば，色相互の位置と距離の関係が明らかになる．もちろん，色の三属性をこのような色立体で表す方法はある程度便宜的なものであって，この方法しかないというわけではない．

1.4.4　色の心理的作用による分類

色は，空や海の色として知覚されるだけでなく，人の気分を爽快にしたり陰鬱にしたりする．また色は，聴覚や嗅覚，味覚などとの共感覚（synesthesia）的な関係があり，連想や象徴といった高次の心的作用ともつながりを持っている．これらについて最初に論じたのはゲーテ（von Goethe, J. W.）であるが，近年の研究は，色の心理的作用は活動性，力量性，快適性という三つの作用に分けられるとしている．

(1) 活動性

色が人の感情を刺激し，活動的気分に導くことを色の活動性（activity of color）と呼ぶ．色相環の中の赤やオレンジ色を暖色（warm color）といい，興奮的作用があるとされる．逆に，青や青紫を寒色（cool color）といい，鎮静的作用があるとされる．

このような色彩の作用については，神経生理学者のゴールドシュタイン（Goldstein, K., 1942）の実験例がよく知られているが，内観法による研究がほとんどで，その生理学的メカニズムはかならずしも明らかでない．しかし，オズグッド（Osgood, C. E., 1957）らのSD法（semantic differential method）を用いたこの40年間の多くの研究は，「活動性因子」の存在を認めている．

(2) 力量性

音や匂いには強弱があるのと同様，色にも強弱の区別がある．強い色は力量性（potency of color）が高く，弱い色は力量性が弱いといえる．しかし，色の活動性が波長や色相とよく対応するのに対し，力量性と色との対応はやや曖昧である．彩度の高い色は強く，低い色は弱いと感じるけれども，明度や色相がどう関係するのかがわかりにくい．明度と彩度が合わさった色の概念にトーン（tone）があるが，ヴィヴィッド・トーン（vivid tone）は強い，ペール・トーン（pale tone）は弱い心理的作用を及ぼすことは経験的に明らかであるから，明度の影響は無視できない．また，色相の影響も無視できない．色相によって，力量性は異なると考えられる．

(3) 快適性

色には，快感情をもたらす色とそうでない色とがある．色の快適さや心地よさ，好ましさなどの心理的作用を快適性（comfortableness）という．色の美しさや感じのよさ，色の評価もこれに含まれる．

色の快適性と色の属性との関係は，一層複雑である．暖色より寒色，暗い色より明るい色，高彩度色より中・低彩度色がより快適であるといえなくはないが，時や所，場合などにより，また個人により異なると考えるべきであろう．

しかし，そのように不確実ではあっても，人は色を観察したり論じるにあたってこの点を意識しないわけにいかない以上，これらは色の重要な心理的作用の一つに加えなければならない．なお，これら三つの作用は互いに関連し合っているので，最近はそれらを三次元の空間に表す試みも行われている（図1.7）．

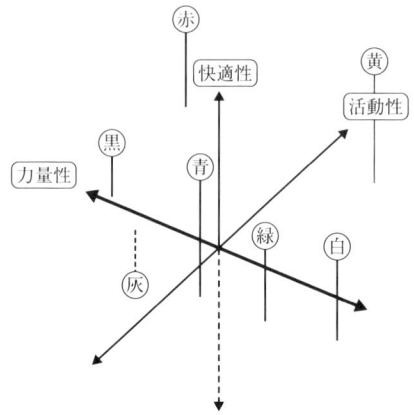

図 1.7　色彩感情空間（概念図）

1.5　色刺激の物理的性質

　色刺激を欠けば色は体験されないから，色を理解するには，われわれはまずこの色体験を起こさせる色刺激の性質を知ることから始めなければならない．

　だが，この色刺激という表現はわかりにくい．CIE（Commission Internationale de l'Éclairage(仏)，国際照明委員会）の定義によると，色刺激（color stimulus）とは「目にはいって色感覚を起こすことができる放射である」と記されている．放射（radiation）とは，光源から放出された放射エネルギーが眼球の水晶体を通過し，網膜に達する過程を総称したものである．いいかえると，網膜に向かいつつある放射エネルギーと呼んでもよい．この放射エネルギーは，光源を出て網膜に達する間に種々の要因により影響を受ける．そこで，網膜の受容器に直接作用する色刺激は，どういう性質を帯びているかを知らなければならない．そのためには，光源からの放射エネルギーが，物体にあたり，目にはいり，網膜に達するまでにどういうことが起こっているかを知らなければならないことになる．

　なお，CIE は「光の感覚を起こすのが光刺激」「色感覚を起こすのが色刺激」と定義しているけれども，ここでは両方を区別せず，「色反応を起こす

のが色刺激」と考えることにする．

1.5.1 光の特性

　物理学では，光は光量子（photon）と呼ばれる粒子の流れとしての粒子的性質と電磁波としての波動的性質とがあると説明されるが，色刺激に必要なのは主に後者である．つまり，われわれが光といっているのは電磁波の一種で，その波長（λ, ラムダー）が380 nm（ナノメーター*）から780 nmの範囲にある放射波である．この範囲の放射波を人間の目は感じ得るという意味で，可視光線（visible rays）という．図1.8を見ると，ほかにラジオやテレビの電波やX線やガンマ線などがある．人間が光として感じ得る範囲は，そのごく一部というわけである．

　太陽や電球，蛍光灯などの光は，これらの各種の波長の異なる放射エネルギーが合成されたもので，光源の種類によってその量と割合は違っている．また各波長光の強度分布が異なると，色としての見え方が違ってくる．光はいろいろな特性からなるが，色刺激にとって重要なのは波長（wave-

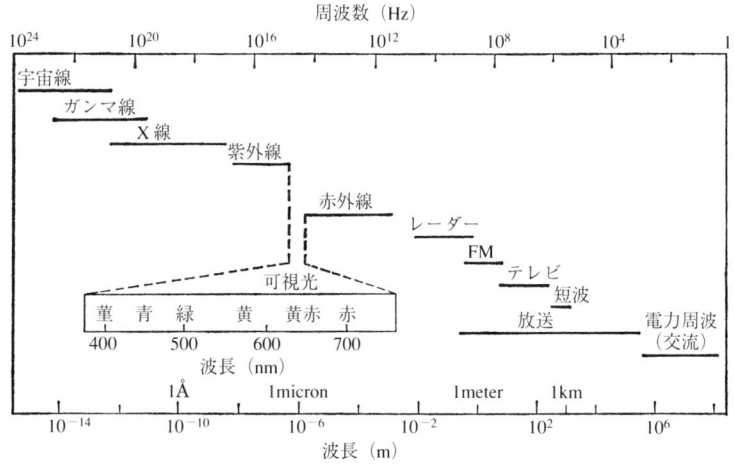

図1.8　可視光の範囲（McKinley, R. W., 1947）

---

* 1ナノメーター（nm）は10^9分の1 m，1 nm＝1 mμ（ミリミクロン）＝10Å（オングストローム）である．

length）と強度（intensity）と波長組成の三つである．

波長は光が伝播する波の長さで，通常ナノメーター（nm）で表される．波長光には短波長，中波長，長波長がある．これらの各波長の光はいろいろな強度で目を刺激するが，1秒間に単位面を垂直に通過する放射エネルギー量を放射束（radiant flux）といい，エルグ（erg）/秒（sec）で表す．0.01秒以下のごく短い時間光を見た場合は，色刺激の強度は放射束と受容器を照射した持続時間の積になる．また，これ以上見た場合は，持続時間に関係なく，放射束そのものが光の強さに相当する．また，網膜のごく狭い面積に光があたった場合は強度は放射束の総量で表され，広い面積にあたった場合は単位面積当りの平均量（$erg/sec/mm^2$）で表される．

以上は放射エネルギーの物理的強度に関するものであるが，放射束を人間の目の側から見た場合は光束（luminous flux）といい，その明るさを光度（luminous intensity）という．光度はある方向への単位立体角あたりの光束で与えられ，単位はカンデラ（cd）を用いる．ローソクの光は0.8 cd，60 W電球は約65 cdである．なお光度は，照明をあてたときの照射面の明るさである照度（illuminance）や，反射体の明るさである輝度（luminance）の基本的な単位となっている．

照度は，直射日光下で約10万ルクス（lx），60 Wの電球から1 mのところで約65 lx，月のない夜で0.0003 lxと非常に広い範囲にわたっている．輝度は，太陽の平均光は$2.1 \times 10^9 cd/m^2$，40 Wの蛍光灯は$7 \times 10^3 cd/m^2$である．

いずれにしても，色刺激として有効であるためには，光の強度は一定以上でなければならない．また，波長と強度の組み合わせ，つまり波長組成が色刺激にとって重要な役割をする．これらの光の特性は，多かれ少なかれ色の感覚属性と対応関係を持っている．

色相と主に対応するのは，主波長（dominant wavelength）である．主波長は，単一波長光と白色光との適当な混合によって他の色刺激と等しい色を作りだせるような単一波長の刺激である．明るさに主として対応するのは，輝度である．輝度は，単位立体角中に見られる光源と視線に垂直なある平面に投影された光源の面積との比で与えられる．飽和度に主として対応するの

は，輝度純度（colorimetric purity）である．輝度純度は，単一波長光の輝度とこの光と白色光との混合によって得られる輝度との比で表される．一般には，白色点からの隔りを表す量である．

このように，光の特性と色感覚の属性とはほぼ1対1に対応する．実際には，光の特性は各波長ごとの放射量を測定することによって一義的に与えることができる．これは分光組成と呼ばれる．これをもとにして各波長の放射量の相対量を示したものが，分光分布（spectral distribution）である．

そこで，光源から放出された放射波の物理的特性は分光組成で一義的に与えられ，これが空気中を伝わったり，物体にあたったり，水晶体で屈折したりして変容を受け，受容器を刺激するときの分光組成は当初のそれとはおよそ異なった様相を示す．そして，この最後のものが，直接受容器を刺激して色反応を起こさせることになる．先に，われわれは色刺激を眼の受容器に作用して色感覚を起こさせる放射と定義したが，一歩進めて，それは分光組成によって与えられるということができる．しかし，この場合の分光組成は，光源の光の特性や物体の光に対する反射特性そのものではないことに十分注意する必要がある．改訂前のJISの定義は，色刺激は「目に入って視感覚を起こす放射であって，分光組成によって定められる」と非常に適切に述べていた．

1.5.2 光源の種類とその特性

光源は，目を刺激して色反応を起こさせるエネルギー源である．光源には，タングステン電球のように，そのフィラメントが一定以上の温度に熱せられて光を放ついわゆる白熱光源と，熱せられないでも光を放ついわゆる冷光源とがある．

(1) 白熱光源

白熱光源（incandescent lamps）によって放出されたエネルギーの波長は，可視光の範囲内だけでなく赤外線と紫外線の領域まで広く分布している．そして，その波長組成は光源が熱せられるときの温度に関係する．図1.9は，温度が上がるにつれて波長の幅が拡がり，しかも放射が最大となる波長は短波長側へずれていくことを示している．このことはまた，非常に高い温度で

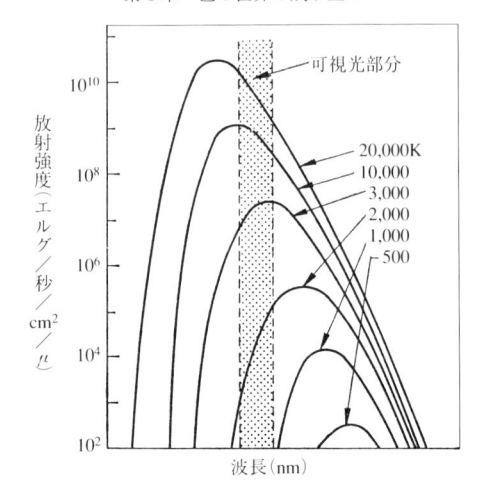

図 1.9 黒体の放射曲線 (McKinley, R. W., 1947)

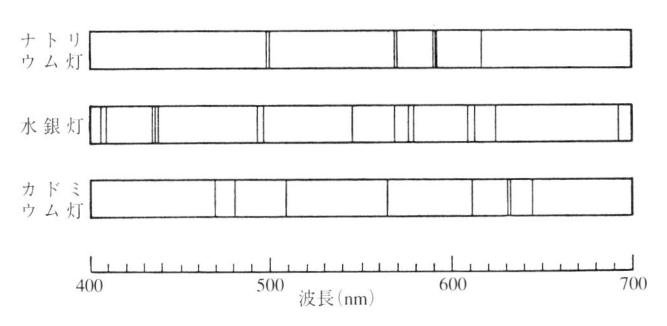

図 1.10 放電発光ランプのスペクトル (Burnham, R. W. et al., 1963)

熱せられたときの光は青みを帯びて感じられることを示している．陶工やボイラーが窯の中の炎の色にたえず気をくばるのは，炎の色を見てその温度を知るためである．また，ガスや蒸気の分子は，高熱が加わると光を放つことが知られている．放電発光ランプの特性は，図 1.10 のような線スペクトルで与えられる．

水銀灯は青や緑みを帯びて感じられ，公園や庭園の照明に使うと木や芝生の緑色を一層際立たせるので効果的である．また，殺菌線透過ガラスでできた殺菌灯も水銀灯の一種であるが，これは室内の空気殺菌やかび防止の効果があることで知られている．

ナトリウム灯は黄色に見え，効率は水銀灯の3倍と高いので（低圧ナトリウム灯の場合），トンネル内や道路の照明として利用される．このランプは演色性（color rendering property）が悪いので一般照明には向かないが，人間の目は黄色い光に対して鋭敏であるから，光の効率がよく，消費電力も少なくてすむという利点がある．

ネオンサインは，夜景の広告によく使われる．これは，発光体であると同時に刺激そのものである．人はネオンサインに照らされたある物体を見るのではなく，ネオンサインの形状そのものに注目する．

(2) 冷光源

そのほか，発光体の中には，熱せられないでも光を放つものがある．これは冷光源（cool lamps）といわれ，ほかからエネルギーを吸収することによって光を放つ．蛍光灯はそのよい例である．

蛍光灯の光は図1.11のような連続スペクトルで示されるが，何箇所かの波長成分は著しく高い．これは青みを帯びて感じられる例である．蛍光灯は，低圧水銀蒸気放電ランプの一種で，管の内壁には発光成分である蛍光物質が薄く均一にぬられている．両端の電極の間を流れる電流は，管内に充填された水銀蒸気およびアルゴンガスの中で放電を起こす．しかし管の内部は暗く，わずかに淡い青みを帯びた棒状の線がきらめいているに過ぎない．ところが，放電によって生じた紫外線は，管の内壁にぬられた蛍光体の膜によって部分

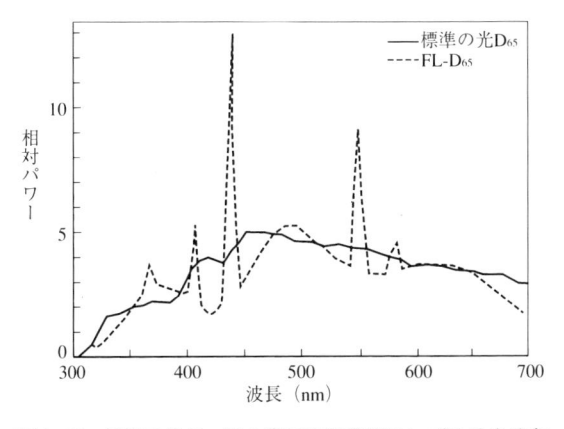

図1.11 標準の光 D_{65} 用の常用光源蛍光ランプの分光分布

的に可視光線に変わる．つまり，短波長放射が長波長放射に変換される．この結果，管の中は暗いにもかかわらず，管の外側は発光して見える．

蛍光灯は，光の効率や寿命という点では白熱灯より約5倍もすぐれており，比較的演色性もよいので，一般照明用として広く使われている．また最近は，目的に合わせた各種の蛍光灯が開発され，体内にビタミンDを生成させる健康用蛍光灯や写真製版用の蛍光化学灯などのように特殊なものも製造されている．

ところで，蛍光灯やテレビの画面は電気を切ると光を発しないが，発光エネルギーの刺激が停止した後も発光し続けるものがある．これは，燐光(phosphorescence)といわれる．燐光物質としては，結晶燐が代表的なものである．燐光を応用したものに，時計の文字盤や電灯のスイッチなどがある．液晶テレビは，電場下での分子の配向変化による発色を利用したものである．

いずれにしても，蛍光や燐光などの冷光源は，白熱光源とは別の意味で色彩の可能性を拡げてくれる．たとえば発光絵の具や発光塗料は，きわめて彩度の高い強烈な色彩が得られるので，道路標識や広告，舞台美術などに適している．また暗所でも発光する性質があるので，夜間用の案内板や場合によっては室内照明に用いることもできる．

(3) **レーザー光線**

最後に，近年注目を集め，われわれを幻想の世界へ導く，レーザー光線(laser beam)について触れておこう．

レーザー光線は，単一またはごく数種の波長光からなる並行光線であって，現代の科学技術が創り出した傑作の一つである．ろうそくや電球の光のような自然光は図 1.12 の(b)や(d)のような不揃いな光波からなるが，図 1.12 の(a)や(c)のようなよく揃った光波のみを取り出し，しかも音を増幅すると同じ方法で光波を増幅する方法が50年ほど前に開発された．これを発生させるには通常ヘリウムやネオンガスなどの気体か，ルビーやクリスタルなどの固体を使う．レーザー光は，指向性がきわめて高く拡がらない性質があり，極限された狭い範囲にエネルギーを集中できるので，医学や光通信の分野で用いられている．

また，レーザー光線は，濃縮光線であるからきわめて純度が高く，光路そ

1.5 色刺激の物理的性質

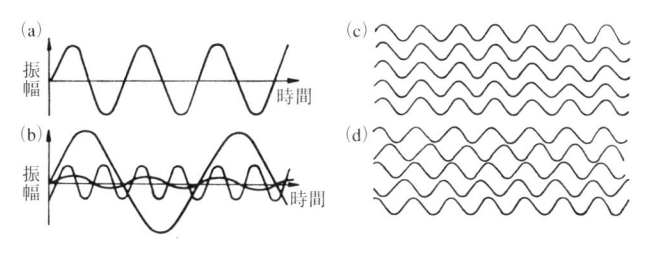

図1.12 レーザー光の波束 (a, c)

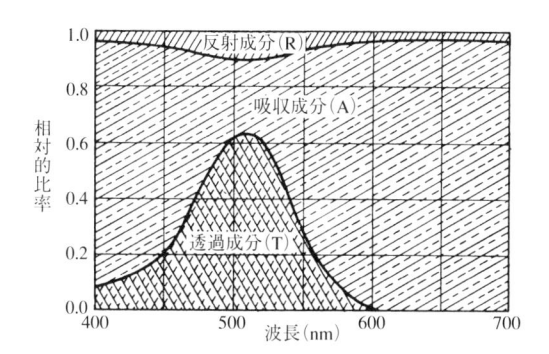

図1.13 緑の場合の反射，吸収，透過成分の比率（Evans, R. M., 1948）

のものが光の糸のように見えるのが特徴である．ディスプレーに応用されたり，ホログラフィー芸術などを生んでいる．

1.5.3 物体による光の変容

　これまで述べた各種の光源は，直接目にはいって刺激となることもあるが，大部分の光は一度物体にあたって，それから間接的に目にはいる．この物体は自ら光を放つわけではないので，非発光性刺激物と呼ばれることもある．さて，光は物体にあたると，反射されるか，突き抜けるか，吸収されるかのいずれかである．しかしこれら三つは単独で起こるのはまれで，普通は三つ同時に起こる．ただその比率は波長によって異なる．その様子を模式的に示すと図1.13のようである．

　非発光性の物体は光を受けるとその一部またはほとんど全部を反射する．その場合，物体の大部分はある種の波長の光をとくに多く反射する特性を備

えている.物体に備わっている反射特性は,分光反射率(spectral reflectance)といわれる.いま,代表的な色の分光反射率を示すと図1.14のようである.赤は長波長側の成分を多く反射し,青は短波長側の成分を多く反射している.また,白,灰,黒の無彩色は各波長の反射率が等しいが,全体としての反射量は異なる.白はあらゆる波長成分を100%近く反射する場合にあたり,黒はどの波長成分もほとんど反射しない場合に相当する.

同様に,物体は光を透過するか吸収するかのいずれかであるが,その場合

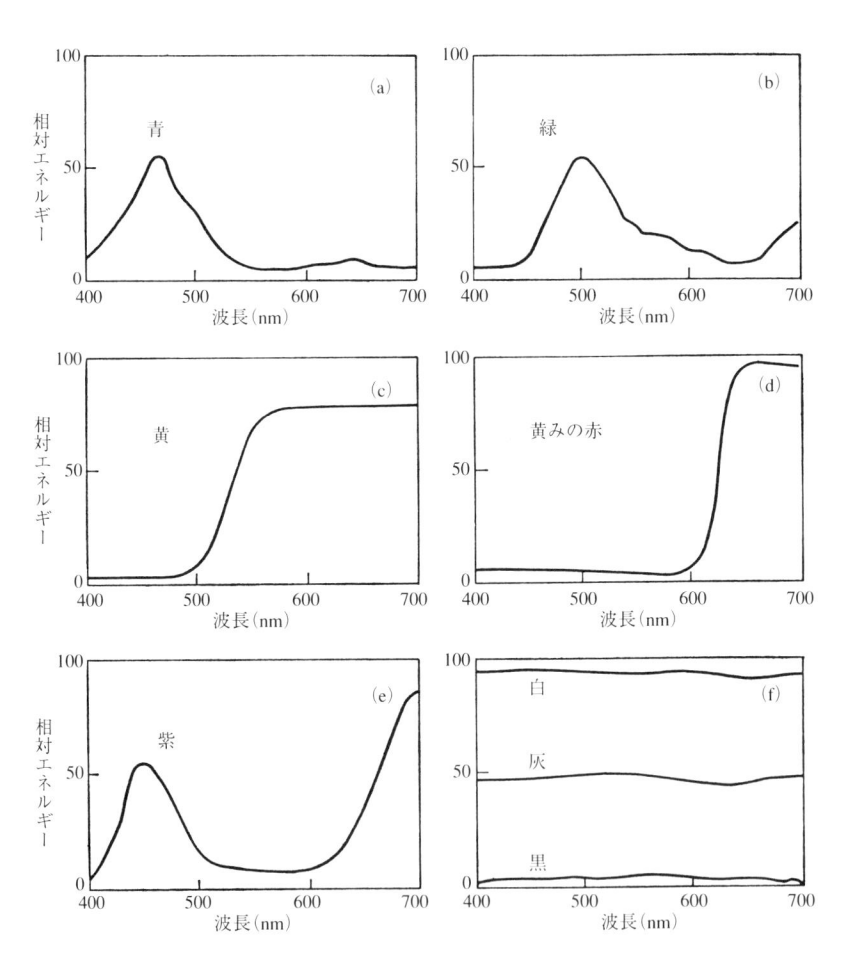

図1.14 各種物体の分光反射率曲線(Hurvich, L. M., 1981)

にもある種の光をとくに多く透過または吸収する性質を備えており，それぞれを分光透過率（spectral transmittance），分光吸収率（spectral absorptance）と呼ぶ．このように，光源からの光は，物体にあたって，そこでの物体の反射，透過，吸収のそれぞれの特性に従って変容される．いま物体から反射されて目に向かう光を考えると，その色刺激としての物理的特性は，照明光の分光分布と物体の反射特性である分光反射率の積で与えられることになる．図1.15は，これを模式的に示したものである．また，物体は光を一方向のみに反射または透過するとは限らず，図1.16のようにいろいろな方向に散乱することがある．

媒質中の粒子の大きさが光の波長より数倍大きくて，かつ選択吸収する性質がなければ，光のエネルギーは質的な変化を受けず，方向の変化のみが見られることになるが，粒子の大きさが光の波長に等しいかまたは小さい場合は，光のエネルギーは選択吸収されて質的な変化をきたすこともある．一般に，短波長側のエネルギーは長波長側より散乱されやすい．空が青く見えるのは，太陽光の短波長成分が空中の微粒子によって散乱されるためである．

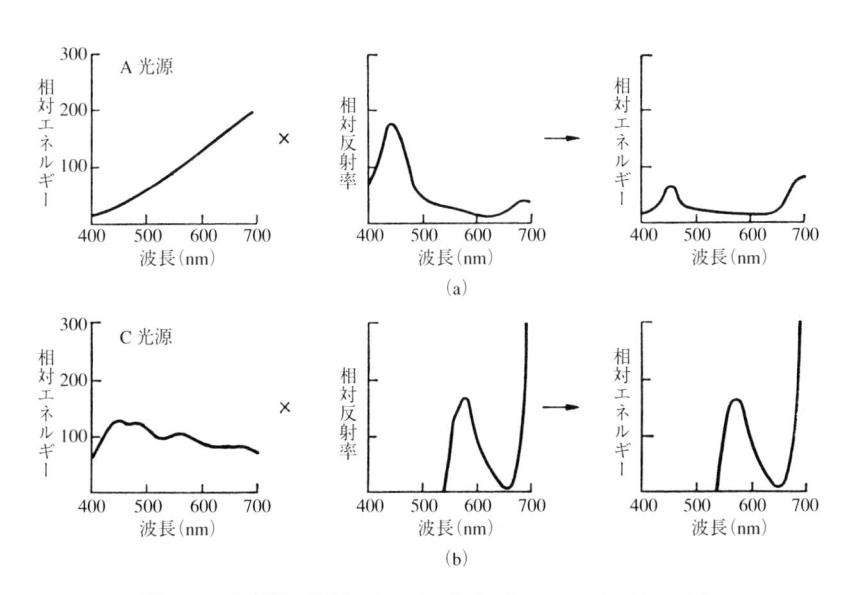

図 1.15 色刺激の相対エネルギー分布（Hurvich, L. M., 1981）

水彩絵の具で描かれた絵の表面は光を散乱させるから光沢がなく，これをマット(mat)な状態という．物体の面が滑らかであればあるほど，散乱する光は少なくなり，光沢を感じさせる．図1.17は，表面の滑らかさと反射光の散乱との関係を模式的に示したものである．(a)はマット（無光沢）に見え，(b)は半光沢が，(c)は光沢が感じられる．(d)は鏡の場合にあたる．鏡はガラスの裏面の水銀によってごく一部の光が吸収され，残部は反射される．このような性質を応用したのが，万華鏡であり，胃カメラの内視鏡や光通信である．

物体の表面で反射されないで物体の中に入り込んだ光は方向を変えるが，これは光の屈折による．屈折する程度は波長によって異なり，短波長光ほど屈折率が大きい．屈折率の違いによって光が分かれることを，光の分散または分光（dispersion of rays）という．これが原因になって起きるのが虹で

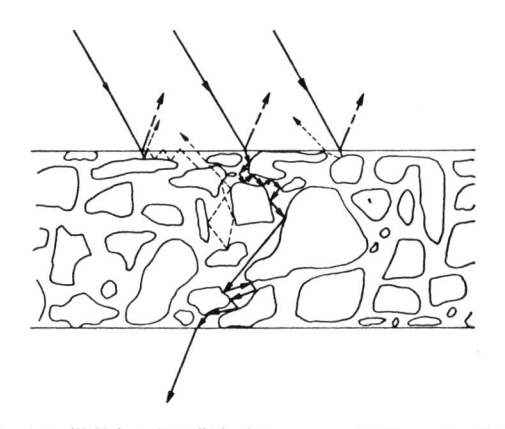

図1.16 媒質中の光の進路（Burnham, R. W. et al., 1963）

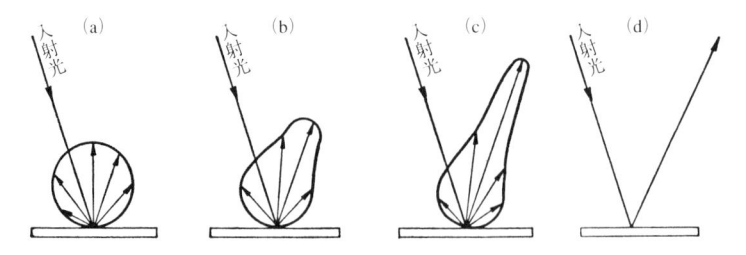

図1.17 物体表面の粗さと光の反射との関係（Burnham, R. W. et al., 1963）

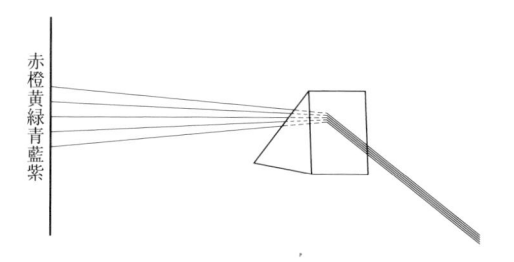

図1.18　ニュートンのプリズムによる分光実験の様子（Newton, I., 1730）

ある．また太陽光を小穴をとおしてプリズムにあてると，図1.18のように赤・橙・黄・緑・青・藍・紫と並んだ色帯を生じる．この波長の順に並んだ色の配列をスペクトル（spectrum）という．ニュートンがこれを発見したのは1666年のことである．

スペクトルの色がいくつからなるかは任意である．ニュートンはこれを7色に区別したが，それはちょうど，1週間を7日に分けたり，音階を8度に分けるのと同じようなことであったろう．ところが，7色もに分けるよりも3色に分ければ十分ではないか，と逆の発想をした人がいた．これが，イギリスの医学者で物理学者のヤング（Young, T.）である．

彼は，赤から橙あたりまでを赤，黄から緑あたりまでを緑，そして青から紫までを青としてまとめ，これらを感じとる三つの神経組織があるのではないかと考えた．この考えは，ドイツの物理学者で医学者のヘルムホルツ（Helmholtz, H. L. F.）に受け継がれ，後にイギリスの物理学者・マックスウェル（Maxwell, J. C.）によって，ヤング説の大部分が正しいことが証明された．今日の色再現技術の進歩はヤングとマックスウェルによってもたらされた，といっても過言ではない．

1.5.4　着色材の性質

着色材（colorant）の化学的な性質と光の吸収との関係については，主に化学の分野で研究されてきた．着色材には，代表的なものに顔料（pigments）と染料（dyes）の二つがある．顔料は水に溶けない物質で，光を拡散させる層をなしている．染料は分子が分散した形をしており，透明な層を

なしている．これらは，光の特定波長を選択吸収する性質を持っている．そして，無機化合物と有機化合物に分けられる．

　無機化合物の仲間は普通炭素を含まず，光を吸収するのは化合物中のイオンを帯びた分子である．この仲間に入るものは黄色系に多い．有機化合物の仲間はおおむね炭素を含み，光の吸収の仕方は分子構造によって異なる．19世紀末までは自然界にある着色材を直接使っていたに過ぎなかったが，現在では有機化学の進歩により分子構造を操作することが可能になり，さまざまの着色材が得られるようになった．

　絵の具は顔料を主体として，これをいろいろな結合剤の中に分散させたものである．組成から見れば，塗料や印刷インキと同じものと考えてよい．なお，着彩された状態の断面を拡大して見れば，先の図 1.16 のような形をしているといえる．

　絵の具は，形や結合剤の種類，用途などによっていくつかに分けられる．まず，もっとも素朴な材料である粉末状の絵の具がある．ベンガラ，黄土などの泥絵の具や日本画用の岩絵の具もある．これらを使うときには，膠などで溶いて使う．また，あらかじめ顔料を結合剤と練り合わせたものに，水絵の具がある．水彩絵の具，ポスターカラー，フレスコ，テンペラ絵の具などである．油絵の具は，顔料を乾きのよい植物油と練り合わせたものである．

　固形の絵の具には，水で溶いて使う水絵の具のほかに，パステルがある．これは，顔料に白土やアルミナなどを加え，アラビアゴムなどの結合剤で固めたものである．塗膜が弱いので混色するのが難しいのが欠点である．保存するためには，描いた後で定着剤を塗布する．チョークは，顔料と焼き石膏を水で練り固めたものである．同じく，固形のクレヨンは，顔料をろうで練り固めたものである．コンテは，結合剤の割合が少ないので，描いてから指先でぼかすこともできる．色鉛筆には，描いてから水でぼかせるものとそうでないものとがある．

1.6　視覚系の構造と機能

　人間の視覚系は，眼球と大脳の視覚中枢とその間をつなぐ神経路からなっ

ている．視覚系の光学的・生理学的機能は，その構造と密接に関連している．

1.6.1 光受容器としての目の構造

　人間の目は，発生学的には脳の一部が突出したものとみなされている．図1.19は，眼球の断面を示したものである．眼球の重要な部分は，三重の膜によって外側からとり囲まれている．強膜は，前面部以外は不透明で，目の内部をすっぽりと包んで暗箱の役目をしている．強膜の前面部の前方に突出した部分は，まったく透明で，角膜と名づけられている．脈絡膜には血管が一面に分布し，栄養補給を行っている．また，脈絡膜は，角膜の部分で強膜から離れて前眼房のほうに伸び出し，虹彩を形づくっている．脈絡膜の内側には，光と色を感じ取るいわゆる網膜がある．動物の中には，網膜の裏側にきらきら輝く鏡のような薄い層があり，その反射作用によって目の中へ射し込む光の作用を強めているものもある．夜間，ネコの目が白く光るのは，この反射作用があるからである．

　さて，光は，角膜から入り，水様液と呼ばれる粘性の物質と瞳孔という虹彩によってつくられた穴を通過して，水晶体および硝子体と呼ばれるもう一

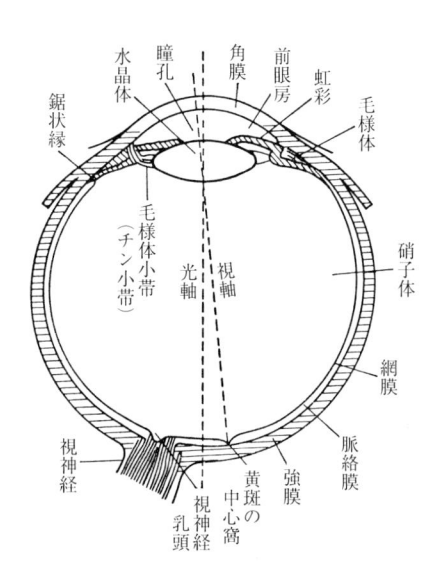

図 1.19　人間の目の断面

つの粘性物質をへて，最後に網膜に達する．瞳孔はいわゆる光量調節の，水晶体はいわゆる距離（ピント）調節の役目をしている．光は四つの層を通過するわけであるが，水晶体以外は屈折率がほぼ等しいので，それはあまり問題にならない．水晶体は，若年者では無色であるが，年齢が進むにつれて黄みを帯び，青成分の透過率が低下するので，高年齢者では灰色と青の区別がいくらか困難になる．

　光は，網膜に達すると視覚の感覚細胞である錐体（cone）と桿体（rod）とを刺激する．これらはきわめて微小で，倍率150以上の顕微鏡でないと見ることができない．錐体には，直径約3ミクロン（μ）（＝0.003 mm）で中央部に多く，長波長光に反応する赤錐体と，中波長光に反応する緑錐体，短波長光に反応する青錐体の三つがある．桿体は，直径約2μで周辺部に多い（図1.20）．

　中央部の約1.4度立体角内（直径約0.5 mm）は錐体のみであって，そこは，黄みを呈しているので黄斑と呼ばれ，もっとも鮮明な像を作るところである．黄斑の中心にわずかに凹んだところがあり，これは中心窩（central fovea）と呼ばれる．そこから約13度離れた鼻側には，盲点（blind spot）

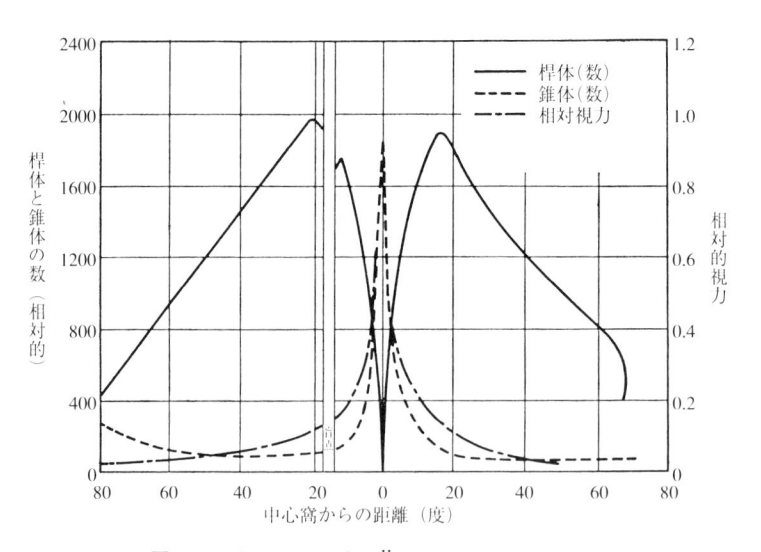

図 1.20　視細胞の分布（Österberg, C. A., 1935）

という網膜の神経繊維と血管の出入口にあたる部分がある．ここは錐体も桿体もないから何も見えない．しかし，黒い穴や空白に見えるわけではない（図1.1）．盲点は，1668年にフランスの物理学者・マリオット（Mariott, E.）によって発見された．

以上のことは，つぎの例を見るとよくわかる．図1.21は，網膜上における神経線維（細線で示す）と血管（太線，(a)は動脈，(v)は静脈）の分布状態を示したものである．右端中央のやや大きい白色部が盲点にあたる部分である．そのやや左側（小さい黒い環）に中心窩が見える．網膜の内部は図1.22のような構造を持ち，全体は三重の層をなしている．第一の層には錐体と桿体と呼ばれる二つの細胞がある．光は図の下のほうからやってくるから，二つの細胞はいわば樹木の繁みの木漏れ日を見るような格好をとっていることになる．もっとも，中心窩部には，図1.21で明らかなように，この樹木の繁みに相当する神経線維や血管はないからこの心配はほとんどない．

人間の目には1億1000万ないし1億2500万の桿体と，630万ないし680万の錐体があり，これらが第二の層をなす双極細胞（bipolar cell）と手を

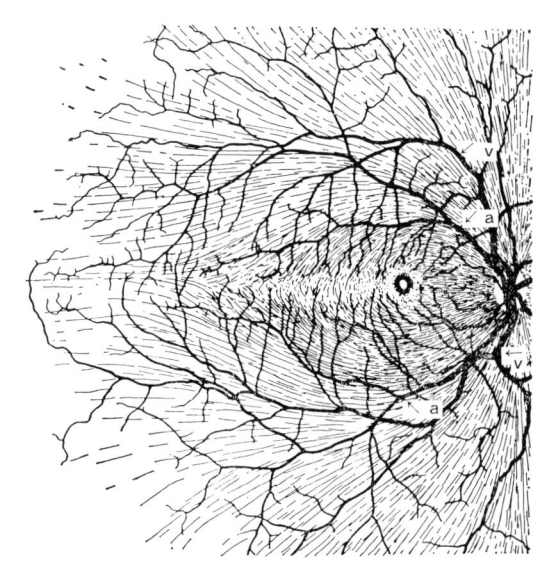

図1.21 成人の網膜上での視神経（細線）と血管（太線）の走行状態（Polyak, S. L., 1941）

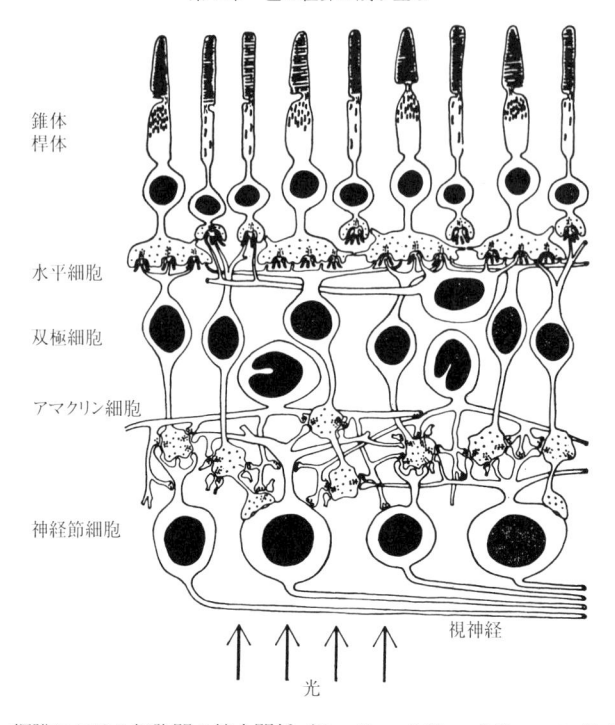

図 1.22 網膜における細胞間の接合関係（Dowling, J. E. and Boycott, B. B., 1966）

つないでいる．興味深いのは，これらの連結の仕方が網膜の場所によって異なることである．つまり中心窩では各錐体はおおむね一つの双極細胞と連結し，それがつぎの第三層の神経節細胞（ganglion cell）と結合している．したがって，錐体での信号は，ほぼそのまま神経節細胞から視神経を伝わって脳の中枢部へ送られる可能性が高い．ところが周辺部では，桿体と神経節細胞との結合比は約 100 対 1 に過ぎず，中心から周辺へ移行するにつれて錐体優位から桿体優位へ移行し，同時に 1 対 1 結合から混合型結合へ移行することになる．網膜の窩外の錐体や桿体で生じた信号はかなり集約された形で中枢へ伝えられるから，解像度は著しく低下することになる．

このほか，網膜には 3 種のニューロン群以外に連合細胞（水平細胞，アマクリン細胞）があって，受容細胞の信号を脳へ伝える"横の"処理にあたっていることがわかっている．それは側抑制（lateral inhibition）といわれる

1.6 視覚系の構造と機能

効果である．

アメリカの生理学者・ラトリフら（Ratliff, F. and Hartline, H. K., 1959）の研究によると，光が網膜のある部分を刺激すると，その周囲の細胞の神経活動が抑制されるという．それに関与するのが水平細胞である．受容細胞の信号を受けた水平細胞は，周囲の双極細胞の活動を抑制する．そのため，その双極細胞に信号を送っている別の受容細胞からの信号は伝わりにくくなる．もし，二つの受容細胞が強度が異なる光刺激を受けたら，光が強いほうが抑制効果が大きいから，明暗の差は光刺激の差以上にはるかに大きくなる．これが後で述べる明るさ対比や色対比が生じる生理的メカニズムである．

1.6.2 視覚路と視中枢

神経節細胞の軸索は網膜の内面をとおり，盲点と呼ばれる一点に集まってここから神経線維の束（視束という）となって中枢へ進む．図1.23はこれを示したものである．左右の眼球からきた視神経は，大脳基底の視束交叉部でX字状に交叉する．この後，左右の視索となって第一視中枢である外側膝状体（lateral geniculate body）に達する．ここまでの視神経線維（視束と視索）は，網膜の神経節細胞の軸索が伸びたものと考えてよい．視束交叉では半交叉が行われるが，両眼の右半分からの線維は右外側膝状体と，左半分からの線維は左外側膝状体とつながっている．視索は，外側膝状体の樹状

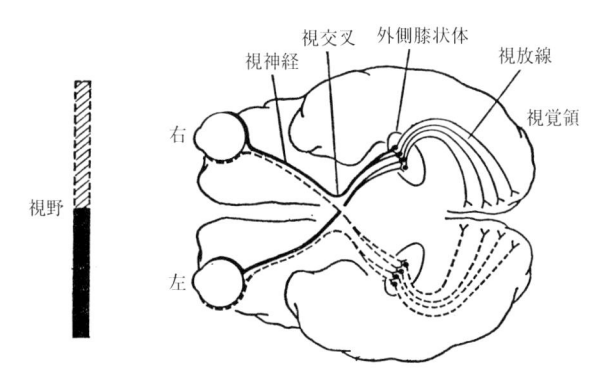

図1.23 視束交叉（網膜から脳の視覚領までの神経路）（Kuffler S. W. and Nicholls, J. G., 1976）

突起とシナプス結合し，その軸索は大脳皮質の後頭葉へ達する．この線維は視放線という．

外側膝状体は光受容細胞から数えて第四番目のニューロンに相当し，色覚の成立に非常に重要な働きをしていると考えられる．外側膝状体は，ここまで上向してきた信号をより高次の中枢へ伝えるか伝えないか，いわば選択的処理を行う部位であって，信号伝達に関する分岐駅のような役割をしているといってよかろう．

1.6.3 脳における色彩情報の処理

脳は網膜からの信号が視覚野に伝わっただけでは，意識は働かない．確かに脳は，受け取った信号が網膜のどの位置からきた信号であるか，赤・緑・青錐体のどの錐体からの信号であるか，信号の強さはどの程度であるかはわかるが，これらの信号から色を"見る"のは高次の視覚連合野である（図1.24a）．

ここは，視覚野（ブロードマンの17野）に入った信号の処理が行われるところ（18，19野）である．ここはまた，運動や言語などの機能と関係のある皮質領域とも結合しており（7，39，37野など），考えようによっては色を"見る"のは脳全体であるとさえいえよう（図1.24b）．

しかし，そういう表現は真実を曖昧にする．最近の脳生理学の発展は著しく，視覚野にはコラム・ブロブ・4B層という三つの機能単位があって（図

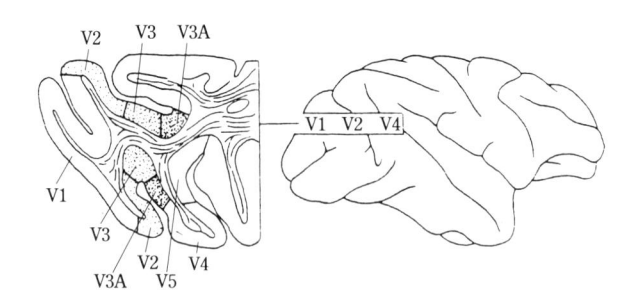

図1.24a サルの視覚連合野とその断面図（Zeki, S., 1980）

1.25),網膜が捉えた外界の輪郭・色・動きに関する情報は,それぞれ別個の機能単位によって"解読"されることが明らかにされている.また,視覚

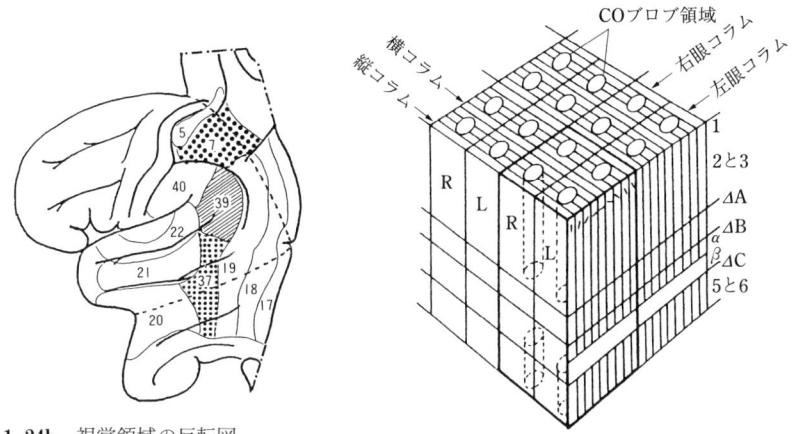

図 1.24b 視覚領域の反転図
　数字はブロードマンの脳地図上の皮質領域番号を示す.(岩田,1997)

図 1.25 サルの V1 野のモジュール構造
　(Livingston, M. S. and Hubel, D. H., 1984)

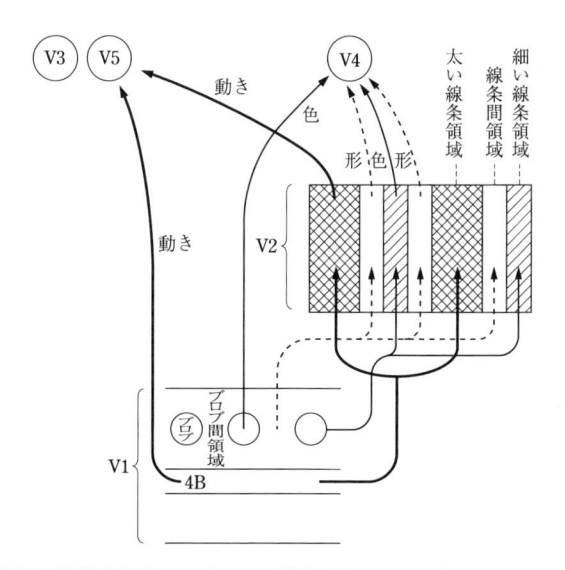

図 1.26 視覚野と視覚連合野のモジュール構造(岩田,1997)
　形(点線),動き(太線),色(細線)の情報処理は,それぞれ独立した構造によって営まれる.

連合野を五つに分けると，V4 野が色彩の認知に深くかかわっているという（図 1.26）．

色が見えるまでの生理学的道程は，長く複雑である．網膜の錐体が神経インパルスを発射することに始まり，その信号が外側膝状体によって中継され，視覚野から視覚連合野の V4 に達する．それにより，初めは感覚刺激に過ぎなかったものが，しだいに複雑で高度な感覚情報として認識される．この色が見える過程は，段階的であるということができる．

1.6.4 網膜における光化学的変化

網膜中で光エネルギーを吸収しこれを神経興奮に変える作用が営まれるが，この直接の任にあたっているのは，視質と呼ばれる感光性の物質である．この物質は，19 世紀に明らかにされ，後に分離されて，光化学的特性が知られるようになった．この物質は，桿体に含まれるのが視紅（visual purple, rhodopsin），錐体に含まれるのが視紫（iodopsin）と呼ばれている．

(1) 視 紅

視紅は，光に出会うと分解・退色し，暗所で再生される．視紅を分解する光の効果は，光の強さに比例する．ウサギを暗所に置き，その目を窓に向けて光にあてると，窓の光があたった網膜部は退色し，桟に相当する影の部分は赤色を帯びる．視紅は錐体にはないから，中心窩ではこのような変化は見られない．この物質は，水には溶けないので，抽出するには胆汁酸やサポニン，ジギトニンなどを使う．

また，この物質は白色光や 385〜650 nm までの波長光によって退色し，図 1.27 のような吸収特性を持っている．最大吸収の位置は動物によって異なるが，この吸収曲線は目が暗順応したときの視感度曲線（luminous efficiency curve，一定の明るさを得るのに必要なエネルギー量を波長ごとに求めてその逆数で示したもの）にほとんど正確に一致することから，明るさの感覚の第一段階が視紅の光化学的反応であることがわかる．

視紅の光化学的変化の様相は図 1.28 のようである．まず，視紅に光をあてると，ルミ・ロドプシンとメタ・ロドプシンという中間段階をへて，レチナールとオプシンに変化する．さらに，これらはビタミン A とオプシンに

1.6 視覚系の構造と機能

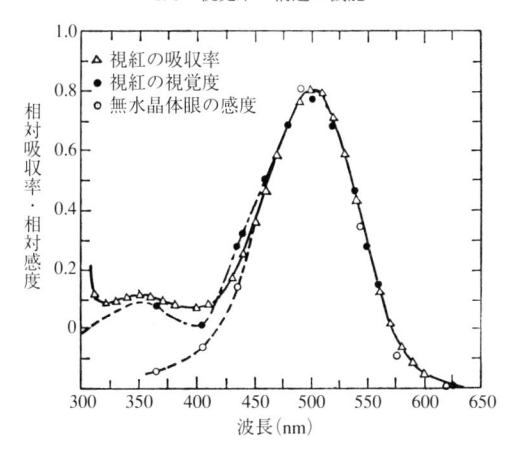

図1.27 カエルの視紅の吸収曲線と視感度曲線 (Wald, G., 1949)

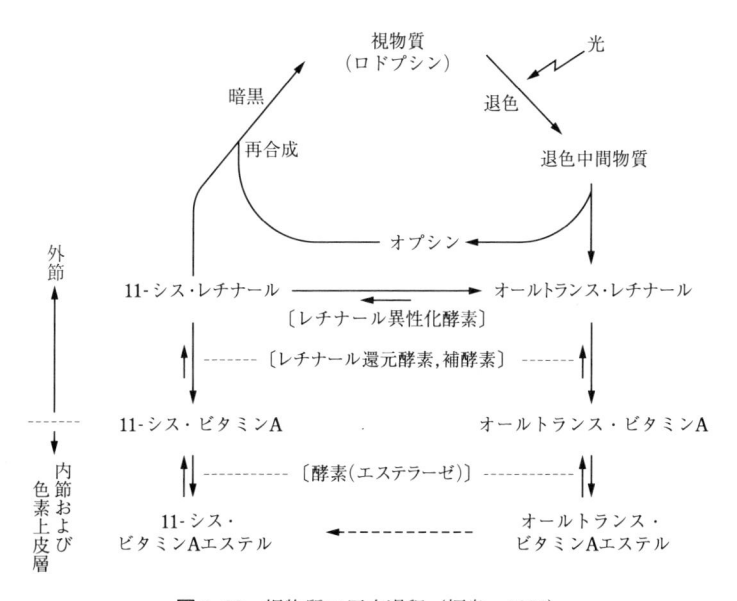

図1.28 視物質の反応過程 (福島, 1976)

変わる．しかし，この変化は可逆的であって，肝臓からビタミンAが補給されるとレチナールが再合成され，レチナールから視紅が再合成される．ビタミンAが欠乏すると桿体機能を低下させ夜盲症になるが，血中からのビ

タミンAの補給には肝臓が十分機能する必要がある．

(2) 視　紫

　視紫は視紅に比べてはるかに量が少なく，しかも不安定であるため，抽出するのが難しいとされている．

　ワルド（Wald, G., 1949）は，ニワトリの網膜からジギトニンを使って二つの感光物質を抽出した．一つは510 nmに最大吸収を持つためロドプシン（視紅）であろうと考えられるが，もう一つは555 nmに最大吸収を持ち，明順応した目の最大感受性を示す波長と一致するため，視紫の存在が証明できたと考えられている．なお，現在では，顕微分光光度計や眼底反射分光光度計を使い，霊長類やヒトの錐体視物質の存在が明らかにされている．

1.6.5　視覚の欠陥と色覚障害

　われわれは，聴覚の30倍もの情報を視覚によって得ているから，視覚の動物であるといえなくもない．しかし視覚をとおして知覚される世界は，外界の姿そのままというわけではなく，その間には不一致が認められることは多くの心理学者たちが明らかにしているとおりである．この不一致が生じるのは，目の構造に欠陥があるからであるとか，視覚路での信号の伝達が正確に行われないからであるとか，偏屈で主観にみちた自我のためであるとかいろいろな原因を考えてみることができる．そこで，心の問題は後で述べるとして，視覚系の欠点や欠陥について考えてみよう．

　第一は，眼球の構造に由来するもので，目の光学的収差（球面収差，色収差など）や光浸，盲点などがあるために，外界をあるがままに写しとることができないという問題がある．しかし，これは，誰の目にもあてはまる目の誤謬である．第二は，個人的な，ときには生まれつきの，あるいは年を取ってから起こる視力や色覚の障害がある．近視，遠視，斜視，弱視，夜盲症，色弱，色盲などである．第三は，光に対する感受性には限界があり（刺激閾，弁別閾など），仮にそれを上まわる刺激があっても，心理的過程によってかならずしも意識には現れないという問題がある．

　このように，われわれの視覚は，目の構造上の特質や視覚器の個人的欠陥，または心理的構えの違いなどにより，その働きが非常に制限されていること

は否定できない．しかし，これらを視覚の欠陥と考えるかどうかは主観的な問題であって，仮に各人がそれぞれの欠陥を持っていたとしても，それらの人びとはすでにその欠陥状態に順応しており，気づかずにいるとすれば欠陥呼ばわりする必要はないのかもしれない．

つぎに，色覚の基本的な法則性と非常に関係のある色覚障害（本書では異常といわず，障害ということにする）について考えてみよう．色盲には，全色盲と部分色盲とがある．また色盲とはいえないまでも，色覚に何らかの欠陥がある場合を色弱といい，これにも全色弱と部分色弱とがある．これを検査する方法は各種考案されているが，1916年に陸軍の選兵用として作成されその後改良された石原忍式色覚検査法は，世界的に有名である（口絵2はその一例である）．

ところで，色覚障害は臨床上つぎのように区分される．

(1) 全色盲および全色弱
 a. 全色盲（total color blindness）
 b. 全色弱（total color weakness）
(2) 第一色覚障害（protan）
 a. 第一色盲（protanopia）
 b. 第一色弱（protanomalia）
(3) 第二色覚障害（deutan）
 a. 第二色盲（deuteranopia）
 b. 第二色弱（deuteranomalia）
(4) 第三色覚障害（tritan）
 a. 第三色盲（tritanopia）
 b. 第三色弱（tritanomalia）

以上の分類の中で，全色盲は一色型色覚（monochromatism），第一，第二，第三色盲は二色型色覚（dichromatism），第一，第二，第三色弱は障害三色型色覚（anomalous trichromatism）と総称することもある．そうすると，健常者の色覚は健常三色型色覚ということになるが，これは3色の混色によってどんな色とも等色できるという混色の事実からきている．同様に，二色型色覚というのは2色の混色によってあらゆる色と等色できることを意

味している。一色型色覚はすべての光刺激は無彩色に感じられることをいう。障害三色型色覚は3色の混色によって等色を行うが、いわゆる健常色覚者とは異なる。

一色型色覚はごく少なく、人口の約 0.003%、二色型色覚は男子の 2〜3%、障害三色型色覚は男子の 5〜6% といわれ、女子にはほとんど見られない。ジャッド（Judd, D. B.）らによると、表 1.2 のようである。これは白人の代表的頻度であって、他の報告者によると表 1.3 のようである。白人は黄色人種に比べて色覚障害の頻度が高く、黒人は黄色人種より頻度が低いことがわかる。したがって、人種による違いがあるといえるが、その社会の文明の発

表1.2 色覚障害の頻度（Judd, D. B. and Wyszecki, G., 1975）

	男	女
第一色弱（赤色弱）	1.00	0.02
第二色弱（緑色弱）	4.90	0.38
第三色弱	0.0001	0.0000
第一色盲（赤色盲）	1.00	0.02
第二色盲（緑色盲）	1.10	0.01
第三色盲	0.0001	0.0000
全色盲	0.003	0.002
計	8.00（%）	0.43（%）

表1.3 先天性色覚障害の頻度（太田、1980）

国名	報告者	報告年	検査人員	頻度(%)
ノルウェー	Waaler	1927	9049	8.01
英 国	Nelson	1938	1300	8.82
ド イ ツ	Schmidt	1936	1000	7.55
ス イ ス	von Planta	1928	2000	7.95
フランス	Chabau	1955	914	8.63
ロ シ ア	Flekkel	1955	1343	9.31
米 国（白）	Miles	1929	1286	8.20
印 度	Geddes	1946	148	8.1
中 国	Chan	1950	7542	4.97
フィリッピン	Nolasco	1949	959	4.3
日 本	川上	1922	6373	4.25
米 国（黒）	Crooks	1934	2019	3.91
コ ン ゴ	Appelmans	1953	929	1.7
ウガンダ	Simon	1951	537	1.86

1.6 視覚系の構造と機能

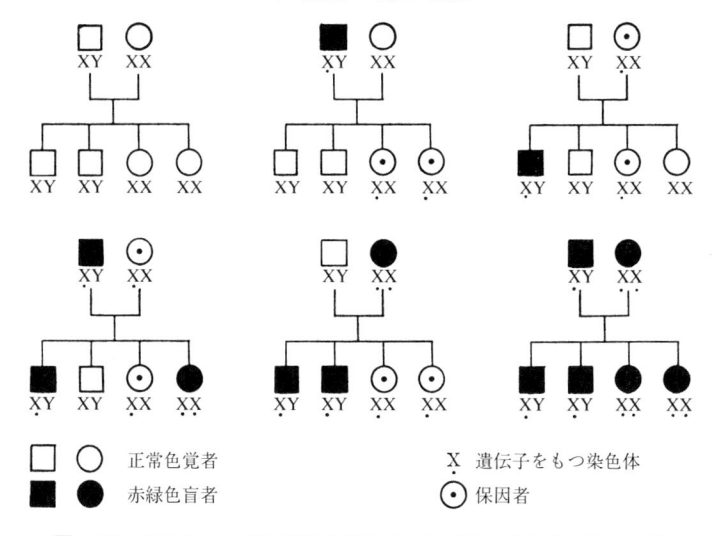

図1.29 赤緑色盲の伴性遺伝の組み合わせ（Hurvich, L. M., 1981）

達と関係があるという考え方もある．すなわち，白人社会は高度の技術を持ち，都市生活者が多い．黄色人種は農村と都市が混成した社会に住む．黒人はかつて第一次産業を営み，村落地に住んだ．このような生活上の条件が何らの影響を与えているといえなくもない．しかし，色覚障害は普通，遺伝によると考えられており，環境要因説は支持されていない．

　色覚障害の遺伝型式は，かなりよくわかっている．それを図1.29に示す．色覚障害は，女子には現れることは少なく，表面は健常に見える女性を通じてその子どもに遺伝する．つまり，伴性劣性遺伝することになる．しかし第三色覚障害は，市川宏によると，常染色体性優性遺伝であるという．つぎに，色覚障害の各タイプの特徴についてふれておく．

(1) **一色型色覚**

　これは，男女ともほとんど等しい頻度でみられ，伴性劣性遺伝する．これには，桿体一色型色覚と錐体一色型色覚がある．前者は，錐体機能を欠いており，そのためにすべての光を無彩色一色に感じる．視力は0.1前後の弱視で，眼球振盪，昼盲を伴う．その明順応眼の視感度曲線は健常者の暗順応眼のそれとまったく一致する．このタイプの人びとの視覚の世界は，医学エッ

セイストとして知られるサックス（Sacks, O.）の『色のない島へ―脳神経科医のミクロネシア探訪記』（大庭・春日井 訳，1999）に詳しい．

後者は，桿体機能に変化はないが，すべての錐体の機能が単一的であって，そのためにすべての光が単一色に感じられる場合である．この場合は，羞明(しゅうめい)や眼球振盪などの合併症はなく，視力も健常である．また，視感度曲線も健常者と変わりなく，中心窩の活動も健常であるから，視神経の伝導路か大脳中枢に欠損があると考えられている．

(2) 二色型色覚

これは男子の2%に見られ，伴性劣性遺伝する．このタイプは，明暗の区別と赤か緑，黄か青の区別しかできず，長波長部分の1色と短波長部分の1色のような2色の混合であらゆる色と等色できる．したがって，健常な色覚者が等色できる色はこの色覚者も等色できるが，逆の関係はあり得ない．

このような色覚者は，成人するまで自分の欠陥に気づかずにいることもある．イギリスの化学者・ダルトン（Dalton, J.）は，真赤な靴下をはいて祈祷集会に現れ，友人にいつもの地味な灰色の靴下に取り替えてもらったと伝えられている．彼には赤，オレンジ，黄，緑はどれもほとんど同じ色に見えたが，青と紫は正確に区別できたという．これほどの色盲であったにもかかわらず（第一色盲），彼は26歳までそれに気づかずにいたとはおかしな話であるが，あり得ないことではない．なお，二色型色覚には第一色盲（図1.30）のほかに，第二色盲，第三色盲がある．

(3) 障害三色型色覚

これは，健常者のいわゆる三色型色覚とは異なる．等色を行うのに三原色を必要とするが，等色結果は健常者のそれとは別のところにくる．このタイプには，第一色弱，第二色弱，第三色弱の三つがある．

第一色弱は，赤と緑を使って黄色を混色するのに健常者より赤の量を多く使うので，赤に鈍感といえる．第二色弱は，同じ方法で黄色を混色するのに健常者より緑を多く使うから，緑に鈍感といえる．このタイプは約5%ともっとも多い．第三色弱は，数は少ないが，青に弱い．青と緑を使って青緑（シアン）を作るのに，青の量をよけいに使う．これら三つの色覚障害の程度はさまざまで，二色型色覚と同じ微候を示す重症なものから，健常三色型

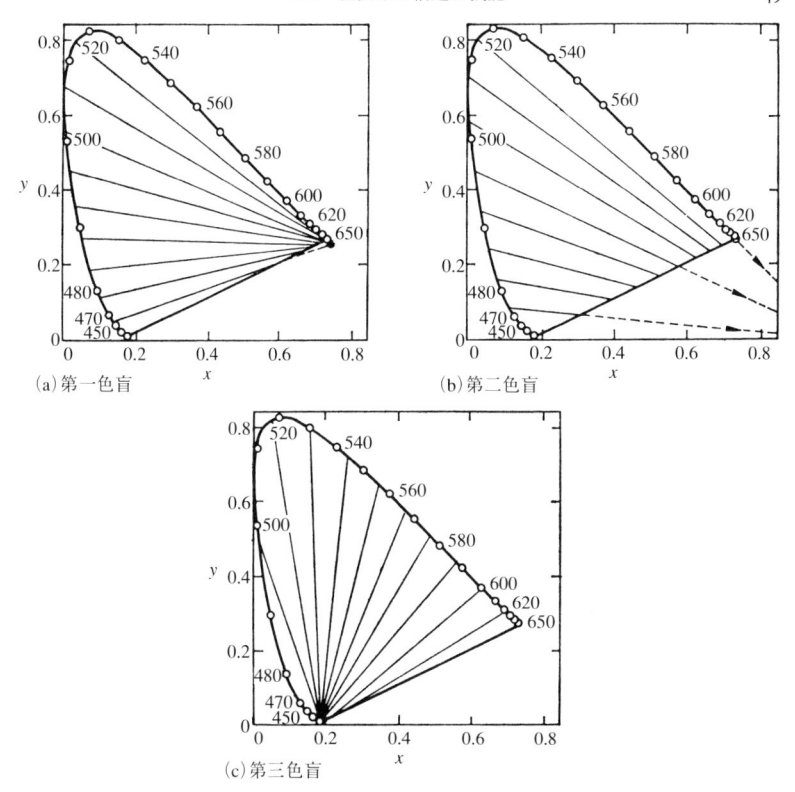

図1.30 色覚障害者の色度混同図（Judd, D. B. and Wyszecki, G., 1975）

色覚に近いものまであると考えられる．

　ここで注意を促したいのは，健常三色型色覚者でも，条件しだいでは障害三色型色覚者と同じような徴候を示すということである．たとえば，マッチ棒の先ほどの小さな色を見る場合とか，暗い照明下で色を見る場合とか，網膜の窩外領域で色を見る場合には，白と黄の区別や灰色と青の区別は悪くなる．これは，一種の第三色弱にあたる．したがって，健常者は，色覚障害とはまったく無縁であるとはいいきれない．

　色覚障害は，多くの職業にとってそれほど重大な欠陥ではない．乗物の運転を職業とする人は正常な色覚を必要とするが，色弱者で自家用車を運転する人は結構多い．大学では，何年か前までは入学志願者に対して色盲検査が

実施されていたが，現在はほとんど行われていない．色覚に欠陥があるからといって，勉学を志してはならない理由はないからである．しかし，化学工業における技術者やパイロット，職業運転手などいくつかの職業では，現在でも一定の制約が設けられている．

1.6.6　色覚説

色刺激が目の受容器に作用してそこで何が起こるか，いかにして色体験が生じるのかを説明する試みは数多くなされており，色覚説と呼ばれている．しかしこれらの学説は，実験的に十分検証されているわけではなく，仮説の段階に止まっているものも多い．いずれにしても，色覚説は，混色や色覚障害，色順応や色対比などの色知覚に関する諸現象を矛盾なく説明できるものでなければならない．

(1) ヤング-ヘルムホルツの三色説

この説は，あらゆる色が混色の操作によって3色（赤，緑，青紫）から作られ得るという事実に基づくもので，目にはこれら3色にそれぞれ対応する三つの受容器があると考え，図1.31のようにその興奮の複合で説明しようとする．この3種の受容器は，それぞれ3種の神経と連接し，特定の神経はいわば特定の信号のみを伝達すると考える．この考えは，ミューラー（Müller, J.）の感覚神経に関する特殊エネルギー説に由来する．

図1.31の1の受容器は，赤光線にもっとも敏感で，2の受容器は緑光線に，3の受容器は青光線にもっとも敏感に反応すると考える．これら三つの受容器が同時に興奮した場合は，白，1と2または2と3，1と3が同時に興奮した場合は，それぞれ黄と青緑（シアン）と赤紫（マゼンタ）の感覚を

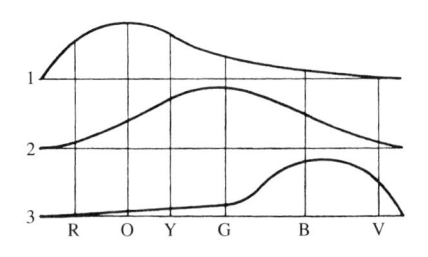

図1.31　ヘルムホルツの3受容器の興奮曲線

1.6 視覚系の構造と機能

生じるというわけである．

これは，混色の事実に立脚した考え方であるから混色による等色実験結果と一致するのは当然であるが，もしいずれかの受容器の機能を欠く場合にはそれに関連する色覚は生じないから，色盲を説明するのにもつごうがよい．しかし，後で述べる色対比や色残像，ベツォルト-ブリュッケ現象などを説明できないのが欠点である．

(2) ヘリングの反対色説

ヘリング（Hering, K. E. K.）は，色の見え方に重点をおいて，つぎのように考えた．まず，網膜に3種の光化学的物質である赤・緑物質，黄・青物質，白・黒物質が存在すると仮定する．これらは光を受けて合成すなわち同化作用を起こすか，分解すなわち異化作用を起こすと異なる感覚を生じるとする．たとえば，赤・緑物質は，赤光線で刺激されると破壊され（赤感覚），緑光線で刺激されると合成される（緑感覚）とする．このように，赤と緑，黄と青は一対をなし，各対の2色は補色または反対色の関係にあるから反対色説と呼ばれる．また，彼はあらゆる色はこの4色からなると考えているから，四色説ともいえる．なお，白・黒物質は同化と異化の過程が同時に進行し得ると考え，灰色は二つの過程が平衡状態のときに生じると考えている．

この説は，補色や色対比などの色の見え方を説明するのにつごうがよいが，混色や色盲の事実とあまり合致しない．黄・青物質を欠くときが黄・青色盲（第三色盲）にあたるというけれども，このタイプの色盲は，ほとんどないに等しい．そのほか，白・黒物質の同化異化の考え方は理解しにくい．

(3) ハーヴィッヒ-ジェームソンの反対色過程説

ハーヴィッヒ（Hurvich, L. M.）とジェームソン（Jameson, D.）夫妻の説は，ヘリングの反対色説から発展したもので，受容器中に第一段階としての興奮機構を，またどこかほかの視覚系中に第二段階としての連合反応機構を仮定する．前者は，網膜の錐体の中にあり，4種の光（赤，緑，黄，青）を受ける単位がその中にあるとする．後者は，網膜外の視神経中枢のどこかにあり，3対の反対色過程（白・黒，赤・緑，黄・青過程）がその中にあると考える．そして4種の色反応曲線を求めているが（図1.32），これは，特定の色（赤なら赤）をその補色に混合して無色になるのに必要な混合量を求

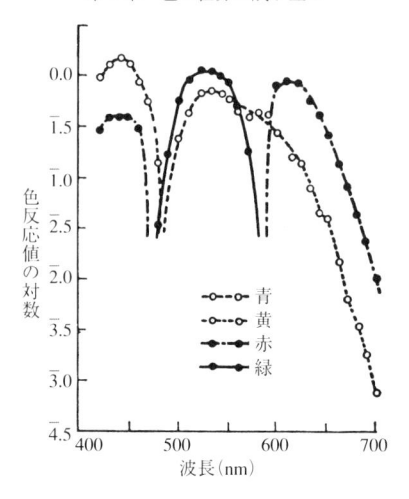

図1.32 色反応曲線 (Jameson, D. and Hurvich, L. M., 1955)

めたものである．

この説は，混色や色弁別，色順応，ベツォルト-ブリュッケ現象を説明するのにつごうがよいと考えられている．

(4) ラッド・フランクリンの発生説

ラッド・フランクリン（Ladd-Franklin, C.）の説は，ハーヴィッヒ夫妻の場合と同様，三色説と四色説の折衷説であり，折衷するのに発生という考え方を持ってくる．

彼女は，ヘリングが仮定した3種の物質を発達の段階が異なったものと考え，ヘリングの白・黒物質に相当するものを灰物質とし，これがもっとも未発達な段階の物質で，可視光のすべての光に反応するとする．つぎに，これが，短波長の光に反応する青物質と長波長の光に反応する黄物質に分化し，さらに黄物質が緑物質と赤物質とに分化すると仮定する．そこで，もっとも発達の進んだ健常者の網膜中心窩の近くでは，赤，緑，青の3物質が存在し，三色説が成立する．つぎに，一段低い発達段階にある網膜の窩外領域や赤・緑色盲では黄物質と青物質のみ存在すると考える．さらに，網膜の周辺部と全色盲では，灰物質だけがあると考えた．この説は，周辺視や色盲をうまく説明するが，赤色盲と緑色盲の違いを説明できない．

1.6 視覚系の構造と機能

(5) フォン・クリースの二重説

これは錐体と桿体の構造と機能に基礎をおくもので，初めシュルツ（Schultz, M.）によってとなえられ，フォン・クリース（von Kries, J.）によって確立された．この説は，昼行性の動物であるハトの目には錐体のみがあり，夜行性の動物であるフクロウには桿体のみがあるという事実，人の目での両細胞の分布と色弁別の関係，暗順応曲線と視紅の吸収曲線がよく合致する事実などにより支持されている．しかし，両細胞がどのような特殊な反応をするとしても，両者の間には交互作用が起こると考えなければならないから，これで十分というわけではない．

(6) そのほかの色覚説

スウェーデンの生理学者グラニット（Granit, R.）は，この分野の研究でノーベル生理学賞を受けている．彼は，神経線維とほぼ同大の微小電極を角膜と水晶体を除去した眼球の内側から網膜に挿入し，一つの視細胞の電気活動を記録する方法を用いた．そして，いろいろな波長で刺激し，一定の反応を起こすのに必要な光のエネルギーを測定した．図1.33(a)のネズミ（一般に桿体のみを持つとされる）の結果は，桿体視の特徴である暗所視曲線とは異なり，500 nm 以外に 600 nm にピークを持つ曲線が得られている．また，

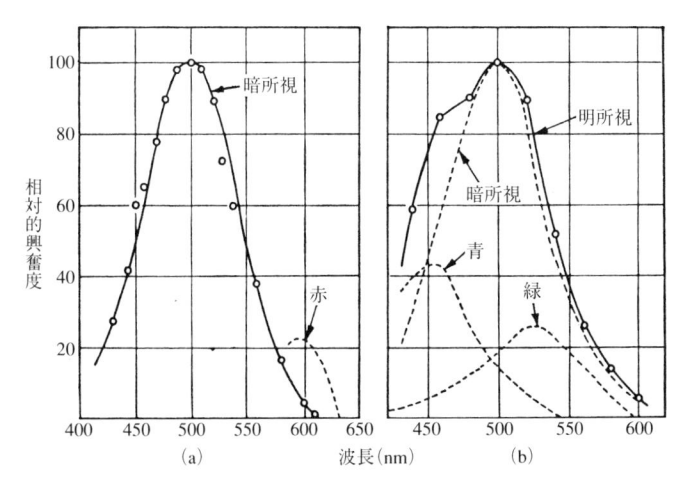

図1.33 ネズミとモルモットの視細胞の分光感度曲線（Granit, R., 1947）

モルモットでは（図 1.33(b)），500 nm 以外に，460 nm（青），530 nm（緑）にピークを持つ小さな曲線も得られている．これらのことから，ネズミやモルモットのように桿体のみを持つ目の中に赤や緑や青に対する受容器が存在すると考えざるを得ない．

グラニットは，これ以外にも多数の動物を使って研究し，光に感受性を示すドミネーター（dominator）とスペクトルの特定波長に感受性を示すモジュレーター（modulator）の二つの曲線が得られることを明らかにした．これらの結果は，二重説の説明が十分でないことを示している．

一方，スベーチヒン（Svaetichin, G.）とマックニコル（McNichol, E. F.）やボイントン（Boynton, R. M.），ウォルラーヴェン（Walraven, P. L.）らは，錐体レベルでは三色説が，双極細胞や神経節細胞レベルおよび大脳レベルでは四色説が成立し得ることを発表している．これらの電気生理学的研究によって三色説か四色説かという論争に一応の終止符が打たれ，現在では，二つを一つに統合した段階説（stage theory）が正しいと考えられている．

図 1.34 は，その代表的な説である，ウォルラーヴェンとブーマン（Bouman, M. A.）の色覚モデルである．明るさの感覚は，RGB の合成により生じる．色覚は R,G と Y,B のステージがあって，赤か緑，黄か青の感覚を生む．黄色は R と G から生まれる．なお，青の感覚は B からの入力によるが，光刺激の強さに影響されることを α と β で説明している．

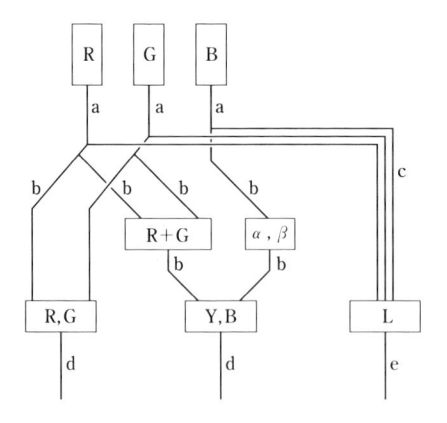

図 **1.34** Walraven–Bouman 段階説モデル（Walraven, P. L. and Bouman, M. A., 1966)

第2章

色の表し方

　一つの色を作るにも何とおりもの作り方があり，またその色の見え方も観察条件や観察者によって異なることを考えると，色を定量的に表すことは不可能と思われるかもしれない．しかしいくつかのことがらを約束することにより，色は，ある程度，定量的に表すことができる．

　一つは，色を心理物理量とみなし，色刺激の特性によって表す方法である．もう一つは，あらかじめ用意した色紙を色の三属性に従って配列し，色の見え方の違いが等間隔になるように調整した後，尺度値をつけて表す方法である．一般に前者を混色系（color mixing system），後者を顕色系（color appearance system）といい，その違いはおおよそ表2.1のようである．

2.1　CIE表色法

　これは，混色系の中でももっとも代表的なものである．国際照明委員会（CIE）は，1931年に，標準的な観察者の等色実験結果に基づき，色の定量的な表示方法であるCIE表色系（CIE 1931 standard colorimetric system）を定めている．この時代にこういうことができたのは，シュレーディンガー（Schrödinger, E., 波動力学の創始者）の測色と表色に関する論文やオスト

表2.1　混色系と顕色系

	混 色 系	顕 色 系
表示の対象	心理物理的色	知覚色
表示対象の区別の基準	色感覚に基づく心理物理的概念	色知覚に基づく心理的概念
表色系の代表例	XYZ表色系	マンセル表色系，NCS表色系
表示の目的	色の定量的表示	色の見えの表示
表示の原理	グラスマンの法則として体系化された，加法混色の法則に基づく	色の見えの表示を目的とする物体標準に基づく

ワルト（Ostwald, F. W., 化学者）の表色系などが相次いで発表され，色の定量的な扱い方について国際的な取り決めをする気運が高まったからであるといわれる．

なおこれは，1964年に修正・補足され，今日にいたっている．日本の色に関する工業規格（JIS）は，この CIE 色表示方式に準拠したものである．また，CIE は，これを定めるにあたって，つぎのようないくつかの約束をしている．

2.1.1 標準の光

まず，CIE は，色を観察したり測定するのに用いる照明光について取り決めを行っている．その主なものは，標準の光（標準イルミナントと呼ぶ）A と C および D_{65} の三つである．その分光分布は図 2.1 に示すようである．

標準イルミナント A は，理想的な放射体である黒体（blackbody）が色温度（color temperature）2856 K（ケルビン）のときに放つ光である．これは，白熱電球を規定の電圧で点灯したときの光に相当する．この光は，長波長成分を多く含むので赤みを帯びて感じられる．そのため，赤みを強調する必要のある，食肉や果物などの店舗の照明に用いられている．

標準イルミナント C は，標準イルミナント A に特定のフィルターをかけ

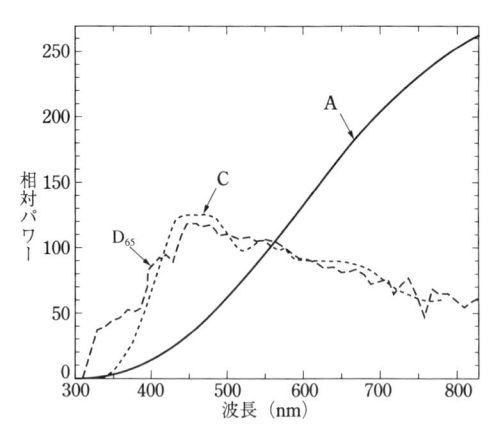

図 2.1　標準イルミナント A，C，D_{65} の分光分布

て得られる光で,青空の光を含む昼光や北窓からの光に相当する.その色温度は6774 Kである.もっとも,この光は,以前は色の比較によく用いられたが,現在は標準イルミナント D_{65} に取って代わられつつある.

標準イルミナント D_{65} は,標準イルミナントCに代わるものである.その可視波長域の分光分布は標準イルミナントCとほぼ同じであるが,紫外波長域の光を多く含む点が標準イルミナントCとは異なる.これは,昼光に関する再検討の成果をふまえ,1966年から用いられている.その色温度は6504 Kで,D_{65} の65(ロク・ゴと読む)は6504 Kを意味している.

しかし,このような光を放つ光源はまだ開発されていない.近似的な特性を持つ光源としては,色彩観察用キセノン標準白色光源(JIS Z 8902)や色比較・検査用蛍光ランプ D_{65} (JIS Z 8723),常用蛍光ランプ(JIS Z 8716)などがある.写真撮影用のストロボやフラッシュも,これとよく似た分光特性を備えている.

そのほか,正規の標準イルミナントからははずれるが,補助標準イルミナントBや D_{50}, D_{55}, D_{75} などがある.このうちBは,色温度が4874 Kで,直射日光と近似の分光特性を持っている.しかし,現在は廃止の方向にある.いずれにしても,照明光の種類が異なれば色は違って見えるから,用いた光源の種類を明記しておく必要がある.

2.1.2 観察条件

色の観察条件についても,つぎのように定められている.
(1) 明順応状態で見ること.
(2) 視野の大きさは,視角2°(1931)または10°(1964)であること.
(3) 視野内の光の分布は,空間的にも時間的にも一様であること.
(4) 周辺視野は,暗黒(dark)であること.
(5) 等色は,小円を中心から二分し,一方に等色すべき色(標準色)を置き,他方に混色によって生じる色(変化色)を置いて行うこと.
(6) 物体の色を見るときは,物体表面に対して直角の位置から見るようにし,照明光は45°方向からあたるようにすること.

このうち,(1)〜(5)までは,主に色彩計の中を覗いて色(開口色)を視感判

|試料|比較|
|無彩色マスク|

|試料| |比較|
|無彩色マスク| |無彩色マスク|

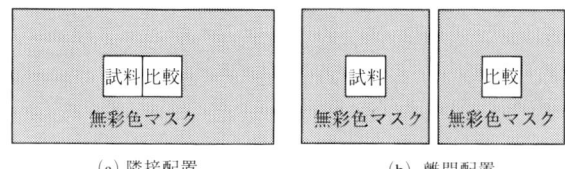

(a) 隣接配置　　　　(b) 離間配置

図 2.2　色比較時の表面色の配置（側垣，1998）

定する場合の条件を定めたものである．物体表面の色（表面色）を目で観察する場合には，(6)のような光源・物体・目の位置関係が大切であるが，作業を行う部屋の壁の色は光沢のない無彩色（灰色または明るい灰色）にするとか，作業面の色は光沢のない灰色にするとか，色の配置は図2.2のようにするとか，配慮しなければならない．また，観察を開始する前に5分間程度，目を照明光に順応させる必要がある．

2.1.3　RGB 表色系

混色に用いる原色（原刺激）を赤（R，700 nm），緑（G，546.1 nm），および青（B，435.8 nm）とする表色系を，CIE の RGB 表色系という．

いま，図2.3のように，一方に標準刺激 F を置き，他方に変化刺激 R，G，B を置いて，視野の左右の見えを等しくする操作を行うものとする．等色操作は，3種の変化刺激のおのおのについている光量調節器の絞りを調整して行う．等色操作が完了したら絞りの目盛の値を読みとり，等色するのに要した原刺激の比率を求める．これを r，g，b とすると，等色した状態は，一般的には，

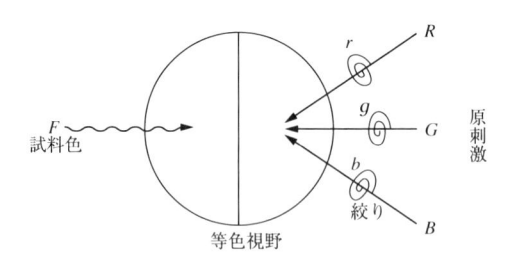

図 2.3　等色関数の求め方（概念図）

$$F \equiv rR + gG + bB \quad (\text{ただし},\ r+g+b=1)$$

で表される．

この式で≡という等価記号が用いられているのは，F と等色するには r，g，b の値はいろいろあり得るからである．ただし，ある原刺激を多く用いれば他は少なくてすむから，r，g，b の和はつねに一定である．このようにして，白色光と等色するのに必要な三刺激の相対的値を求めたのが図 2.4 である．これを等色関数 (color matching functions) という．

ところで，この図を見ると，曲線 r の一部は負の側に飛び出していることがわかる．たとえば緑 (500 nm) のスペクトル色は三つの原刺激 R，G，B をそれぞれ −3 対 4 対 2 の割合で含んでいることになるが，混色するのに負の値を加えるというのはおかしな話である．

しかし，これは特殊な場合であって，つぎのように説明される．すなわち，スペクトル色の中には鮮やか過ぎて三刺激の量をいかに操作しても等色できない場合があり，その場合には三刺激の中の一つは比較されるべき色と混ぜ

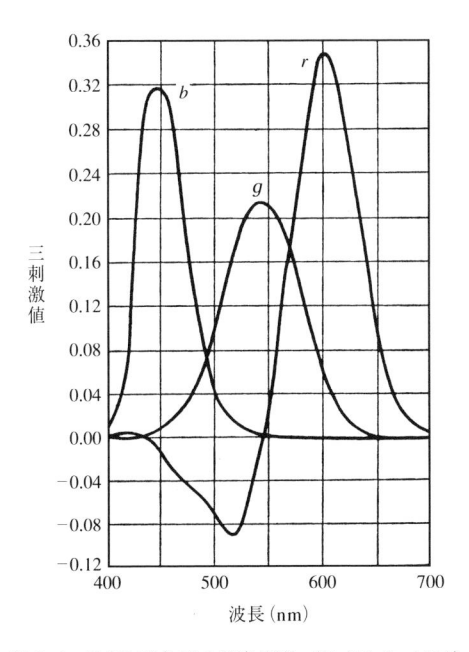

図 2.4 *RGB* 表色系の等色関数（Guild, J., 1931）

合わせ，これと残りの二つの刺激の混合色とを等色するのである．これを一般的な式で表すと，

$$F(\lambda) + rR \equiv gG + bB$$

ただし，$F(\lambda)$ は等色すべき色，この場合は緑 (500 nm)，また $1+r=g+b$ のようになる．したがって，$-r$，g，b の和は一定となり，図 2.4 のようなことが起こり得ることがわかる．このように，特殊な等色操作をしなければ等色できなくなるのは，等色に用いた原刺激の純度が十分でないからであるが，それにしても負の値を加えるというのでは困るし，この方式には限界もあるので，別の表色方法が定められている．

2.1.4　XYZ 表色系

先の原刺激 R，G，B という実在する色の代わりに X，Y，Z という原刺激を仮想し，実在するあらゆる色はこの正量混合で表せるというのが CIE の XYZ 表色系である．この表色系と RGB 表色系との間にはつぎの関係が成り立つ．

$$X = 2.7689\,R + 1.7517\,G + 1.1302\,B$$
$$Y = 1.0000\,R + 4.5907\,G + 0.0601\,B$$
$$Z = \qquad\qquad\ \ 0.0565\,G + 5.5943\,B$$

X，Y，Z は本来は虚色のある色名を表すに過ぎないが，それぞれをある割合で混合すると特定の試料と等しい色刺激になり同じ色に見えると考えると，X，Y，Z は混合量を示すことになる．そこで，CIE 方式では三刺激値（tristimulus values）を X，Y，Z で表すことになっている．

物体色については CIE の三刺激値はつぎのように表される．

$$X = K \int \bar{x}(\lambda) P(\lambda) \rho(\lambda) d\lambda$$
$$Y = K \int \bar{y}(\lambda) P(\lambda) \rho(\lambda) d\lambda$$
$$Z = K \int \bar{z}(\lambda) P(\lambda) \rho(\lambda) d\lambda$$

ただし，スペクトル三刺激値 $\bar{x}(\lambda)$，$\bar{y}(\lambda)$，$\bar{z}(\lambda)$ はスペクトル色に等色するのに必要な CIE の原刺激量を表し，標準観察者によって定められた値で

2.1 CIE 表色法

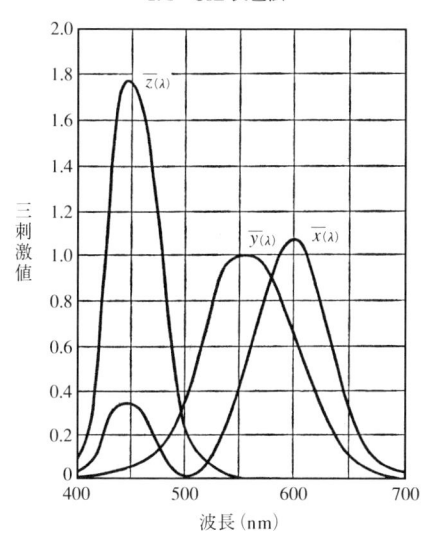

図 2.5 XYZ 表色系の等色関数（OSA，測色部会，1944）

ある．これを図示すると図 2.5 のようであり，もはや図 2.4 のように負の値を取ることはない．この図は XYZ 表色系の等色関数といわれる．これは平均的な目を持つ人の視覚的特性を示したものではあるが，これとまったく一致する感受性視感度を持つ人が実在するかどうかはあまり重要ではない．なお，三つの曲線のうち曲線 $\bar{y}(\lambda)$ の最大値を取る波長は 557 nm にあたっており，この曲線は標準比視感度曲線（relative luminous efficiency curve）であることに注意する必要がある．

また，$P(\lambda)$ は物体を照明する光源，すなわち標準光源の分光組成である．$\rho(\lambda)$ は物体の分光反射率または分光透過率である．λ は波長，K は，

$$K = 1 \bigg/ \int \bar{y}(\lambda) P(\lambda) d\lambda$$

である．これは照明光の明るさを意味している．したがって，これを先の Y の式に代入すると，

$$Y = \int \rho(\lambda) d\lambda$$

となって，物体色の三刺激値の一つである Y は物体の視感反射率または視感透過率に等しいことがわかる．この式で Y は $0 < Y < 1$ であるが，一般に

はこれを 100 倍して，パーセントで表すことが多い．

以上から物体色の三刺激値は，物体によって反射または透過される光の三刺激と照明光の明るさの比で表されることが明らかになった．すでに照明光の分光組成は図 2.1 によって，スペクトル三刺激値 $\bar{x}(\lambda)$，$\bar{y}(\lambda)$，$\bar{z}(\lambda)$ は図 2.5 によって与えられているから，物体の分光反射率（一例を図 1.14 に示した），または分光透過率がわかれば，三刺激値 X，Y，Z は求められることになる．煩雑になることを避けるために計算例ははぶくが，三刺激値が求められるまでのプロセスを頭にしっかり入れておくことが大切である（図 2.6）．

しかし，以上によって三刺激値 X，Y，Z の値が求められただけでは，混色によって生じた色がどのような色であるかわからない．そこで CIE 方式では，X，Y，Z のおのおのが全体の中で占める割合を，

$$x=\frac{X}{X+Y+Z}, \quad y=\frac{Y}{X+Y+Z}, \quad z=\frac{Z}{X+Y+Z}$$

で表し，このうちの x と y と先の物体の反射特性または透過特性を示す Y の三つを使って物体色を表すことにしている．x と y の二つの値がわかれば，z の値はわからずともよいからである（$x+y+z=1$ であるから）．

いま，x を横軸に y を縦軸に取って二次元にすべての色を表すと図 2.7 のようになる．これを色度図（chromaticity diagram）という．色度図によって表されるのは，色相と純度である．つまり何色か，あざやかさはどのくらいかということがわかる．しかし，明るさがわからなければ実際どんな色かわからないので，色度 (x, y) のほかに先の Y の値から明るさの程度を知る必要があるわけである．

なお，以上のような方法による場合は，スペクトル色の各色度は，馬蹄形(ばてい)

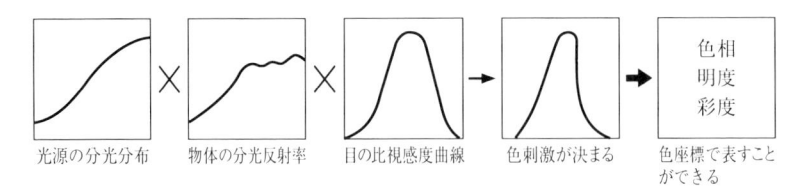

図 2.6　色刺激の変容過程

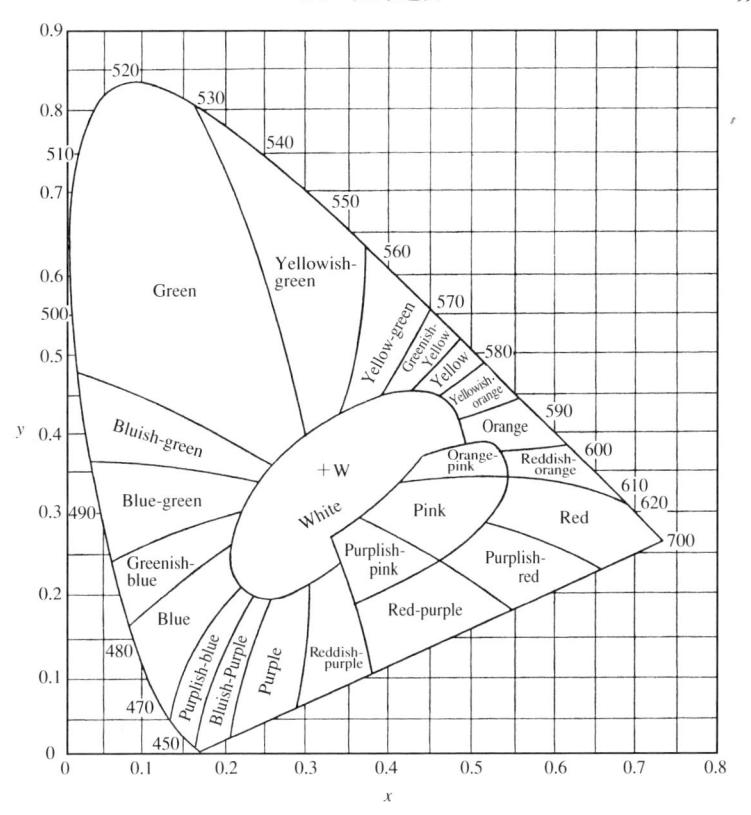

図 2.7 XYZ 表色系の色度図と色区分 (Evans, R. M., 1948)

の曲線上にくることになる．白色光の位置は中心にくる．この場合は，x と y の値は等しくなる（z の値も同じになる）．白色光は原刺激 X，Y，Z を同じ量だけ加えたものと考えるから，こうなるのは当然である．

このほか，CIE ではもう一つの表示方法を示している．それは主波長（または補色主波長），純度，輝度の三つで表す方法である．図 2.8 はその求め方を示したものである．色度点 F の主波長を求めるには，F と W（C 光源の色度点）を結ぶ線が外周のスペクトル軌跡と交叉する点（S）の波長（λ）を読み取ればよい．ただ主波長は色相と密接に関係してはいるが，図 2.7 に示されるように，純度が高くなると主波長も多少ずれるので注意する

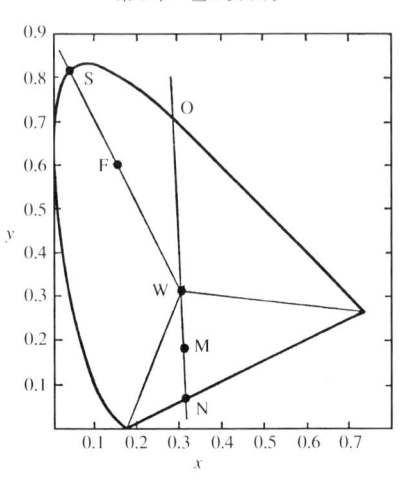

図 2.8 CIE 色度図上での主波長と純度を求めるための図

必要がある．また紫や赤紫のような色（M）のときは，M と W とを結んだ線は馬蹄形の直線部分（これを純紫軌跡という）と交叉して主波長は求められないので，逆方向に線を延長して外周と交叉する点 O の波長を求め，これで表す．これを補色主波長（complementary dominant wavelength）という．

純度を求めるには，線分 FW と線分 SW の比を求め，100 倍してパーセントで表す．この純度は，色の輝度が増すと若干低下するといわれる．

2.1.5 UCS 表色系

CIE 表色系は，色を定量的に数値で表す点では，他のどの表色系よりもすぐれている．しかし，図 2.7 に見られるように，緑の範囲は極端に広く青紫や黄色のそれは極端に狭いというような，問題点がないわけではない．このことは，色度図上の差（距離）が感覚上の色の差（距離）とかならずしも対応していないことを示しており，その様子はマッカダム（MacAdam, D. L., 1974）が行った 25 個の色度（x, y）点での等色実験結果からもうかがい知ることができる（図 2.9）．

そこで，色度図上での差（距離）が同じであれば色の見え方の差も同じに

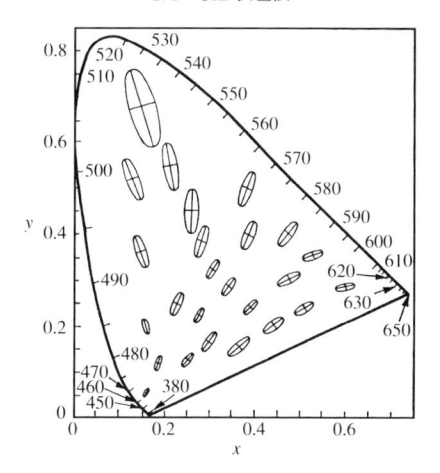

図 2.9 CIE 1931 年色度図上での等色差楕円の変動(楕円の軸は説明のため実際の 10 倍にしてある)(MacAdam, D. L., 1942)

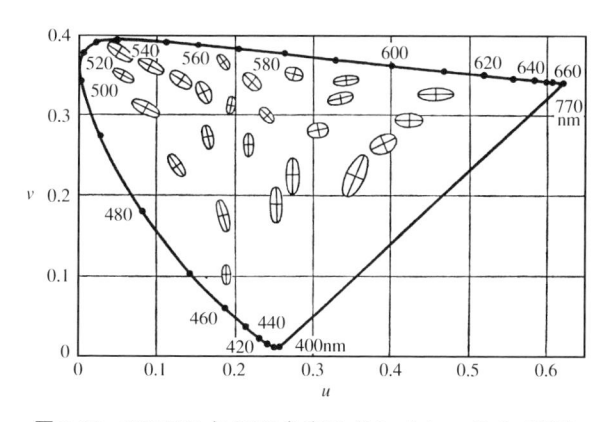

図 2.10 CIE 1960 年 UCS 色度図(MacAdam, D. I., 1937)

なるよう,縦軸(y)と横軸(x)の目盛に修正を加える試みが何人かの研究者らによって行われた.図 2.10 は,マッカダムによる UCS 色度図(Uniform Chromaticity Diagram)である.これによると,ある色と等しく見える色範囲を示す弁別楕円の大きさは色度図の全域でほぼ同じあり,感覚上の色の差と色度図上の差(距離)とがうまく対応していることが示されている.このような表色系は,UCS 表色系(Uniform Chromaticity Scale

System）といわれる．

均等色空間（uniform color space）についてはほかにもいろいろな提案がなされたが，1976年にCIEは$L^*a^*b^*$表色系と$L^*u^*v^*$表色系の二つを採択した．この二つの表色系の色度座標上に後で述べるマンセル表色系の明度5の場合をプロットしたのが，図2.11および図2.12である．前者より後者のほうが，補色の位置関係がより適切に表されているとみられる．どちらも，日本の工業規格として採用されている（JIS Z 8730 色差表示方法）．

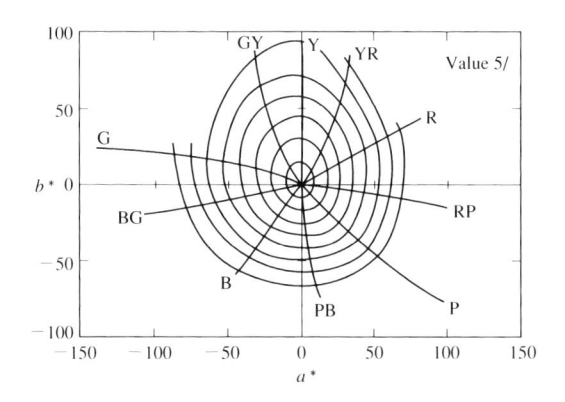

図 2.11 マンセル・ヴァリュー5の色票の a^* 値および b^* 値の CIE 1976 $a^* b^*$ 座標面上への置点（Robertson, A. D., 1977）

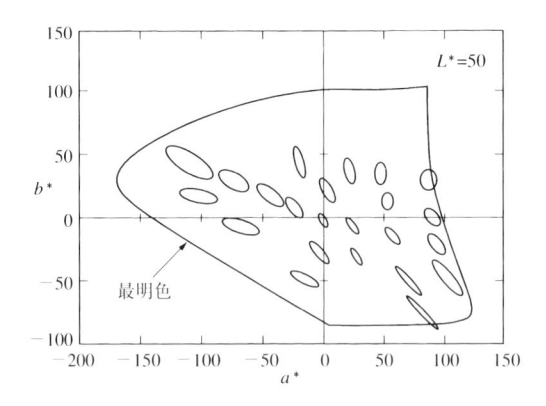

図 2.12 $L^*=50$ における CIE 1976 $a^* b^*$ 座標上に置点した MacAdam の偏差楕円（Robertson, A. D., 1977）

なお，色の管理には，前者がよく用いられる．

2.2 マンセル表色系

　マンセル表色系は，アメリカの画家で美術教育家・マンセル（Munsell, A. H.）によって創案され（1905 年），その後種々の改良が行われて現在にいたっている．今日ではマンセル表色系といえば，1943 年に修正された修正マンセル表色系をさす．わが国でも工業規格の中に採用されており，またこれに準拠した色票集が『JIS 標準色票』の名で発売されている．これは，物体表面の色の見えを色の三属性に従って三次元空間の一点に表し，しかも三つの座標軸上で知覚的に等歩度になるように目盛を定めたものである．

　マンセルは，色相をヒュー（Hue），明度をヴァリュー（Value），彩度をクロマ（Chroma）と呼び，それぞれを H，V，C で表している．その色立体は，図 2.13 のような形をしており，これは，先の図 1.6 に示した概念図を具現化したものと考えることができる．

　これによると，色相は，まず基本となる赤(R)，黄(Y)，緑(G)，青(B)，紫(P)の 5 色相を円周上に等間隔に配し，色相記号 R，Y，G，B，P で表す．つぎに，それぞれの真中に二次色である橙（YR），黄緑（GY），青緑（BG），青紫（PB），赤紫（RP）を置き，計 10 色相に分割する．さらにそれぞれを 10 等分し，しかも分割の間隔が等歩度になるように調整して，結局全体が 100 分割になるように目盛られている（図 2.14）．基本色相を五つとしたのは，100 分割することが目的ではなかったかと思われる．なお，この図で明らかなように，各色相には 1 番から 10 番まであるが，赤(R)の中心色相は 5 を頭につけて 5R のように表す．また，この環をマンセルの色相環という．この環の反対側に位置する色は，互いに補色関係にあるとほぼ考えてよい．

　明度は，理想の黒を 0，理想の白を 10 として，その間を 11 段階に分割して番号をつける．実際には色票では理想の黒や白は作れないので，1 ないし 9，あるいは 1.5 ないし 9.5 までの記号で表される．また，無彩色であることを示すために，N（Neutral の頭文字）をつけて N5 のように表す．有彩

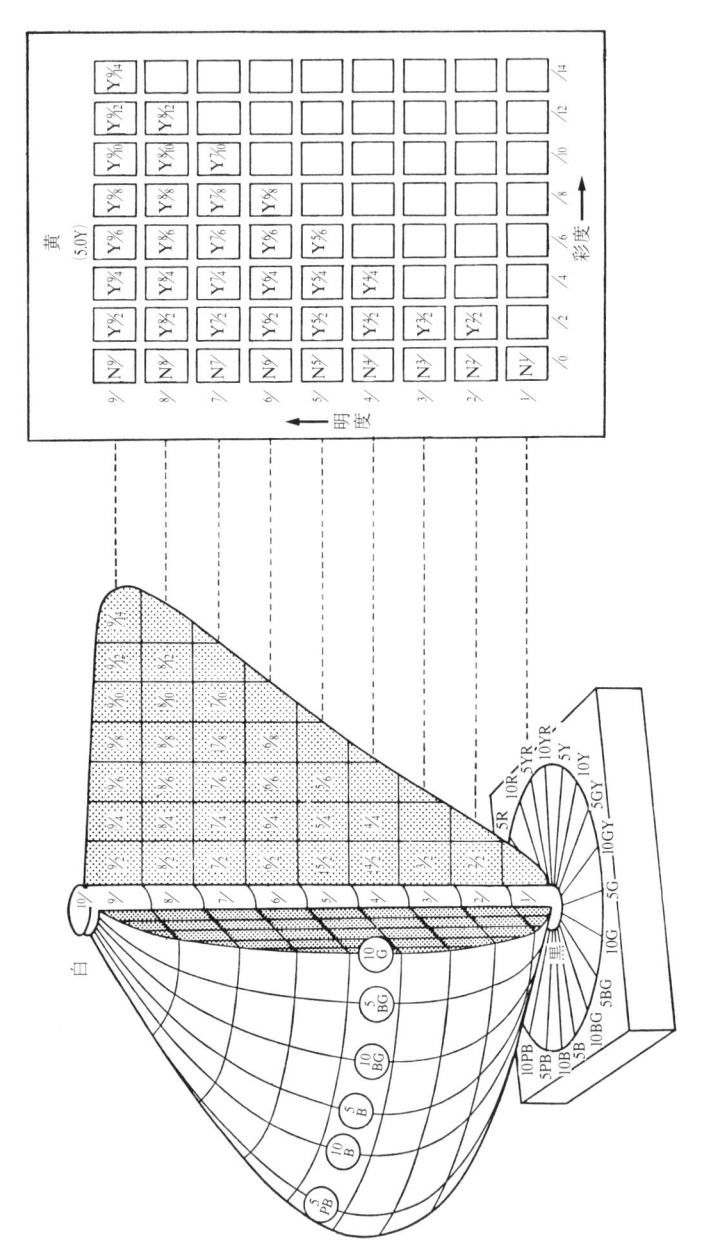

図 2.13 マンセル色立体と等色相断面 (Nickerson, D., 1961)

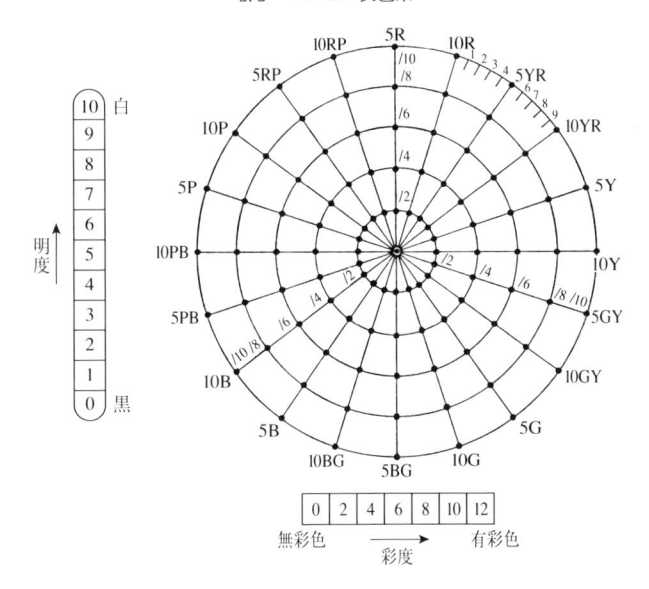

図 2.14 マンセル表色系の等明度断面（Judd, D. B. and Wyszecki, G., 1975）

色の場合も，この無彩色の明度段階に準じて番号がつけられる．

その手続きは，金子（1995）によると，最初に白と黒とを混ぜて多数の灰色を作り，白と黒のちょうど真中に見える灰色を決定し，続いて白と灰色，灰色と黒の真中の各灰色を決定するというようにして，順次途中の各段階が決められたという．この手続きは二分法とも大距離法ともいわれ，比較的新しい知覚尺度構成法の一つである．このようにして求められた明度段階と各灰色の反射特性の間には，図 2.15 のような関係があることが知られている．

これによると，黒に近いところでは（左側），反射率がわずかに変化しても黒さの感じは大きく変わるが，白に近いところでは（右側），反射率が少々変化したぐらいでは白さの感じは変わらないことがわかる．

彩度は無彩色を 0 とし，色みが増すにつれて，彩度番号も増すようにつけられている．この場合も，マンセルは最初は入手可能なもっとも彩度が高い色票の彩度を 10 とし，それと無彩色との混合によって順次分割したといわれるが，現在ある形は色相によって彩度番号は異なっている．赤や黄は彩度が高いものまであるが，青や緑はあまり高い彩度の色は得られない．もっと

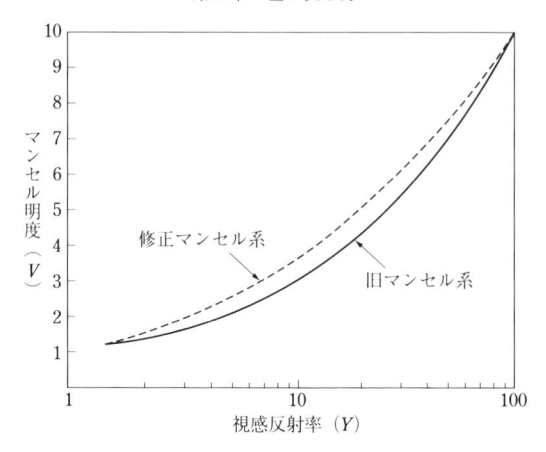

図 2.15 明度関数曲線．マンセルの旧ヴァリュー曲線と修正ヴァリュー曲線

も，蛍光絵の具や蛍光塗料には，彩度が著しく高く感じられるものもある．

このような色相，明度，彩度の表示方法に従って実際に色を表すと，たとえば口紅の真っ赤は 5 R 4/14 となり，5 R 4 の 14 と読む．5 R は赤の中心色相を，4/ は中灰より 1 段階暗いことを，/14 は最高の彩度を持っていることを示す．このように，色の H，V，C が同時に連記されることにより色の様相をイメージできるのがこの表色方法の長所である．また，色の間隔が等歩度になるように配慮されているから，色違いの程度を判断したり，色同士の間隔が等しくなるように色を選ぶことも容易である．ただ，色の知覚的等歩度性が完璧なまでに保たれているかどうかについては，疑問視する研究者がいないわけではない．しかし，そのことは実用上は大した問題ではない．

なお，いざある色票と同じ色を調色（color matching）しようとするとわからないことが多い．白と黒のほかにどの純色を使えば調色できるかだいたいのことは見当がつくが，それらをどのような割合で混ぜればよいかは不明である．これは顕色系の弱点の一つである．

マンセル表色系の H，V，C と CIE の Y および x と y との間にはどういう対応関係があるかについては，すでに明らかにされている．明度 5 の場合を示すと図 2.16 のようである．また，均等色空間との関係は，図 2.11 で見たとおりである．

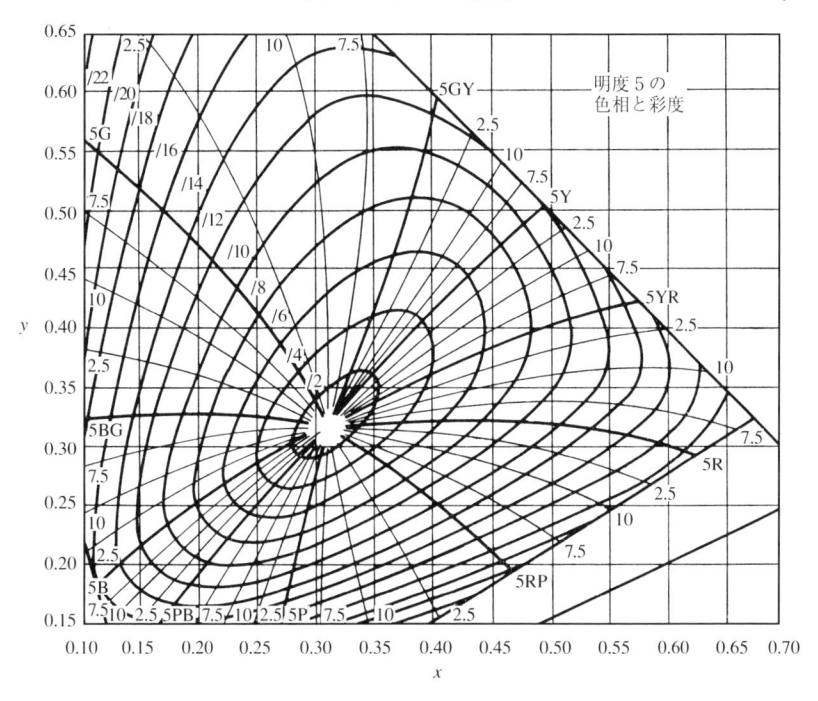

図 2.16 修正マンセル表色系におけるマンセル色票の等色相軌跡および等彩度軌跡（明度 5 の場合）(JIS Z 8721, 1977)

2.3 オストワルト表色系

　色を合理的に表すには，平均的な人間の目に一定の感覚をひき起こすのに必要な色刺激の特性を表す CIE の方法もあれば，色知覚の尺度化を行い，記号または数値をつけて表すマンセルの方法もある．しかし，この二つの方法には，すでに述べたように一長一短がある．できれば，混色様式を明らかにすると同時に，色相互間の心理的距離を一定に保つような色の表し方を工夫するのが望ましい．オストワルトはその表色法を考案するにあたって，この点をはっきり意識していたかどうかは別にして，一つの工夫を試みている．
　なお，オストワルト (Ostwald, F. W.) は，「触媒の研究」で 1909 年にノーベル化学賞を受けた後，美学の研究に力を注いだ．「色彩論の研究」は彼の重要な業績の一つである．自伝によれば，彼は少年時代から色彩に強い関

心を持ち，絵の具の調製法を種々試みていたという．こうした少年時代からの関心が学問として結実を見たのが彼の『色彩学通論』であり，その中心を占めるのがオストワルト表色法である．

オストワルト表色法では，
(1) すべての光を完全に吸収する理想的な黒 B，
(2) すべての光を完全に反射する理想的な白 W，
(3) 完全色（full color）F，

の三つの混色量を記号と数値を記載することによって色を表そうとする．もっとも，彼がいう完全色 F の分光特性は図 2.17 のような形をしていることになるが，理想的な白や理想的な黒は実在しないし，このような分光特性を持つ完全色も実在しないから，これは彼の理想を示したものとされる．

混色は回転円盤を用いて行われ，白色量 W と黒色量 B および完全色量 F の和はつねに一定である．これは，それぞれの量が円盤セクターの面積を示しているからである．円盤が白色量と黒色量とで占められているときは，混色結果は無彩色となり，$B+W=1$（100%）となる．また円盤上に完全色量があるときは，$F+B+W=1$（100%）となる．この外形は，図 2.18 のような複円錐体をしている．円錐体の二つの頂点を結ぶ軸上に無彩色が並び，円錐の外周に完全色が置かれている．

オストワルトは，ヘリングの反対色説にならって，色相を円周の4等分上にそれぞれ補色同士が向かい合うように配置した．すなわち，黄

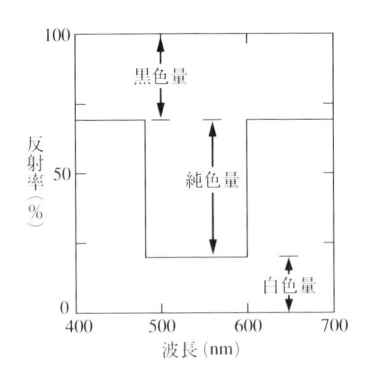

図 2.17 オストワルト色票の仮想分光反射率

2.3 オストワルト表色系

(Yellow)，藍 (Ultramarine Blue)，赤 (Red)，青緑 (Sea Green) の 4 色である．これらの中間に橙 (Orange)，青 (Turquoise)，紫 (Purple)，黄緑 (Leaf Green) を置く．さらに，これら 8 種の基本色をそれぞれ三つに細分し，合計 24 色相を定めた．これをオストワルト色相環という（図 2.19）．そして，色相を表すのには，図中の 1 から 24 までの番号を使う．

図 2.18 をたて方向に切ると，図 2.20 のような断面が現れる．中心軸 WB に灰色段階が，FW に明るく澄んだ色が，FB に暗く澄んだ色が並ぶ．色三角形の内部は濁った色がくる．そして，三角形内の色はすべて $F+B+W=1(100\%)$ という関係を満足している．

ところで，オストワルトは明度段階（WB）を設定するのに彼独特の手法を用いている．すなわち，明度段階に知覚的な等歩度性を持たせるために，

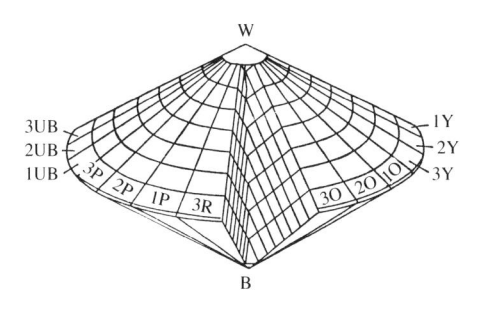

図 2.18 オストワルト色立体

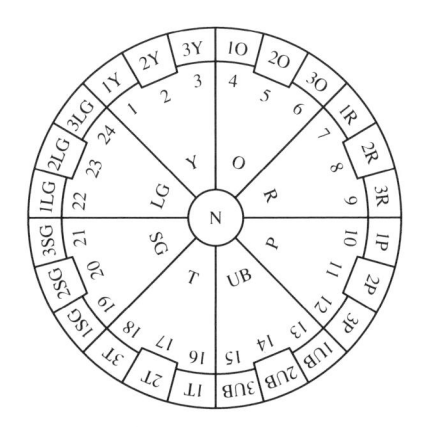

図 2.19 オストワルト色相環

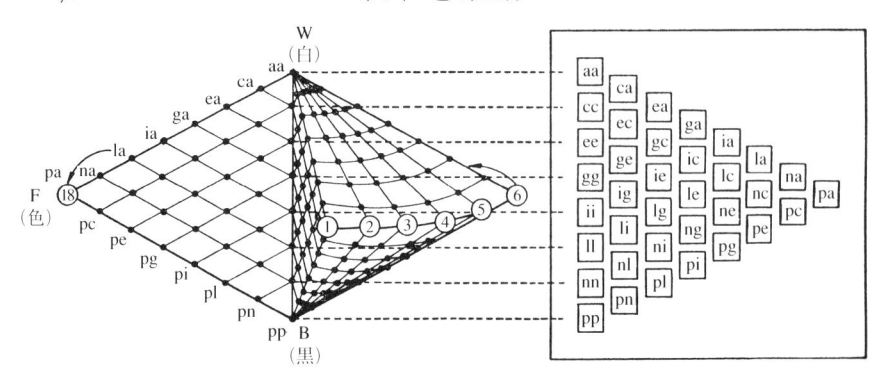

図 2.20 オストワルト色立体 (Nickerson, D., 1961)

フェヒナー (Fechner, G. T.) の心理物理学的尺度構成法を採り入れ，視感反射率が対数尺度で等間隔になるように分割した．このことについて，オストワルトは「灰色系列においてそれが等差級数的に感覚されるためには，白色部分は等比級数をなさなければならない」とも，「灰色の感覚はその含有する白色の対数に比例して変化する」とも述べている．

具体的にはどう分割するかというと，まず100から10までを，つづいて10から1までをつぎのように等比級数的に10等分する（ただし1から0までは細か過ぎるので対象にしない）．

100	79	63	50	40	32	25	20	16	12.6
10	7.9	6.3	5.0	4.0	3.2	2.5	2.0	1.6	1.26

これによって，100から79まで79から63まで，というようにいくつかの群に分けられるが，必要なのは点であるから群の両端の値の幾何学的平均値をとれば，

89	71	56	45	35	28	22	18	14	11
a	b	c	d	e	f	g	h	i	k
8.9	7.1	5.6	4.5	3.5	2.8	2.2	1.8	1.4	1.1
l	m	n	o	p	q	r	s	t	u

となる（数字の下にアルファベットがつけてあるが，今後はこれによって灰色段階を表す j は用いない）．さらに，半分に減らすために一つおきにとると，

89	56	35	22	14	8.9	5.6	3.5	2.2	1.4
a	c	e	g	i	l	n	p	r	t

となる．

このように，対数尺度上で等間隔になるように数値を定め，円盤上にこの数値に相当するだけの白 W を置き，黒 B と混色する．このときの黒色量は $B=100\%-W$ で簡単に求められる．これを記号で表すと，aa，cc，ee のようになる．左側の a は白色量を，右側の a は黒色量を表している．そして，有彩色は ca，ea，ec のように表し，白色量と黒色量の和が 100（%）にならない不足分だけ完全色 F が混入しているものと考える．このときの F の値は，$F=100\%-(B+W)$ から明らかである．

しかし，白色量と黒色量が示されただけでは色相はわからないので，F の色番号を明記する．そして，たとえば 5gc のように表す．これは色相番号 5（オレンジ），白色量 22%，黒色量 44%（100%−c＝100%−56%），完全色量は 100−(22+44) から 34% であるから，明るく薄いオレンジ色であることがわかる．

このように，この表色法は，白黒の割合を示すアルファベットの 2 文字と色相番号を示す数字一つで示すという，ほかに類のない方法を採っているのが特色である．このような表記法を採用することによって，色の戸籍を明らかにし，同時に色間隔の等歩度性を保証するということを一応可能にしたわけである．

ただ，この表色法も種々の問題点を抱えている．理想の白とか理想の黒，完全色という考えどおりにことが運ばなかったのは仕方がないとしても，現在は彩度の高い色が入手できるのにそれが表示できないとか，白色量と黒色量の混入率は同じでも，純色しだいで明度や彩度は異なるとか，色三角形内の色は同じ色から作られていても同じ色相に見えない可能性があるなどである．

しかし，そうした問題点はあるものの，心理面と物理面をともに重視し，両者の関係を一つにまとめあげた功績は大きい．ライプツィヒ大学の同僚であったヘリングとフェヒナーの学説を生かした色相分割と色三角形のオストワルトの構想は，後の DIN 表色系や NCS 表色系などにも受け継がれるこ

2.4 DIN 表色系

DIN 表色系（Deutsche Industre Norm）は，リヒター（Richter, M.）らの色差に関する心理実験結果をふまえ，均等色空間の実現をめざした表色系である．これは 1955 年にドイツの工業規格に採用され，色票集が発行されている．ここでは，色は色相 T（Farbton），暗度 D（Dunkelstufe），飽和度 S（Sättigungstufe）の値で表される．たとえば，色相 T が 12，D が 6，S が 4 の場合は 12：6：4，無彩色で D が 5 の場合は 0：5：0 と表記する．

この表色系の色相 T の数は 24 で，$T=1$（黄）から始まり $T=24$（黄緑）で終わる円環を形成する．これはオストワルト表色系の色相環（図 2.19）と同様，ヘリングの反対色説に立脚する．色相が黄色から始まる点は重要である（アメリカのマンセル表色系の色相区分は赤から始まる）．これは，黄色は正（プラス）の色，青は負（マイナス）の色というゲーテの考え方と無関係ではない．

飽和度 S は，理想の黒を原点とする無彩色軸からの角度で表される．いま，色相 T と飽和度 S の関係を先の XYZ 表色系の色度図上で表すと，図 2.21 のようである．等色相線は直線をなしており，図 2.7 がなだらかな曲線をなしているのとは異なっている．DIN 表色系は，後に述べるアブニー効果（Abney effect）を考慮に入れていないからである．

暗度 D（明度といわず，暗度という）は，相対輝度 Y/Y_0 の対数関数として定義されている．Y は色見本の視感反射率，Y_0 はその色見本と同じ色度を持つ完全色の視感反射率である．いま，暗度 D と相対輝度 Y/Y_0 との関係を示すと，図 2.22 のようになる．無彩色の場合は，視感反射率 100％ は $D=0$，同じく 0％ は $D=10$ となる．なお，DIN 表色系では，マンセル表色系の場合（図 2.16）と違い，どの暗度のときも図 2.21 に示した等色相線および等飽和度線が適用される．

以上を三次元の立体で表すと，図 2.23 のようである．これは，球の一部を切り取ったものにあたる．球の中心は理想的な黒（$D=10$）で，表面に向

かうにつれて暗度が下がり，球の最表面は最明色（$D=0$）を意味している．しかし通常は，$D=1$ から $D=8$ までが用いられる．

等色相面は 15°おきの等経度面で表され，等飽和度面は無彩軸から 5°おきの等緯度面で表される（飽和度 S の値は，通常は 14 まで）．

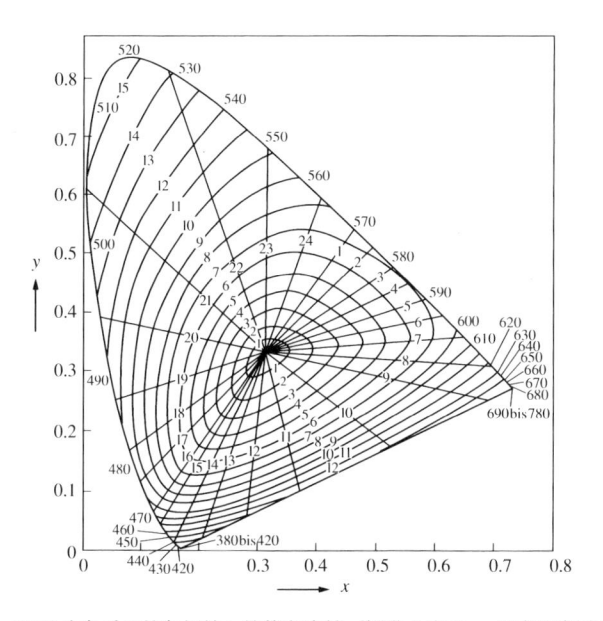

図 2.21 DIN 表色系の等色相線と等飽和度線（標準の光 D_{65}，2°視野標準観測者）

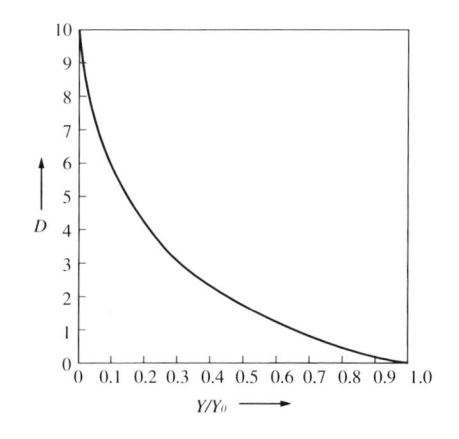

図 2.22 DIN 暗度 D と相対輝度率 Y/Y_0 の関係

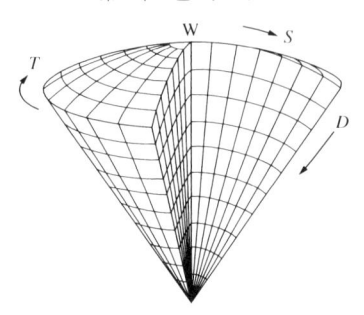

図 2.23 DIN 部分球体色立体（W：白色，T：色相数，S：飽和度，D：暗度）

2.5 NCS 表色系

　前述したヘリングの反対説の流れをくむ表色系に NCS 表色系（Natural Color System）がある．これは，20 世紀の初頭にヘリングによって創案された色体系にスウェーデンの心理学者ヨハンソン（Johansson, T.）らが手を加えて実現した，ごく一般の人の色の感じ方を表現した表色系である．というのは，われわれはそこに見えている色の印象を「赤みを帯びた」「白っぽい」「色みに乏しい」などというけれども，この表色系は，色の感じ方を言葉で表す代りに数値で表す方法を採っているからである．

　具体的にどうするかというと，色の感じを 100 点満点で次のように表現する（この方法も，心理学ではマグニチュード推定法と呼ばれる）．

(1) まず，色み(c)と「それ以外」とを，たとえば 40 と 60 のように表す．
(2) つぎに，白み(w)と黒み(s)を，たとえば 30 と 70 のように表す．
(3) さらに，色相は，たとえば黄(Y)みが 20，赤(R)みが 80 のように表す．
(4) 最後に，次のような簡単な計算をする．色み(c)を除く「それ以外」が 60 で，そのうち黒み(s)が 70 であるから，黒み(s)の値は $0.6 \times 0.7 = 0.42$ となる．
(5) 以上を NCS 表色系の色記号で表すと，4240 Y 80 R となる．すなわち，黒み(s)，色み(c)，色相と並べるだけでよい．白み(w)と色相の黄(Y)みは表示しなくてもわかるからである．もっともこの方法で色を表すには，相当練習する必要がある．個人差も大きい．

2.5 NCS 表色系

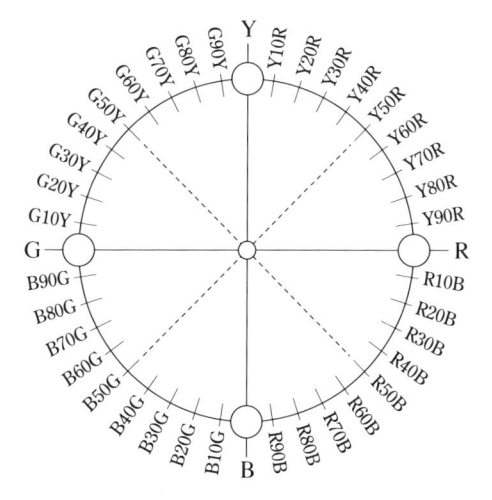

図 2.24 NCS 表色系の色相環

　この色相環は図 2.24 のようである．ヘリングのユニーク色（unique color）である Y（黄）を上に，B（青）を下に，R（赤）を右に，G（緑）を左に配し，Y と R，R と B，B と G，G と Y の間を感覚的に 10 等分している．順番は必ずこの図のとおりでなければならない．

　また，この表色系は白み(w)と黒み(s)と色み(c)の和は 100 と定めているので，一つの色相面はそれぞれが 100％の色を頂点とする正三角形で表される（図 2.25）．この点は前述のオストワルト表色系の場合と同じである．なお，この色三角形を白(w)と黒(s)の無彩色軸を中心に回転すると，図 2.26 のようになる．この算盤玉のような形も，オストワルト表色系の場合とそっくりである．この色の感じを忠実に表現しようとする NCS 表色系の試みは，一応成功したと考えてよい．スウェーデンではこれを工業規格（1990）に採用しており，世界的に普及させたい意向のようである．

　現在は色の感じを数量で推定するという方法に疑問をいだく人がいるかもしれないけれども，マンセル表色系がマグニチュード推定法の一つである二分法を用いていることを疑問に思う人がほとんどいないのと同様，今後は尺度化の方法に対する疑問は霧散すると思われる．

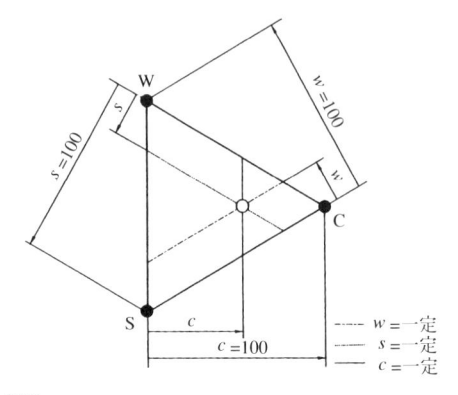

図 2.25 NCS 色三角形
　　正三角形内の任意の点から各辺までの距離の和は一定であるため,高さを 100 とすれば W,S,C の 3 点を頂点とする正三角形によって w, s, c の割合を表示することができる.

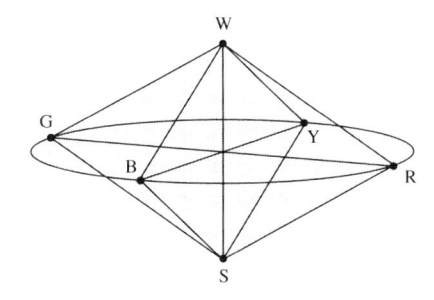

図 2.26 NCS 色空間
　　赤道に有彩基本色を配し,W,S を頂点とする二重円錐形になる.赤道上の任意の点と W,S によって色三角形が構成される.

2.6 PCCS 表色系

　これは,(財)日本色彩研究所の細野尚志を中心とするグループが 1964 年に発表したカラーオーダーシステム (color order system) である.正式な名称は,日本色研配色体系 (Practical Color Coordinate System) といい,略して PCCS と呼ぶ.その名称からわかるように色彩調和に役立つことを主な目的としており,その点,オストワルト表色系の色票集が『色彩調和便覧 (color harmony manual)』と称しているのとよく似ている.

　色相の分割方法は,図 2.27 のようである.6 色相 (R, O, Y, G, B, P) を中心に 24 色相を設け,表 2.2 のような色相記号をつけている.明度

2.6 PCCS 表色系

は，修正マンセルのヴァリューを基準に17段階に分けている．彩度は，s (saturation) で表し，9段階に分けている．

以上を記号で表すと，2：R-4.5-9s となる．2：R はマンセルの4R (赤)，4.5 はマンセルのN 4.5 に相当する．9s は純色であることを示している．つまりこれは，口紅の真っ赤に近い．この表色系は，トーン (tone)

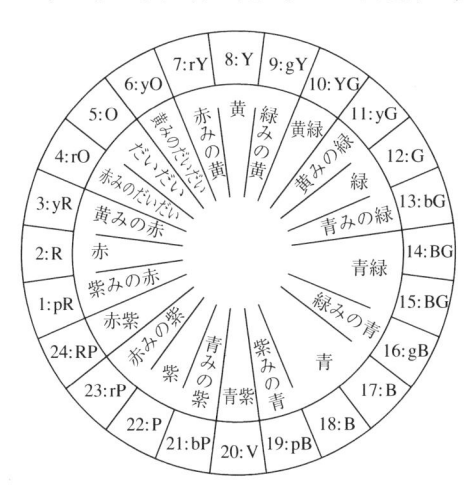

図2.27 PCCS 色相環

表2.2 PCCS 色相

色相記号	色相名	マンセル色相	色相記号	色相名	マンセル色相
1：pR	purplish Red	10 RP	13：bG	bluish Green	9 G
2：R	Red	4 R	14：BG	Blue Green	5 BG
3：yR	yellowish Red	7 R	15：BG	Blue Green	10 BG
4：rO	reddish Orange	10 R	16：gB	greenish Blue	5 B
5：O	Orange	4 YR	17：B	Blue	10 B
6：yO	yellowish Orange	8 YR	18：B	Blue	3 PB
7：rY	reddish Yellow	2 Y	19：pB	purplish Blue	6 PB
8：Y	Yellow	5 Y	20：V	Violet	9 PB
9：gY	greenish Yellow	8 Y	21：bP	bluish Purple	3 P
10：YG	Yellow Green	3 GY	22：P	Purple	7 P
11：yG	yellowish Green	8 GY	23：rP	reddish Purple	1 RP
12：G	Green	3 G	24：RP	Red Purple	6 RP

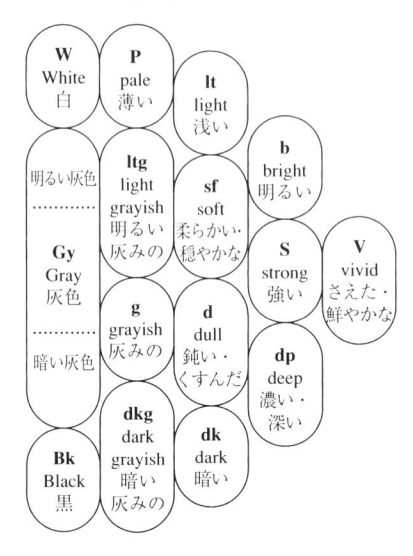

```
        W    P
     White  pale    lt
      白    薄い   light
                   浅い
              ltg        b
     明るい灰色 light  sf  bright
           grayish soft 明るい
           明るい 柔らかい・
      Gy   灰みの 穏やか     V
     Gray              S  vivid
      灰色              strong さえた・
            g     d   強い 鮮やかな
     暗い灰色 grayish dull
           灰みの 鈍い・
                くすんだ dp
                      deep
           dkg        濃い・
           dark      深い
      Bk  grayish dk
     Black 暗い  dark
      黒   灰みの 暗い
```

図 2.28 PCCS トーン分類

という概念との関係を重視している点も見逃せない．その分類法と記号法は図 2.28 のようである．これは，ISCC-NBS (Intersociety Color Council-National Bureau of Standards) の系統色名と対応させたものである．

2.7 色名による色の表し方

　色を表すには，日常生活においては，色名を使って表すのが普通である．しかし，特定の色をさまざまの呼び名で表現していては混乱も起こるから，一定の約束をして，それにならって表現するのが望ましい．

　そこで，産業界では，JIS Z 8102（2001）に色名に関する取り決めをしている．それによると，まず色名は，系統色名と慣用色名に分けられる．系統色名は，赤，黄赤（だいだい色），黄，黄緑，緑，青緑，青，青紫，紫，赤紫（以上有彩色）と白，灰色，黒（以上無彩色）の 13 種を基本色名とし，これに修飾語（ごくうすい，うすい，くすんだ，明るい，暗い，あざやかな，こい，赤みの，黄みの，緑みの，青みの，紫みの，など）をつけて表す．トーンと修飾語との関係は図 2.29 のようである．

2.7 色名による色の表し方

慣用色名は，習慣上用いられるもので，系統色名によりにくい場合に用いる．これには269種類ある．その系統色名との対応を表2.3に示す．

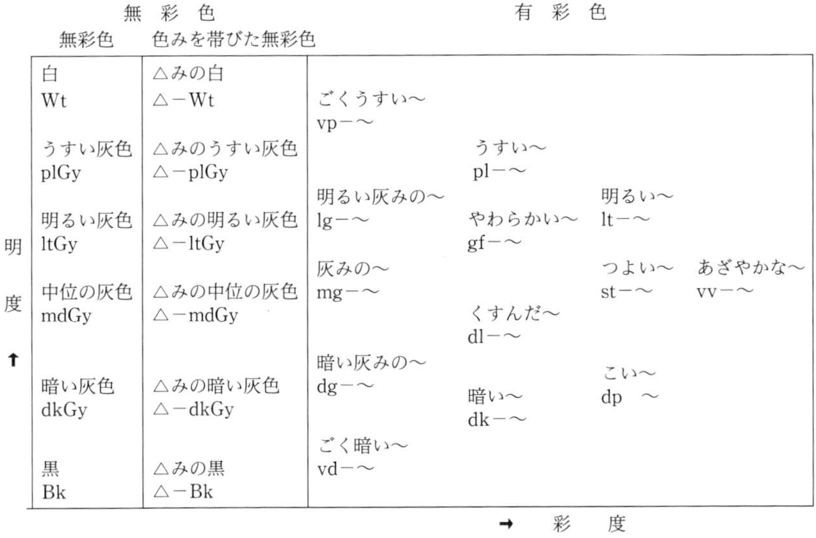

	無彩色		有彩色		
	無彩色	色みを帯びた無彩色			
明度 ↑	白 Wt	△みの白 △-Wt	ごくうすい～ vp-～		
	うすい灰色 plGy	△みのうすい灰色 △-plGy		うすい～ pl-～	
	明るい灰色 ltGy	△みの明るい灰色 △-ltGy	明るい灰みの～ lg-～	やわらかい～ gf-～	明るい～ lt-～
	中位の灰色 mdGy	△みの中位の灰色 △-mdGy	灰みの～ mg-～ くすんだ～ dl-～	つよい～ st-～	あざやかな～ vv-～
	暗い灰色 dkGy	△みの暗い灰色 △-dkGy	暗い灰みの～ dg-～	暗い～ dk-～	こい～ dp～
	黒 Bk	△みの黒 △-Bk	ごく暗い～ vd-～		
			→ 彩度		

図2.29 トーン区分を示す修飾語と位置の関係

表2.3 慣用色名と系統色名の対応（Z 8102：2001）

色名1

慣用色名	対応する系統色名	慣用色名	対応する系統色名
とき（鴇）色	明るい紫みの赤	紅樺色	暗い黄みの赤
つつじ（躑躅）色	あざやかな紫みの赤	紅緋	あざやかな黄みの赤
桜色	ごくうすい紫みの赤	鉛丹色	つよい黄みの赤
ばら（薔薇）色	あざやかな赤	紅海老茶	暗い黄みの赤
からくれない（韓紅花）	あざやかな赤	とび（鳶）色	暗い黄みの赤
さんご（珊瑚）色	明るい赤	小豆色	くすんだ黄みの赤
紅梅色	やわらかな赤	弁柄色	暗い黄みの赤
桃色	やわらかな赤	海老茶	暗い黄みの赤
紅色	あざやかな赤	金赤	あざやかな黄赤
紅赤	あざやかな赤	赤茶	つよい黄赤
えんじ（臙脂）	つよい赤	赤錆色	暗い黄赤
蘇芳	くすんだ赤	黄丹	つよい黄赤
茜色	こい赤	赤橙	あざやかな黄赤
赤	あざやかな赤	柿色	つよい黄赤
朱色	あざやかな黄みの赤	肉桂色	くすんだ黄赤

(表2.3続き)

慣用色名	対応する系統色名	慣用色名	対応する系統色名
樺色	つよい黄赤	若草色	つよい黄緑
れんが（煉瓦）色	暗い黄赤	萌黄	つよい黄緑
錆色	暗い灰みの黄赤	草色	くすんだ黄緑
桧皮色	暗い灰みの黄赤	若葉色	やわらかい黄緑
栗色	暗い灰みの黄赤	松葉色	くすんだ黄緑
黄赤	あざやかな黄赤	白緑	ごくうすい緑
たいしゃ（代赭）	くすんだ黄赤	緑	明るい緑
らくだ（駱駝）色	くすんだ黄赤	常磐色	こい緑
黄茶	つよい黄赤	緑青色	くすんだ緑
肌色	うすい黄赤	千歳緑	暗い灰みの緑
橙色	あざやかな黄赤	深緑	こい緑
灰茶	暗い灰みの黄赤	もえぎ（萌葱）色	暗い緑
茶色	暗い灰みの黄赤	若竹色	つよい緑
焦茶	暗い灰みの黄赤	青磁色	やわらかい青みの緑
こうじ（柑子）色	やわらかい黄赤	青竹色	やわらかい青緑
杏色	やわらかい黄赤	鉄色	ごく暗い青緑
蜜柑色	あざやかな黄赤	青緑	あざやかな青緑
褐色	暗い黄赤	錆浅葱	灰みの青緑
土色	くすんだ赤みの黄	水浅葱	やわらかい青緑
小麦色	やわらかい赤みの黄	新橋色	明るい緑みの青
こはく（琥珀）色	くすんだ赤みの黄	浅葱色	あざやかな緑みの青
金茶	こい赤みの黄	白群	やわらかい緑みの青
卵色	明るい赤みの黄	納戸色	つよい緑みの青
山吹色	あざやかな赤みの黄	かめのぞき（甕覗き）	やわらかい緑みの青
黄土色	くすんだ赤みの黄	水色	うすい緑みの青
朽葉色	灰みを帯びた赤みの黄	藍鼠	暗い灰みの青
ひまわり（向日葵）色	あざやかな黄	空色	明るい青
うこん（鬱金）色	つよい黄	青	あざやかな青
砂色	明るい灰みの黄	藍色	暗い青
芥子色	やわらかい黄	濃藍	ごく暗い青
黄色	あざやかな黄	勿忘草色	やわらかい青
たんぽぽ（蒲公英）色	あざやかな黄	露草色	あざやかな青
鶯茶	暗い灰みの黄	はなだ（縹）色	つよい青
中黄	明るい緑みの黄	紺青	暗い紫みの青
刈安色	うすい緑みの黄	るり（瑠璃）色	こい紫みの青
きはだ（黄檗）色	明るい黄緑	るり（瑠璃）紺	こい紫みの青
みる（海松）色	暗い黄緑	紺色	暗い紫みの青
ひわ（鶸）色	つよい黄緑	かきつばた（杜若）色	あざやかな青みの紫
鶯色	くすんだ黄緑	勝色	暗い紫みの青
抹茶色	やわらかい黄緑	群青色	こい紫みの青
黄緑	あざやかな黄緑	鉄紺	ごく暗い紫みの青
苔色	くすんだ黄緑	藤納戸	つよい青紫

2.7 色名による色の表し方

(表2.3続き)

慣用色名	対応する系統色名	慣用色名	対応する系統色名
ききょう（桔梗）色	こい青紫	胡粉色	黄みの白
紺藍	こい青紫	生成り色	赤みを帯びた黄みの白
藤色	明るい青紫	象牙色	黄みのうすい灰色
藤紫	明るい青紫	銀鼠	明るい灰色
青紫	あざやかな青紫	茶鼠	黄赤みの灰色
菫色	あざやかな青紫	鼠色	灰色
鳩羽色	くすんだ青紫	利休鼠	緑の灰色
しょうぶ（菖蒲）色	あざやかな青みの紫	鉛色	青みの灰色
江戸紫	こい青みの紫	灰色	灰色
紫	あざやかな紫	すす（煤）竹色	赤みを帯びた黄みの暗い灰色
古代紫	くすんだ紫	黒茶	黄赤みの黒
なす（茄子）紺	ごく暗い紫	墨	黒
紫紺	暗い紫	黒	黒
あやめ（菖蒲）色	あざやかな青みの紫	鉄黒	黒
牡丹色	あざやかな赤紫	金色	
赤紫	あざやかな赤紫	銀色	
白	白		

色名2

慣用色名	対応する系統色名	慣用色名	対応する系統色名
ローズピンク（rose pink）	明るい紫みの赤	サーモンピンク（salmon pink）	やわらかい黄みの赤
コチニールレッド（cochineal red）	あざやかな紫みの赤	シェルピンク（shell pink）	ごくうすい黄赤
ルビーレッド（ruby red）	あざやかな紫みの赤	ネールピンク（nail pink）	うすい黄赤
ワインレッド（wine red）	こい紫みの赤	チャイニーズレッド（Chinese red）	あざやかな黄赤
バーガンディー（burgundy）	ごく暗い紫みの赤	キャロットオレンジ（carrot orange）	つよい黄赤
オールドローズ（old rose）	やわらかい赤	バーントシェンナ（burnt sienna）	くすんだ黄赤
ローズ（rose）	あざやかな赤	チョコレート（chocolate）	ごく暗い黄赤
ストロベリー（strawberry）	あざやかな赤	カーキー（khaki）	くすんだ黄赤
コーラルレッド（coral red）	明るい赤	ブロンド（blond）	やわらかい黄赤
ピンク（pink）	やわらかい赤	ココアブラウン（cocoa brown）	暗い灰みの黄赤
ボルドー（bordeaux）	ごく暗い赤	ピーチ（peach）	明るい灰みの黄赤
ベビーピンク（baby pink）	うすい赤	ローシェンナ（raw sienna）	つよい黄赤
ポピーレッド（poppy red）	あざやかな赤	オレンジ（orange）	あざやかな黄赤
シグナルレッド（signal red）	あざやかな赤	ブラウン（brown）	暗い灰みの黄赤
カーマイン（carmine）	あざやかな赤	アプリコット（apricot）	やわらかい黄赤
レッド（red）	あざやかな赤	タン（tan）	くすんだ黄赤
トマトレッド（tomato red）	あざやかな赤	マンダリンオレンジ（mandarin orange）	つよい赤みの黄
マルーン（marron）	暗い赤	コルク（cork）	くすんだ赤みの黄
バーミリオン（vermilion）	あざやかな黄みの赤	エクルベイジュ（ecru beige）	うすい赤みの黄
スカーレット（scarlet）	あざやかな黄みの赤	ゴールデンイエロー（golden yellow）	つよい赤みの黄
テラコッタ（terracotta）	くすんだ黄みの赤	マリーゴールド（marigold）	あざやかな赤みの黄

(表 2.3 続き)

慣用色名	対応する系統色名	慣用色名	対応する系統色名
バフ (buff)	やわらかい赤みの黄	シアン (cyan)	あざやかな緑みの青
アンバー (amber)	くすんだ赤みの黄	スカイブルー (sky blue)	明るい青
ブロンズ (bronze)	暗い赤みの黄	セルリアンブルー (cerulean blue)	あざやかな青
ベージュ (beige)	明るい灰みの赤みを帯びた黄	ベビーブルー (baby blue)	明るい灰みの青
イエローオーカー (yellow ocher)	こい赤みの黄	サックスブルー (sax blue)	くすんだ青
バーントアンバー (burnt umber)	暗い灰みの赤みの黄	ブルー (blue)	あざやかな青
セピア (sepia)	ごく暗い赤みの黄	コバルトブルー (cobalt blue)	あざやかな青
ネープルスイエロー (Naples yellow)	つよい黄	アイアンブルー (iron blue)	暗い紫みの青
レグホーン (leghorn)	やわらかい黄	プルシャンブルー (Prussian blue)	暗い紫みの青
ローアンバー (raw umber)	こい赤みの黄	ミッドナイトブルー (midnight blue)	ごく暗い紫みの青
クロムイエロー (chrome yellow)	明るい黄	ヒヤシンス (hyacinth)	くすんだ紫みの青
イエロー (yellow)	あざやかな黄	ネービーブルー (navy blue)	暗い紫みの青
クリームイエロー (cream yellow)	ごくうすい黄	ウルトラマリンブルー (ultramarine blue)	こい紫みの青
ジョンブリリアント (jaune brilliant)	あざやかな黄	オリエンタルブルー (oriental blue)	こい紫みの青
カナリヤ (canary yellow)	明るい緑みの黄	ウイスタリア (wistaris)	あざやかな青紫
オリーブドラブ (olive drab)	暗い灰みの緑を帯びた黄	パンジー (pansy)	こい青紫
オリーブ (olive)	暗い緑みの黄	ヘリオトロープ (heliotorope)	あざやかな青紫
レモンイエロー (lemon yellow)	あざやかな緑みの黄	バイオレット (violet)	あざやかな青紫
オリーブグリーン (olive green)	暗い灰みの黄緑	ラベンダー (lavender)	灰みの青紫
シャルトーズグリーン (chartreuse green)	明るい黄緑	モーブ (mauve)	つよい青紫
リーフグリーン (leaf green)	普通の黄緑	ライラック (lilac)	やわらかい紫
グラスグリーン (grass green)	くすんだ黄緑	オーキッド (orchid)	やわらかい紫
シーグリーン (sea green)	つよい黄緑	パープル (purpule)	あざやかな紫
アイビーグリーン (ivy green)	暗い黄緑	マゼンタ (magenta)	あざやかな紫
アップルグリーン (apple green)	やわらかい黄みの緑	チェリーピンク (cherry pink)	あざやかな紫
ミントグリーン (mint green)	明るい緑	ローズレッド (rose red)	あざやかな紫みの赤
グリーン (green)	あざやかな緑	ホワイト (white)	白
コバルトグリーン (cobalt green)	明るい緑	スノーホワイト (snow white)	白
エメラルドグリーン (emerald green)	つよい緑	アイボリー (ivory)	黄みのうすい灰色
マラカイトグリーン (malachite green)	こい緑	スカイグレイ (sky grey)	青みの明るい灰色
ボトルグリーン (bottle green)	ごく暗い緑	パールグレイ (pearl grey)	明るい灰色
フォレストグリーン (forest green)	くすんだ青みの緑	シルバーグレイ (silver grey)	明るい灰色
ビリジアン (viridian)	くすんだ青みの緑	アッシュグレイ (ash grey)	灰色
ビリヤードグリーン (billiard green)	暗い青みの緑	ローズグレイ (rose grey)	赤みの灰色
ピーコックグリーン (peacock green)	あざやかな青緑	グレイ (grey)	灰色
ナイルブルー (Nile blue)	くすんだ青緑	スチールグレイ (steel grey)	青紫みの灰色
ピーコックブルー (peacoch blue)	こい青緑	スレートグレイ (slate grey)	暗い灰色
ターコイズブルー (turquoise blue)	明るい緑みの青	チャコールグレー (chacoal grey)	青紫みの暗い灰色
マリンブルー (marine blue)	こい緑みの青	ランプブラック (lamp black)	黒
ホリゾンブルー (horizon blue)	やわらかい緑みの青	ブラック (black)	黒

第3章

混色の原理と応用

　いくつかの色を適当な方法で混ぜ合わせると，別の色ができる．これを混色（color mixture）といっている．われわれの周りのテレビや携帯電話の画面の色も，印刷物や写真の色も，衣料品や食料品の色も，多かれ少なかれこの混色と関係がある．それらの色がどんな色でどんな仕組みでできているのかを知ることは，大変意義のあることである．

　ところで，混色には，2枚以上の色フィルターを重ねその後ろから光をあてたときのような，二つ以上の色成分が合成されることによる場合と，単独の色が網膜の同一部位でいくつか重ね合わせられることによる場合とがある．前者は色刺激が伝播される過程で起こる物理的混色，後者は網膜内で起こる生理的混色である．また前者は，混色によって色が濁りもとのどの色よりも暗くなるので減法混色（subtractive mixture）といい（以前は減色混合といった），後者は，混ぜ合わせる色成分が増せば増すほど明るくなるので加法混色（additive mixture）といっている（以前は加色混合といった）．

　以上のほかに，ある絵の具と別の絵の具とをパレット上で混ぜ合わせて新たな色を作る場合は，この両方の混色様式が複雑に絡んでいるので着色材混合（colorant mixture）といっている．

3.1　加法混色

　電灯をつけると，辺りは非常に明るく感じられるばかりではなく，赤みを帯びて感じられる．このように，新たな光が加わることによって，明るさはもちろん色みまでが変わって見える現象を加法混色という．つぎにこの現象が生じる仕組みを考えてみよう．

　目に向かった色刺激は，網膜に達すると，受容器を刺激して興奮を起こす．

このとき，もし網膜の同じ部位に異なる色刺激が同時にあたると，興奮は加重される．一般に，網膜の同一部位が分光組成の異なる二つ以上の色刺激によって同時に刺激される場合は，同時的加法混色といわれる．

同時的加法混色の様子を観察するには，マックスウェルの実験（1860年）にならって，スクリーン上にいくつかの色光を投影してみるとよい．図3.1は赤，緑，青の3種の色光を同時に投影した場合である．これによると，赤と緑の光が重なり合った部分が黄色に見えるのは，単独では赤に見える色刺激と単独では緑に見える色刺激とが網膜の同一部位に同時に入射し，興奮の加重が見られるからだと説明される．ほかの青緑や赤紫，白についてもまったく同様に説明される．

これを分光分布を使って説明すると（図3.2），赤と緑の色光の分光分布をaとbとすると，この二つの色光の合成光の分光分布は（a+b）となる．つまり，aとbの各波長でのエネルギーが単純に加算されたものが（a+b）である．そして，こういう分光分布を持つ色刺激を，われわれは黄色と感じるわけである．普通われわれは，加法混色を「色を混ぜ合わせると明るくなる」と説明しているが，色刺激のエネルギー量が増すから明るく感じられるのは当然として，分光分布も変わるから色みも違ってくることを忘れてはならない．

ところで，今日では店舗や舞台の照明などを見る機会が増えたから，加法混色の結果がどうなるかということについてかなり正確な知識を持つ人が増

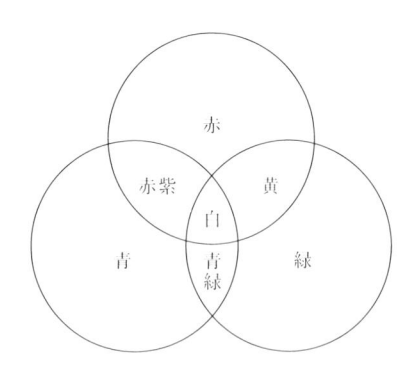

図3.1　加法混色

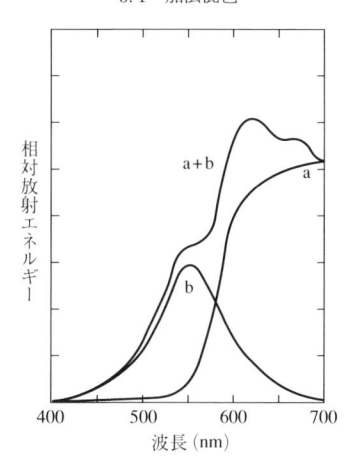

図 3.2 加法混色における分光分布の合成

えてきた．しかし，われわれは，自分で絵の具を混ぜてみることはあっても色光を重ねてみることはあまりしないから，色光の混色についてはいま一つよくわからない．加法混色の法則は，グラスマン（Grassmann, H., 1853）によってつぎのようにまとめられている．

(1) 混合色の輝度（明るさ）は，成分色の輝度の和に等しい（これは図3.2で説明した）．これは，輝度の加算の法則といわれる．
(2) 等色している色の両方の輝度に，同じ数値を乗じても除しても，等色関係は保たれる．これは，比例の法則といわれる．
(3) 等色している二つの色は，さらに他の色光と混合するときも同じ働きをする．したがって，それらは一方が他方の代用になり得る．これは，結合の法則といわれる．

以上がグラスマンの法則の主なものであるが，ここから，

(1) すべての色は互いに独立な三つの色の混合により得られる．ただし，独立というのは，そのうちの二つを混ぜても第三の色ができないという意味である（これは，図3.1のような三原色を考えてよい）．
(2) この三色の混合比が等しければ，色度は同じである．

このような考え方が導かれ，先のCIE表色システムが確立されたわけである．

この同時的加法混色の原理を応用したものには，店舗や舞台の照明，カラーテレビなどのほかに，ポラビジョンという特殊なカラー写真（映画）がある．これは，被写体色を赤(R)，緑(G)，青(B)の三つの色フィルターをとおして色分解し，白黒ネガフィルムに焼きつけたものを3台のプロジェクターに入れ，R，G，Bのフィルターをとおしてスクリーン上に投影するのであるが，普通のカラー写真とは異なり，高度の色再現効果が得られる．

　このほか，加法混色の特殊なケースとして，並置的加法混色と継時的加法混色とがある．たとえば前者には，新印象派の点（線）描画（口絵1）や織物などがある．カラーテレビジョンの画像もこの仲間といえなくもない．後者には，先のオストワルトの混色用円盤や玩具の色コマなどがある．

　これらの場合は，混色は網膜上での興奮の加重によるが，その分光分布は各色刺激の分光分布の平均値になり，色の見えも中間的様相を呈する．したがって，これらの混色は，中間混色と呼んで加法混色と区別することもある．

3.2 減法混色

　1台のプロジェクターに2枚の色フィルターを重ねて入れ，スクリーン上に投影すると，加法混色のときとはまったく異なった結果になる．多色刷りの原色版印刷の場合も，紙の上に薄いインキの被膜を作り，その上に別のインキの被膜を重ねて色を出しているが，その結果も加法混色とは異なったものになる．このように，二つ以上の透明または半透明の色の層を光が透過する場合は，もしある色の層が光を選択吸収する性質を持っていれば，色刺激の分光分布は大きく変えられて新しい別の色を生じる．

　したがって，先に減法混色では色は濁り暗くなると述べたが，この表現はやや正確さを欠く．色フィルターを重ねたり，印刷インキを積み重ねた場合の全体の透過特性は，図3.3のような個々の透過率（aとb）を波長ごとに乗じた曲線（ab）によって表される．したがって，重ね合わせる色の層の中に一つでも透過率の低いものが入っていると，全体は極端に暗くなる．不透明絵の具の場合は，先にぬった色はつぎにぬった色でおおわれてしまうから，画調はあまり暗く濁ったものにならないですむわけである．減法混色の

3.2 減法混色

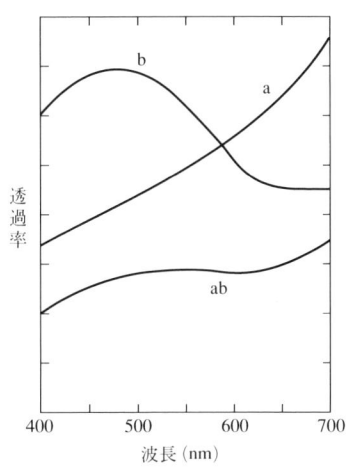

図 3.3 減法混色における分光透過率の合成

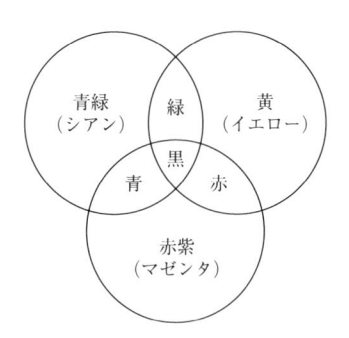

図 3.4 減法混色（色料の混色）

三原色（黄，赤紫，青緑）を重ね合わせたときの発色の様子は図 3.4 のようである．

　減法混色の原理もいろいろに用いられている．透明ないし半透明絵の具で絵を描く場合や，カラー写真の透明色層の積み重ねによる混色やカラープリンターの混色もそうである．印刷の多色刷りもそうである．もっともこの場合は，網版を使う関係上，並置的加法混色における点描画のような色の配列を見せることもあるから，完全に減法混色の原理に従うわけではない．

3.3 三原色

いま，一人の観察者が，数台のプロジェクターを使って色光がスクリーン上に投影されるのをながめているとする．この場合，あらゆる色が観察されるためには，三つの色光が必要になる．仮に2台のプロジェクターを使って二つの色光であらゆる色を出そうとすれば，両方の光量を自由に調整することができ，さらに片方はその分光組成を自由に変えられるものでなければならない．

混色円盤を使ってあらゆる色を出そうとすれば，円盤を四つに分割し，そのうち一つに白か黒を置き，他の三つに有彩色を置いて回転させる必要がある．もちろん，後の三つの色の面積（角度比）は，自由に変えられるようになっていなければならない．カラー写真の場合は，3種の色の層を必要とする．カラー印刷の場合は，3色のほかに墨を必要とする．着色材の混合には最低4種の顔料が必要で，そのうち一つは白を使わなければならない．

このように，あらゆる色を出すためには最低3種の色が必要になり，それらを三原色（three primaries）という．三原色をどう選ぶかは任意である．しかし，すでに明らかなように，第一と第二の色を混ぜても第三の色は作れないという条件があるから，結局，加法混色の場合は赤(R)，緑(G)，青(B)が選ばれ，減法混色の場合は赤紫（マゼンタ，M），黄（イエロー，Y），青緑（シアン，C）が選ばれる．

この加法混色と減法混色の三原色の関係は，互いに補色関係にある．というのは，図3.1により，

$$R+G=Y \ (-B と等しい)$$
$$G+B=C \ (-R と等しい)$$
$$B+R=M \ (-G と等しい)$$
$$R+G+B=W \ (白)$$

であるから，

$$Y+B=(R+G)+B=W$$
$$C+R=(G+B)+R=W$$
$$M+G=(B+R)+G=W$$

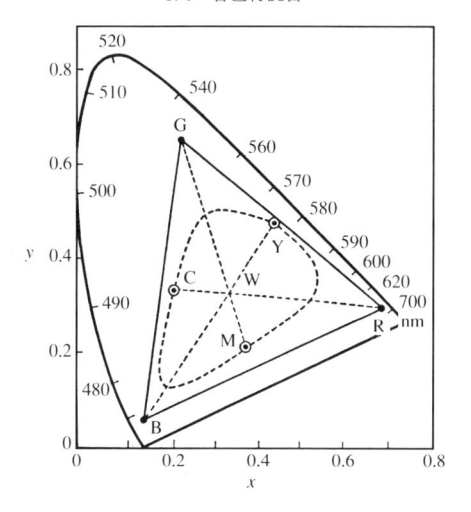

図 3.5 色度図上での三原色の位置関係

となり，相互に補色同士であることがわかる．以上の関係を色度図上に表すと図 3.5 のようである．

3.4 着色材混合

　透明または半透明性の物体の場合，物体内に入射した光は，顔料の粒子に突きあたる．そのとき粒子の大きさが光の波長より十分大きければ，入射光の一部は再び反射され，表面から出てくるか，後ろへ突き抜けるかいずれかである．しかしいずれにしても，その力は著しく弱まり，分光分布も違ったものになっていることは間違いない．図 3.6 は，以上の様子を模式的に描いたものである（これは，パレットの上で絵の具を混合した状態を拡大したものでもある）．

　このような場合は，二つ以上の色刺激が目を刺激していると見れば，並置的加法混色に従った見え方をするといえるが，物体内に入射した光は目に達するまでには種々変化しているから，減法混色による見え方をするともいえる．したがって，着色材混合の見え方は，いずれか一つの混色様式では説明できないことになる．なおその見え方は，顔料の混合率や層中での分布状態，

図 3.6 媒質中の光の進路（二つの絵の具を混合した状態での）(Wright, W. D., 1969)

厚みなどによって異なるであろうことは容易に想像される．

　しかし，色材の混色は加法混色や減法混色の理論をふまえただけでは満足できる精度の色が出せないので，絵の具の混色には色相の違う原色をいくつか加える必要がある．また，染料や塗料，印刷インキなどの色材の混色は，経験や勘に頼るだけでなく，コンピュータ技術による混色の予測計算も行われている．また，実際的な問題解決策として，あらかじめ色材を定量的かつ系統的に混合して作ったカラーチャートや色見本を用意しておき，それにより混色結果を予測する方法が採られる．そういうわけで，画家やデザイナー，染色家などのカラーリスト（colorist）の中には自作のカラースケールを使っている人もある．

　なお，粒子の大きさが光の波長より小さい場合は，それに突きあたった光はあらゆる方向に散乱するが，その程度は一般に短波長側ほど著しいので，いくつかの面白い現象が見られる．

　たとえば，ミルクを水に滴下すると白く濁るが，これに白色光をあてると，一部は表面で反射し，水中に進入した光はミルクの混濁粒子に衝突して青成分を散乱し，透過した光は黄みを帯びる．また，水中の白はいくらか青みを帯びるであろう．同じように，朝焼けや夕焼けが見られるのは，空中の塵埃が混濁粒子として働くためである．たばこの煙は火口と吸口では煙の色のつき方が違うが，粒子の大きさの違いが主な原因である．画家は遠景を青く描くが，いつもそう見えるとは限らない．太陽の光を受けた山は黄みを帯び，

雲の陰になっている部分は青みを帯びて感じられるに違いない．

　あるいはしばしば経験するように，白絵の具と黒絵の具を混合すると，中性の灰色ではなく，青みを帯びて見える．黄絵の具と黒絵の具を混ぜると，緑みを帯びる．このような現象は，顔料の粒子の大きさがごく小さいために生じると考えてよい．これは，空が青く見えるのと原理的には同じである．

第4章

色の感覚的・知覚的作用

　われわれはこれまで，色とは何か，色を定量的に表すためにどのような工夫がはらわれてきたか，色の物理的・生理的仕組みはどのようになっているかなどについて多くのことがらを学んだ．しかし，色は人間の心理的作用の産物であるから，つぎに色の心理的特質について学ばなければならない．

　ここには，色の見え方の問題をはじめ，色の人間心理への影響や色の生活における活用といった重要な問題があるけれども，この章ではまず，色の感覚的・知覚的作用としての色の見え方の問題を取りあげて述べる．

4.1　色感覚の基本的性質

　われわれの色の感覚は色刺激によってもたらされる．その色刺激の物理的な性質は主波長または補色主波長，純度，輝度で与えられ，それぞれは色相，あざやかさまたは飽和度（saturation），明るさ（lightness）といった感覚と対応する．ほかにも，色み（chromaticness），黒み（blackness）または白み（whiteness）という表現をする表色方式もある．しかし，これらの色感覚が生じるためには，色刺激がある一定の強度と大きさとを有し，しかもある時間，持続する必要がある．また，空間的にも時間的にも，色刺激に変化が見られることが必要である．

　視野全体が均一な色刺激でおおわれたり，同一の色刺激を固視し続けると，色みは急速に失われ，しまいには暗い灰色に変わる．これらのことは，前者はいわゆるゲシタルト心理学（Gestalt psychology）の全視野（Ganzfeld, 独）の実験により，後者はいわゆる網膜静止像（stabilized image）の実験により立証されている．

　それでは，闇夜から真昼へと光の強さが変化することに対して，視覚はど

う対応するのであろうか？ まず，目を暗闇に十分ならした上で，光の強度を少しずつ上げていくと，それ以下の弱い光では感覚がなくそれ以上の強い光では感覚が生じる"境界"があるはずで，その可能性が50％となる境界の光刺激の強さを絶対光覚閾（いき）（absolute luminance threshold）という．しかし，この段階では，まだ色みは感じられない．さらに光が強度を増すと，初めて色みが感じられる．それに必要な色刺激の強さを絶対色覚閾（absolute chromatic threshold）という．

　光覚が生じるには，闇夜ほどの明かり（約 0.0003 lx）があれば十分であるが，色覚が働くには少なくとも夕暮れの，いわゆる薄暮の照度（約 1 lx）がないといけない．その間には，実に約3千倍もの照度の開きがある．この開きを光覚色覚閾差（photo chromatic interval）という．もっとも，このような照度の開きは 380〜650 nm の波長の範囲では見られるけれども，650 nm 以上の長波長側では見られない．長波長光に対しては桿体は機能しないからである．そして，さらに光が強度を増すと色みも増すが，直射日光のような強烈な光の下では，色は明るさとあざやかさとがともに増大し，一種の輝きにも似た性質を帯びる．中でも黄から赤にかけてはその傾向が強く，とりわけ赤みのオレンジはあかあかと輝いて見える．

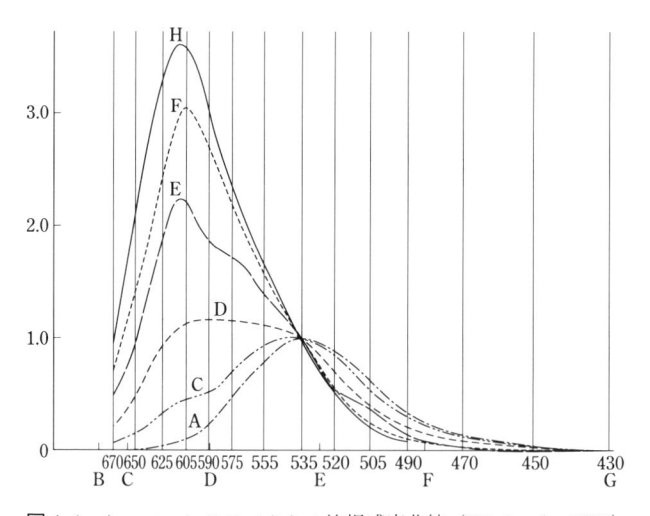

図4.1　ケーニッヒのスペクトル比視感度曲線（König, A., 1891）

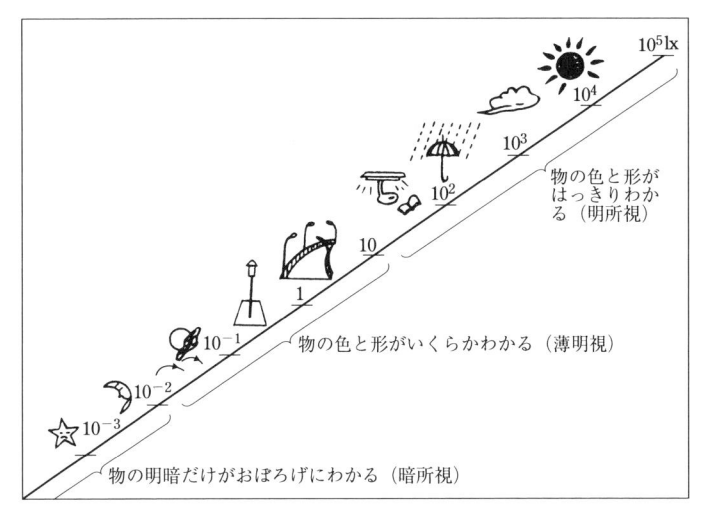

図 4.2 視覚の働き得る明るさ（照度）の範囲（照明学会，1979）

　その様子は，ケーニッヒ（König, A., 1891）の古い実験結果からもうかがえる（図 4.1）．テレビジョンの画面も，輝度が高い場合には明るくあざやかに見える．そのためわれわれは，色の明るさとあざやかさとを混同し，色があざやかになることを色が明るくなると表現することがある．そして，これ以上に光の強度が強くなると，色はまぶしく感じられ，目を開けていられないほどである．この状態を眩輝（glare）という．

　このように，われわれの視覚は光の強さと密接に関係している．照明が弱過ぎても強過ぎても生活に適さない．照明と視覚の働きとの間には，図 4.2のような関係があることが知られている．

4.2　光（色）刺激の強さと色の見え方

　波長と色相（表 1.1），輝度と明るさ，純度とあざやかさとの間には密接な関係があるとはいえ，たとえば明るさは波長や純度と関係がないのかというとそうではない．このことは，色相やあざやかさの場合も同様である．そこで，複数の刺激変数と色感覚との関係を説明するものとして，つぎに，古

くから知られている三つの現象を取り上げよう．

4.2.1　プルキンエ現象

人間が光覚や色覚を認めるには最低どのくらいの光の強度を必要とするのかを明らかにするために，種々の実験が行われてきた．

図 4.3 はヘクト（Hecht, S.）らが用いた装置の機構をピレーニ（Pirenne, M. H.）が説明したものである．彼らは，観察者を 30 分間暗闇になれさせた後，ごく弱い光を 0.001 秒間目の周辺部（窩外 20 度）に照射し，何か見えたか（見えなかったか）をいわせてみた．

たとえば，緑（510 nm）の微小光（10 分角）を照射した場合の光覚閾値は約 3.9×10^{-10} エルグであった．つぎに，光を別の光に変え，同じことを実験してみると，別の値を得た．このようにして，波長ごとの光覚閾値を測定した結果は図 4.4 の下の曲線(a)のようであった．

一方，波長ごとの色覚閾値を求めるために，観察者を 30 分間暗闇中に置いてから，つぎに数分間明るい物を見せ，目が光になれたところで網膜の中心窩にある波長の光を一瞬だけ照射し，何が見えたか（見えなかったか）を

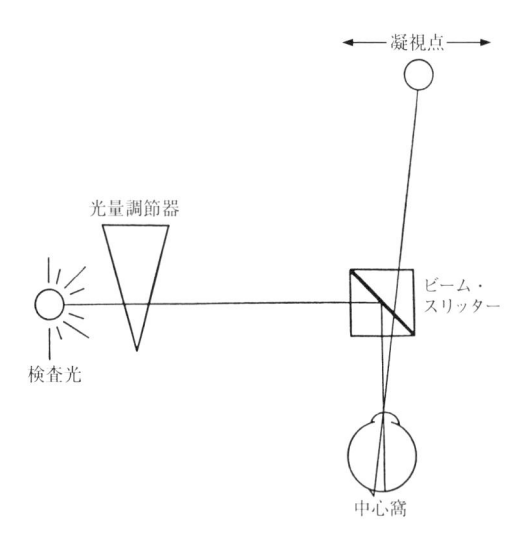

図 4.3　光覚（色覚）閾を求める実験の模式図（Pirenne, M. H., 1967）

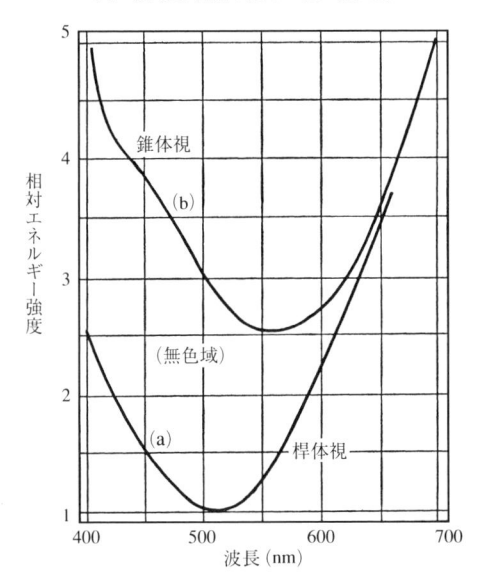

図 4.4 錐体視および桿体視下での分光感度曲線 (Hecht, S. and Hsia, Y., 1945)

いわせた．こうした実験を何回も繰り返すことによって得られたのが図 4.4 の上の曲線(b)である．

　以上からわかるように，実験者はこれらの結果を求めるのに大変な苦労をする．刺激光の波長と強度を変化させることによって閾値を求めるわけであるが，閾値は光の照射時間や網膜での照射部位，スポットの大きさなどによって異なるから，これらを厳密にコントロールする必要がある．また，観察者の目を一定の光になれさせるために大いに時間をかけなければならない．こうして得られたものが二つの曲線である．

　この二つの曲線を比べてみると，650 nm 以下の波長では閾値の差は歴然としており，これが先に述べた光覚色覚閾差にあたる．しかし，650 nm 以上の波長ではその差は見られない．また，光覚は 505 nm の波長のときもっとも鋭く（曲線(a)），色覚は 555 nm の波長のときもっとも鋭い（曲線(b)）．そこで，観察者を暗闇に十分なれさせておき，徐々に光の強度を上げていくと，まず緑光によって明かりの存在が知られ，さらに明るさを増すと緑みを帯びた黄色の感覚が初めて現れる．そして順次，緑→青緑→青方向へ，また

は黄→黄赤→赤方向へと，見える色の範囲は拡がっていく．青や赤がやっと見えるころには，黄色はかなりはっきりと感じられる．

以上から，光覚や色覚の現れ方は光の波長によって大いに異なることが明らかであるが，もっとも感度の高いところを基準にして各波長における感度を求めると図 4.5 のようになる．これは比視感度曲線と呼ばれるものである．ヘクトたちの実験から明らかなように，左側の曲線(a)は暗順応下でしかも網膜の周辺部に光を照射して求められたものであるから，暗順応曲線（scotopic vision curve）とも，暗所視曲線とも，周辺視曲線とも，桿体視曲線ともいう．また右側の曲線(b)は，明順応下で，しかも網膜の中心部に光をあてて求められたものであるから，明順応曲線（photopic vision curve）とも，明所視曲線とも，中心視曲線とも，錐体視曲線ともいう．そして，後者は，先の CIE 表色系のスペクトル三刺激値の一つである $\bar{y}(\lambda)$ に相当する．

この二つの曲線を見ると，たとえば 580 nm（黄）と 530 nm（緑）は強い照明下では同じ明るさで感じられるが（曲線(b)），ごく弱い照明下では錐体は機能せず，その代わり桿体が働くから，黄色は緑よりずっと暗く感じられることがわかる（曲線(a)）．一般に，長波長側の色が低照明時には黒ずんで見える現象を，その最初の発見者の名にちなんでプルキンエ現象（Purkinje phenomenon）という．

チェコスロバキアの生理学者・プルキンエ（Purkinje, J. E.）は，1825 年，

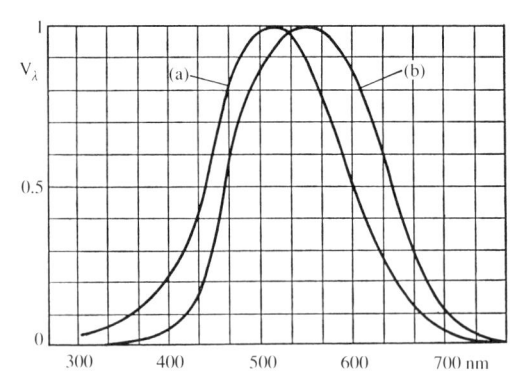

図 4.5　正常者の比視感度曲線（Coblentz, W. W. and Emerson, W. B., 1918）

夜の暗黒から夜明け,日中にいたるまでの色の見え方を観察し,夜の暗黒では赤や黄はもっとも暗い灰色に見えること,夜明けどきに最初に見える色は青であることを報告した.同じように,イギリスの画家・ドーヴ（Dove, H. W.）は,1841年,黄昏から夜へ移るときの色の見え方を観察し,赤の色相がまず消失し,青がもっとも消失しにくいと述べている.

こうした例から明らかなことは,ごく弱い照明の下では,青がめだちやすく赤がめだちにくいことである.このことはこれまでの説明で明らかであるが,念のため図4.6をあげておく.これは,池田光男らによる実験結果である.池田らは,真っ赤（5 R 4/14）と灰みの薄い青（10 B 5/2）の二つの色票の明るさが照明の強度を変えることによりどう変化するかを観察した.それによると,1000ルクス（lx）（曇天下の照度に相当する）では赤は青よりずっと明るく見えるが,10 lx（夕方の照度）ではどちらも同じ明るさに見え,0.01 lx（三日月の夜の照度）では赤は青より明らかに暗く見えることが示された.

一方,図4.6によると,青の明るさは照明の強さが変わってもほとんど一定である.だが赤の明るさは照明しだいで大きく変化するから,暗がりでは青は赤にくらべ明るく感じられ,目につきやすいといえる.画家が夜景を描くのに青を使うのは,これと関係がある.なお,薄暮視（mesopic vision）

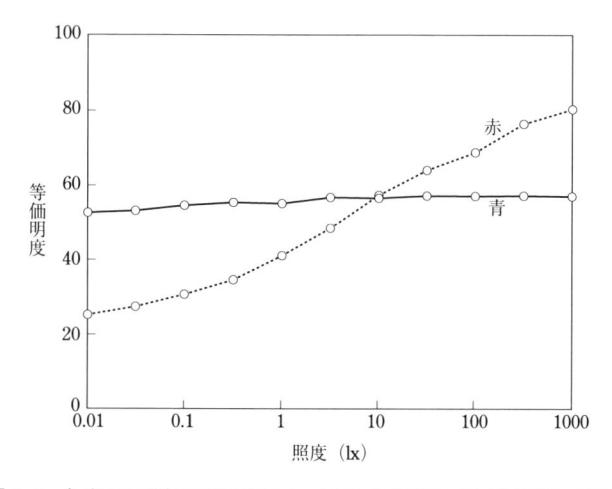

図4.6 色表面の等価明度の照度レベルによる変化（池田・芦澤,1992）

下で色がこのように見えることを発見したのはプルキンエであるとされているけれども，茶道の祖・千利休はそれより約250年も前にこの現象に気づいていた，と心理学者の安西（1977）は述べている．

4.2.2 ベツォルト-ブリュッケ現象

プルキンエ現象が成立するのは，明所視と暗所視とでは目の感受性が変化するからであるが，ベツォルト-ブリュッケ現象（Bezold-Brücke phenomenon）は同じ明所視条件下で見られる．これは，光の強さが変われば色相も変化する現象である．

すなわち，輝度が増すと，橙と黄緑は黄に，青緑と青紫は青に寄って見える．逆に，輝度が低下すると，橙とスペクトル外の赤紫は赤に，黄緑と青緑は緑に見える．これを示したのが図4.7である．そして，図をよく見ると，赤，黄，緑，青の4色は，輝度が変化しても色相はほとんど変化しないので，不変色相（invariable hues）という（約474 nm，506 nm，571 nmの色，赤は図示できない）．このように，条件が著しく変化するにもかかわらず色相が変わらないことがヘリングの反対色説を支える一つの根拠とされる．

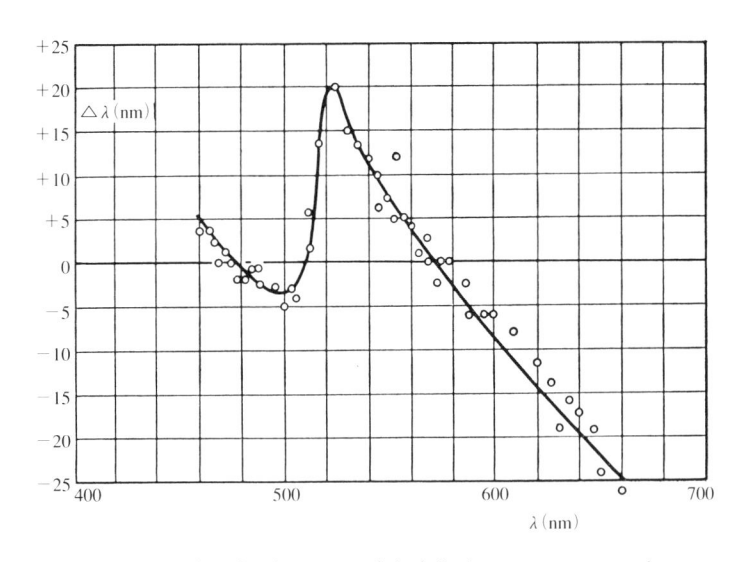

図4.7 刺激輝度の低下による色相変化（Purdy, D. M., 1937）

ところで，この現象は普段あまり気づかないが，ヘルムホルツも指摘したように，太陽を濃度の濃い赤いガラス片を透して見ると黄みを帯びて見えるから，なるほどと納得できる．赤色ランプのフィラメントも黄色く輝いて見える．したがって，この現象を確かめるためには，かなり強い光の下で見ないといけないようである．光学系の装置を用いてこれを観察するためには，約10倍以上の輝度差をつけるとよいとされている．

画家が新緑を描くのに，日向の部分は黄色く日陰の部分は緑色にぬるのは，この現象に気づいているかどうかは別にして，理にかなっている．同様に，オレンジ色の花器を描くには，光があたっている部分は明るい黄色に，影の部分は暗い赤褐色にぬるのが自然である．

4.2.3 アブニー効果

先の二つの現象は，主として光の波長と輝度が色感覚とどのような関係を持つかを説明するものであるが，純度と色感覚との関係を説明するものにアブニー効果（Abney effect）がある．これは，純度を変化させていくと，若干ではあるが色相も変化することを意味している．

いま，単色光と白色光を混ぜて同じ色相となる色度を求め，結果をまとめてみると図4.8のようである．等色相線はわずかに湾曲しており，たとえば527 nmの単一波長光と白色光とを混色しただけでは，同じ色相は得られない．絵の具の混色ではこういう経験はよくあることで，たとえばカーマイン・イエローにアイボリー・ブラックを少しずつ混ぜてみると，彩度は低下し，同時に緑みを帯びてくる．したがって，緑みを帯びないためには，たとえばカドミウム・イエローを少し加えなければならない．

一方，純度が変われば，明るさの感覚も変化する．このことは，輝度を一定に保ち，純度だけを変えてみればすぐわかる．ただし，個人差が大きい．というのは，そこに生じている変化を，明るさの変化であると見る人とあざやかさの変化であると見る人とがあるからである．物体色の判断においても，明度と彩度の区別はなかなか難しいけれども，調色技術者はこれをはっきり区別できるから，経験や熟練がものをいうようである．なお，純度が変われば，あざやかさも色相も明るさも多少変化するが，あざやかさの違いである

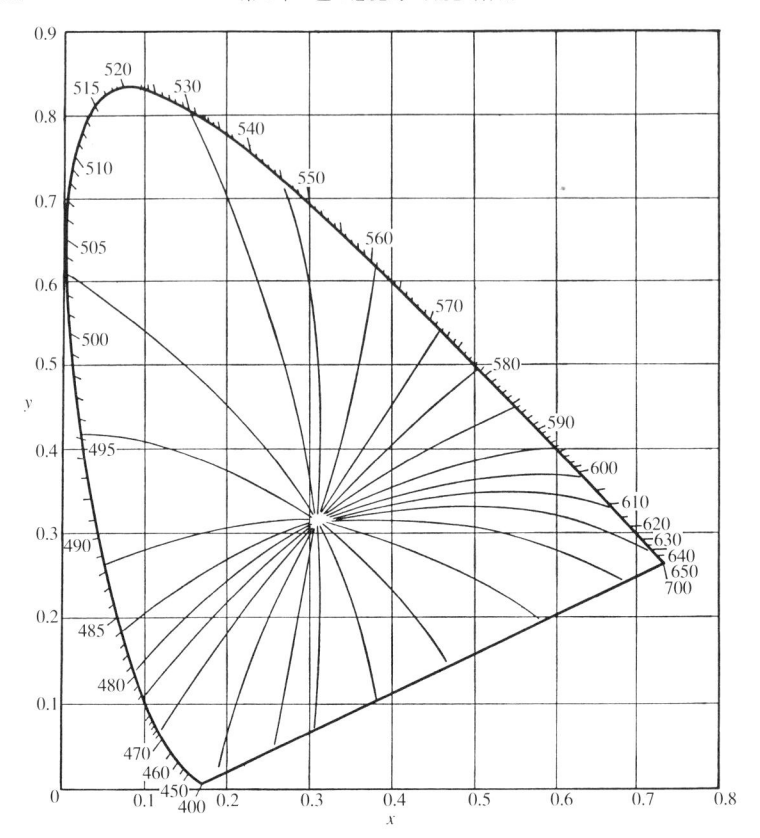

図 4.8 CIE 色度図上での等色相軌跡 (Newhall, S. M. et al., 1943)

ことを認めるのに必要な最小純度差を示すと図 4.9 のようになる．これは，白色光に単色光（スペクトル色）をわずかずつ加えることによって求められたものである．

　これによると，弁別閾値 (difference threshold) は波長によって異なり，570 nm（緑みの黄色）のところで最大値となり，これ以外は低い値を示している．つまり，目はこの色のあざやかさの違いにもっとも鈍感である．この波長では，白色光の約 17% に相当する量の単色光を混入しないとあざやかさの違いがわからないが，680 nm（赤）では，約 3% を加えただけで違いがわかるといわれる．このことは，絵の具の場合でいうと，白を容器に溶き，

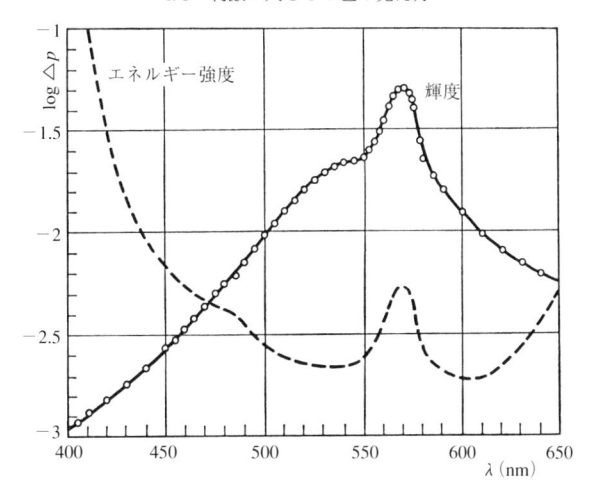

図 4.9　純度弁別閾値（白色光と単色光の区別）（Priest, I. G. and Brickwedde, F. G., 1938）

その中に黄色を滴下していくのと赤を滴下していくのとでは（もちろん，十分攪拌する必要がある），色の変化に気づくには，前者のほうが後者より絵の具の量をより多く必要とすることを意味している．

4.3　刺激の大きさと色の見え方

　刺激の大きさは，一般に視角で与えられる．つまり，距離に関係なく，対象の両端から引いた方向線が目で作る角度で表す．ちなみに，視力は，視角を分で測定したものの逆数で表される．たとえば視力 1.0 の場合は，識別可能な視角の最小単位は 1 分（0.017 度）となる（図 4.10）．これは，網膜上では約 $10\,\mu$ の長さに相当する．

　この刺激の大きさ（視角）は，色の見え方に重要な働きをする．ごく小さな刺激を用いれば，錐体や桿体の単一の機能を調べることができ，大きい刺激を用いれば，網膜のどの部分の機能を調べているのかはわからない．視角 10 分ないしそれ以下の微小刺激条件下では，明るい黄や明るい黄緑，明るい灰色などは白に見え，暗い青や暗い青紫，暗い灰色などは黒に見える．ま

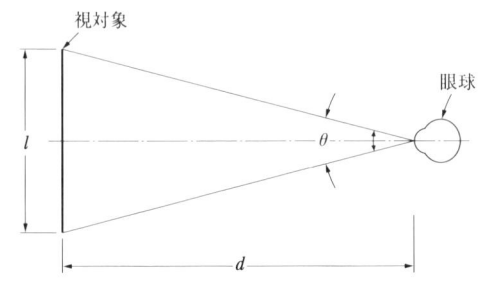

図 4.10 視角の求め方

た，純色の青・青緑・緑などはいずれも緑に見え，オレンジ・赤紫・赤・ピンクなどはいずれも赤と混同されやすい．つまり，ごく小さな色では，白か黒または緑か赤のいずれかに見え，黄や青は固有の色として知覚されない．これは，一種の色盲と同じである．

　この現象は，いわゆる第三色覚障害と区別するために，小面積第三色覚といわれている．この現象は最初，ケーニッヒによって発見され，後に何人かの研究者によって確認された．昔は，これは網膜の中心窩に限って見られる現象と考えられていたが，その後，網膜の中心窩の近くや周辺部においても同様の現象が見られることが報告され，網膜のどこを刺激するかということよりも，刺激の大きさが重要な決め手であると考えられるようになった．

　しかし，刺激の大きさだけでなく，照射時間や強度などを同時に落としていくと，網膜周辺部では上のような現象は見られないという報告もあり，面積効果が優越しているかどうかは，まだ結論が出ていない．さらに，刺激の大きさをだんだん大きくしていくと，視角20度（約35cmの物を1m離れて見る）ぐらいまでは，大きい物の方が小さい物よりあざやかに，そして明るく感じられるという．しかし，それ以上大きくなると，逆に明度も彩度も低下するという報告がある．

　このように一定以上の大きさになると，かえって色彩は暗くまたくすんで見えるとすれば，色順応や色対比が原因だと考えられよう．というのは，暗いところに極端に大きさが異なるものを置いて比較すると，明らかに明度が違って見える．このような場合は，小さい視標の方が大きいものより明るく感じられるからである．なお，毛糸の見本帖を見て色糸を選び，セーターを

編んだら，色が派手で着るのに困ったとか，塗装見本を頼りにインテリアの色を指定し塗装したところ，色が濃いので困ったとかの経験を誰も持っているに違いない．このように，大きな面積になると小さな色見本で見るよりも色は派手で，迫力が加わった印象を与えるので，このことを考えに入れて色選びをしなければならない．なおこれは，一種の錯覚であって，測色上の問題ではない．

このような色指定上のトラブルを起こさないためには，あらかじめ大きな色見本を用いるのが望ましい．しかし，経済性その他から小さい物で我慢せざるを得ない場合もある．このことに関して，表4.1のような約束をしている国もある．一般的には，10×10（cm²）ぐらいの寸法があればよいだろう．

表4.1 色見本として望ましい寸法(アメリカ，ASTM規格)

比較判定しようとする程度	望ましい寸法
だいたい似ているかどうかの判定	40×40 （mm²）
目安にする程度の判定	40×70 （mm²）
一般的な判定	100×120，90×160 （mm²）
厳密な判定	160×260 （mm²）

4.4 刺激時間と色の見え方

色刺激が目に与えられる時間も，色の見えを規定する重要な要因である．一定強度の光で目を刺激すると，一般に図4.11のような反応が見られる．まず，光が点灯されて反応が現れるまでには潜時があり（A → B, t_1），最大

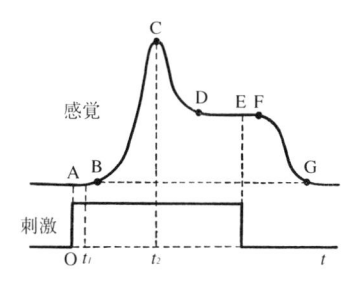

図4.11 定常刺激に対する感覚生起の模式図（Le Grand, Y., 1968）

反応までに 0.05 ないし 0.2 秒が必要である（A → C, t_2）．この時間的ずれを感覚化時間という．その後，反応はやや低下するが（C → D），一定の感覚水準を保ち（D → E），刺激が中断しても 0.05 秒ないし 0.2 秒は持続する（E → F）．これを残効時間という．そして，感覚は消滅する（G）．

このように，光の点滅と目の反応との間には一定の時間的なずれが生じることも，視覚器の欠陥と見られなくもない．しかし，この欠陥を逆用することによって，「動く絵」が見えるいくつかの道具が作られたのである．映画は，目は消え去った刺激をなお 0.1 秒間近く見ているという性質を応用したものである．テレビジョンもこの性質を応用している．

このほか，刺激の断続によって意外な見え方をするものに，ベンハムのこま（Benham top）がある（図 4.12）．いま，円盤を 1 秒間に 6 ないし 10 回転の速度で右へまわすと（照明を十分あてる），円盤上に色のついた輪が現れる．おそらく，外周の輪は青紫を帯び，その内側は，順に緑，黄をへて，中心の輪は茶色に見えるだろう．逆に，円盤を左へまわすと，色の輪の配列はさっきとは逆になるだろう．これは，色がないのに色が見えるので，主観色（subjective color）といわれる．なぜこういう現象が現れるか十分明らかではないが，刺激と感覚との間に時間的なずれがあることと関係があるという説や，神経生理学の比較的新しい知見であるオン・オフ効果（on-off effect）と何らかの関係があるとの説が有力視されている．

主観色は，こまの回転速度が速過ぎると現れず，約 0.1 秒ないし 0.2 秒のときもっとも鮮明な色が現れる．この約 0.1 秒ないし 0.2 秒というのは，先の感覚化時間または残効時間と奇しくも一致する．このあたりに，ベンハム

図 4.12　ベンハムのこま

のこまの秘密を解く鍵があるようである．なお，こまの回転が遅くなると，ちらつきが感じられてくる．これをフリッカー（flicker）という．これまで連続光として見えていたのが，断続光として感じられる境目（またはその逆でもよい）の交替頻度を臨界融合頻度（critical fusion frequency, CFF）という．これは，刺激の強さや網膜の刺激部位，順応状態，背景の明るさ，疲労などの要因によって影響を受けやすい．

中心窩では，CFF は約 5 サイクルから 55 サイクルの間を変化する．そして，刺激の強さと大きさの積の対数に比例する．これは，フェリー-ポーターの法則（Ferry-Porter's law）と呼ばれる．なお，CFF は中心窩より周辺部の方が高い．断続光や運動を認知するには，目の周辺で見たほうがわかりやすい．

また，CFF 以上の高い交替刺激では光は融合して見えるわけであるが，このときの明るさは，同じ強度の光が静止しているときの明るさに等しくなる．これは，タルボー-プラトー効果（Talbot-Plateau effect）と呼ばれる．逆に，CFF 以下の低い交替刺激では，明るさは静止した光の明るさの 2 倍になる．ちらちらするものは，実際以上に明るく感じられるわけである．

ところで，話は前後してしまったが，刺激時間と色感覚との関係についてはつぎのことがらが重要である．第一は，色反応が生じる速さやその大きさは，おおむね刺激の強度に依存するという点である．図 4.13 はそのことを

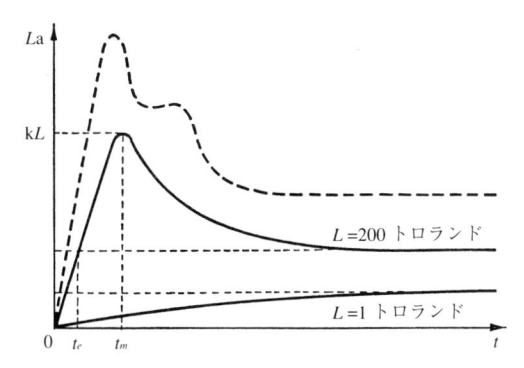

図 4.13 視感覚に及ぼす刺激強度の効果（ブローカ-スルツェ現象）
(Le Grand, Y., 1968)

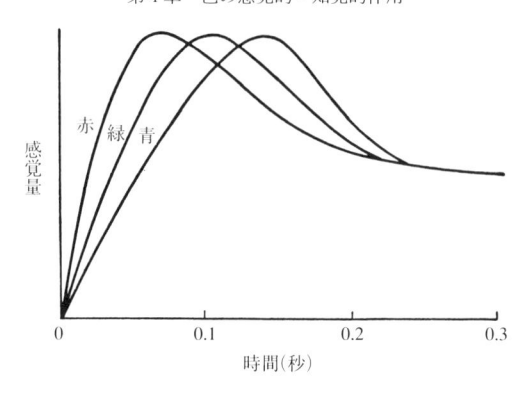

図 4.14 視感覚の生起と刺激波長との関係 (Sheppard, J. J., 1968)

示している．これはブローカ-スルツェ現象 (Broca-Sulzer phenomenon) といわれ，刺激の強さが増すにつれて，反応は大きくかつ速くなる．第二は，感覚がピークに達する時間は，波長によっても異なり，長波長光のほうが短波長光よりすばやいという点である（図 4.14）．このことは，青より黄色が，黄色より赤が速く印象に届くことを示唆している．これが，交通信号機に赤が採用されている理由の一つである．

4.5 色の残像

　流れ落ちる滝をしばらくながめていると，水煙が下から上へかけ上るように見えることがある．目を閉じて，ぐるぐる回転し，急に停止すると，身体がゆっくりと逆方向に戻るように感じることもある．これらは，運動残効といわれる．色を観察した後も，これに似た現象が見られる．刺激を取り去っても，色の感覚はすぐ消えるわけではない．刺激が止んでしばらくすると（約 1 秒），その後に視覚像が現れるが，これが普通にいう残像 (after image) である．これは，一時的に現れ，不安定で，面色的な見えに近い．元の刺激が弱かったり，観察時間が短かいときは現れにくい．一般に，残像の出現は，元の刺激の強さ，観察時間，大きさに依存する．

　残像は，その現れ方に従って，陰性残像と陽性残像とに分けられる．元の感覚と同質の明るさまたは色相を持つとき，陽性残像と呼び，この逆のとき，

陰性残像と呼ぶ．普通経験されるのは後者である．陽性残像は，灰色の地に白で図を描いた物を強い照明の下で観察した場合に見られるというが，訓練をつまないと体験できないようである．有彩色を観察した場合は，元の刺激の色相と補色関係にある色相が現れる．しかし，その色は鮮明というわけではなく，また質感が全然異なっている．それはちょうど，空の青のような面色的な性質を帯びている．

　このような陰性残像や補色残像がどうして現れるのかは十分わかっていない．目を動かすと残像も動くし，一方の目から他方の目へ転位もしないから，網膜の受容器の特性に依存すると考えられる．そして，一定の色を観察している間に，目はその色に順応し感受性は低下するのに対して，元の色と補色関係にある色の感受性はそこなわれることなく保持されているので，感受性の均衡がとれなくなり，残像が現れる，と一応説明できる．これは一種の疲労説である．

　これに対して，網膜の受容器から外側膝状体までの神経細胞の中には，ある色の情報は上位へよく伝えるが，その補色の情報を伝えるのを抑制する働きをするものがあるので，その細胞が疲労によって抑制力を失えば補色の情報が伝わりやすくなり，補色残像が現れる，という説もある．そして現在では，マッカロウ（McCollough, L.）が1965年に雑誌『Science』に新たな残像色現象を発表したのをきっかけに，この現象のメカニズムを解明するためには，大脳視覚領の色と形の情報処理のあり方をも考慮に入れる必要があるとされている．

　マッカロウによる現象がどんなものであるかは，口絵3で確かめることができる．いま，黒・赤の右下り縞と黒・緑の左下り縞を，交互に10秒間ずつ5分間から10分間凝視する（これは根気のいる作業であるが）．それから，黒・白の模様に視線を移す．すると，さっきとは逆に，右下り縞には緑が，左下り縞には赤がうっすら見える．だが，この本を横に30度以上傾けると，色みは消えてしまい，90度傾けると，緑の色みが入れ替る．

　これは，奇妙な体験であるが，模様の方位（向き）と関係があるので，方位随伴色残効（orientation contingent aftereffect）といっている．これを説明するために，マッカロウ自身は方向と色の情報を同時に処理するエッジ

検出器（edge detector）が脳にあると仮定したけれども，この残効は，数時間後も翌朝も人によっては数週間も続くことから，方向と色の連合形成に学習や条件づけが関係しているという研究者もいる．

4.6　刺激と目の感受性の関係

　刺激に対する人間の感受性は，必要において変化する．まぶしいほどの強い照明や非常に大きい音響の下では，人は刺激のちょっとした変化を無視するか気づかないことが起こる．逆に刺激が弱まるにつれて，刺激の強度と差異に対する感受性はしだいに増大し，ついには最大の感受性を獲得する．このように，ある条件下では感受性を鈍化させ，またある条件下では感受性を鋭敏化させることによって，われわれは身体と感覚器を損傷と破壊から保護するのである．この感受性の水準の変化は，通常，無意識的に行われ，外界の刺激条件にひたすら従属するかに見える．しかし，後で述べるように，個々の刺激物に対する知識や興味の有無が関係することも忘れてはならない．

　以上は，人間の行動に見られる一般的な原理である．しかしこの問題は，色刺激に対する感覚の特性を知る上でも，非常に重要である．なお，色に対する感受性の変化は順応といわれ，それは暗順応と明順応および色順応に分けられる．

4.6.1　暗順応視

　われわれの感覚器は，使わなかったり休ませておくと感受性は高まり，刺激を検出する能力は増加する．暗闇の中に永くいると視力は敏感になる．これを暗順応（dark adaptation）という．暗順応の結果，非常に敏感になった目の感受性は，強い光にさらされて感受性が最低になったときに比べて10万倍も高くなるといわれている．その場合の絶対光覚閾値は 10^9 分の1 lx ぐらいになるが，これは，たとえていえば，30 km 離れたところにある1本のろうそくの光を認め得ることに等しい，とロシアのアルタモーノフ（АрТаМОНОВ, I. D.）は述べている．

　しかし，そこまで感受性が高まるには，一定の経過が見られる．明るい部

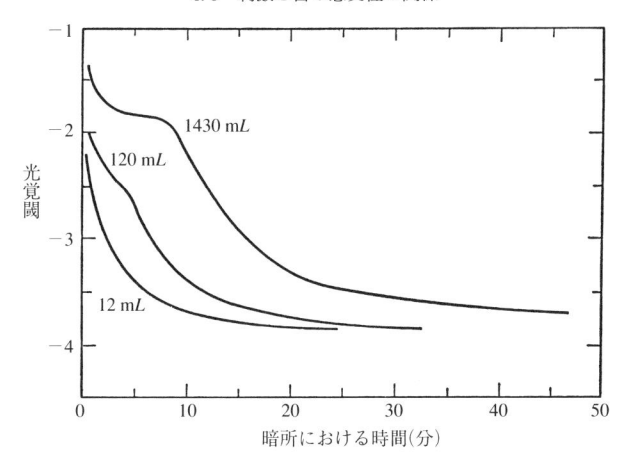

図 4.15　明順応光の強さと暗順応の経過 (Hecht, S. et al., 1937)

屋から暗い部屋へ移ると，しばらくはその部屋の様子はわからない．しかし，やがて目は暗闇になれて，内部の様子が見えてくる．この経過を示すと図 4.15 のようである．これによると，強い光に順応していた目は，光が消失すると最初の 5〜10 分間は錐体の感受性が増し，続いて桿体の感受性が増し，安定するまでには 30 分以上かかることがわかる．そして，暗所視ではもっぱら桿体が働くことになる．

　もっとも，この経過はいつも一様に進むとは限らない．目が非常に強い光に順応していた場合は，弱い光に順応していた場合よりも暗所での感受性の回復は遅くなる．すなわち，目が暗闇に順応するまでの時間は，明所での順応の程度にある程度依存する．したがって，明順応状態から暗順応状態へ目の感受性をスムーズに移行させるためには，光の強さを徐々に弱めていくように配慮する必要がある．トンネルの照明や劇場の照明ではこのような配慮が大切になるわけである．

　また，暗順応の経過は明順応時の光の組成の影響を受ける．図 4.16 はそれを示したものであるが，白色光に順応していた目よりも，赤色光に順応していた目のほうが，暗順応の経過は速いことがわかるだろう．したがって，明室と暗室を出たり入ったりしなければならないような場合は，赤いサングラスをかけておけば，暗室に入ったときにあまり困らなくてすむといえる．

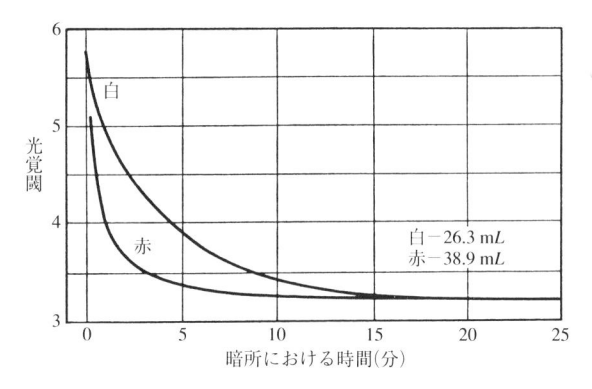

図 4.16 白色光と赤色光に順応していた場合の暗順応の経過（Hecht, S. and Hsia, Y., 1945）

このほか，ビタミン A の欠乏や喫煙が暗順応をしにくくする場合もあるといわれている．ハトやニワトリのように桿体を欠くものは，いわゆる暗順応機能を欠いているから，黄昏どきともなれば巣に急がなければならない．逆に，フクロウやコウモリは，桿体だけを持つから，夜になると活動を始めるわけである．

4.6.2 明順応視

一方，暗所から明所へ移動した場合，ある安定した感受性を取り戻すまでの順応は明順応（light adaptation）と呼ばれるが，明順応に要する時間は約 3 分もあれば十分である．もちろん，明順応に要する時間は暗順応の程度にもよるし，明所での光の強度によっても違ってくる．したがって，いきなり明るい光の下にさらされるよりは，だんだんに強い光で照明されたほうが目は疲れない．

さて，一度特定の強度の光に明順応してしまうと，少々光の強度が変化したぐらいでは明るさの感覚は変わらない．これは明るさの恒常性といわれ，こういう性質が備わっているからこそ，いろいろな照度分布の下で，不自由なく，物を見分けることができるのである．そのことは見方をかえると，明順応視では，光の強度の変化に対して目は著しく感受性が低下してしまっているといえなくもない．しかし，光の強度の変化に対して鈍感であるからこ

そ，画家は夕方相当暗くなったのも忘れて絵筆を動かすのだとすると，何とも皮肉な話である．

4.6.3 色順応視

　蛍光灯で照明された部屋からタングステン電球で照明された部屋へ移ると，最初は，辺りがことごとくオレンジみを帯びて感じられる．しかし数分もすれば，不自然な感じはしなくなる．同じ色を永く見ていると，その色に対する感受性は低下して，彩度が落ちて見えたり，明るさも若干変化して見えることがある．これは，色順応（color adaptation）といわれる現象である．

　色順応は，初め急速に進行し，彩度が低下する．そして安定するまでに数分を要する．彩度が低下すれば，先のアブニー効果によって色相そのものも若干変化するわけであるが，中心視では，あまり顕著ではない．なお，周辺視では，色順応によって完全に色みが失われるという報告もある．

　赤を1分間ぐらい見つめて，目を白紙の上に移すと，そこに青緑が現れる．これは，色順応による残効と見ることもできる．いったん，ある色に順応すると，それがその後の色の見えに影響を与えると考えられる．しかし日常生活においては，そのようなことはあまり自覚されない．色順応以外にも，色対比や色の恒常性，色の記憶などが複雑に関係しているからである．

　仮にその後に見る色の見え方に影響するとすれば，その色の見え方を順応している色の補色方向へ引っぱるか，彩度を高めるか，逆に灰色に見せるかのいずれかである．一般に，色順応は光のある種の波長に対する感受性が低下することによって起こる現象であるから，赤に対する順応は赤の感受性を弱め，緑に対する順応は緑の感受性を弱め，それらの感覚を抑制する．なお，色順応の経過するさまを手軽に観察するには，ピンポン球を二つに割り，左右の目にそれを被せるのも一つの方法である．こうして赤い光を見たら，2分もすれば赤みが低下し，暗灰色に変わるのがわかるだろう．

4.7　照明と色の見え方

　現在は，人工照明が発達しているから，夜間も昼間とほぼ同様の生活をす

ることができる．将来は，従来の一般照明に加えて，発光ダイオード，液晶，レーザーなどの局所照明が盛んに使われるようになるだろうといわれている．ところで，人工照明は太陽の昼光と近いのが理想である．その差があまり大きいと，照明された物体からの反射光の分光分布が違ってくるので，演色性は悪くなる．

しかし，少々演色性が悪くても，人間の目はそれに順応して感度が変わるので，物体の色の見えはあまり変化しない．太陽の光は朝と昼と夕方では，また晴天と曇天では著しく変化しているが，人の肌の色はいつも同じに見える．そこで，色は物体の属性であるかのように考え，物体の色を演出している照明のことをあまり意識しない．だからといって，照明は演色性の悪いものでよいというわけではない．図 4.17 は昼光(C)とタングステン光(A)の下で見た場合の色の見え方を比較したものであるが，タングステン光の場合，すべての色が赤寄りに見えることがわかる．だから，照明を選ぶには，その演色上の特徴を十分考慮に入れなければならない．肉や魚，果物などの店では裸電球をつるしているところがあるが，それは商品を赤みがかって見せ，

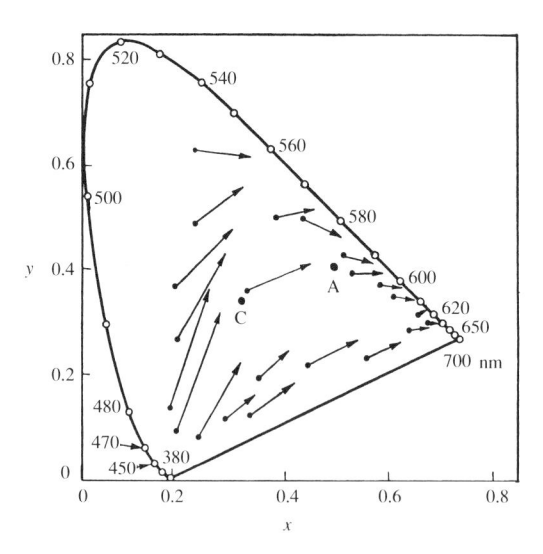

図 4.17 色順応による色度転移（光源 C から光源 A に変わったときの物体の色度変化）
　　　　（MacAdam, D. L., 1956）

鮮度を高く感じさせるから上手なやり方ということになる．つまり，照明のよさは単に演色性のよさだけでは決定できず，物体が美しい色に見えるかどうかで決まる．また，赤みの多い照明を好む人や青みの多い照明を好む人もあるので，個人差も考慮しなければならない．

なお，照明効果を高めるためには，目的に合わせて光源を選ぶことが重要であるが，照明の方向，距離，照度分布なども考慮する必要がある．たとえば，図4.18の陰影のついた図形を見てみよう．これは，ラマチャンドラン（前出）が1988年に『Scientific American』に発表したものである．円盤の半分は卵のように，半分はくぼんで見えるだろう．上部が明るいほうがふくらんで見え，暗いほうはくぼんで見える．本を上下逆さにすると，ふくらみがくぼみに，くぼみがふくらみになる．これは，太陽がそうであるように，照明が上からあたるという前提が視覚系に組み込まれているからだと説明される．また，物体の表面をかすめるように照明をあてると，いつもは気づか

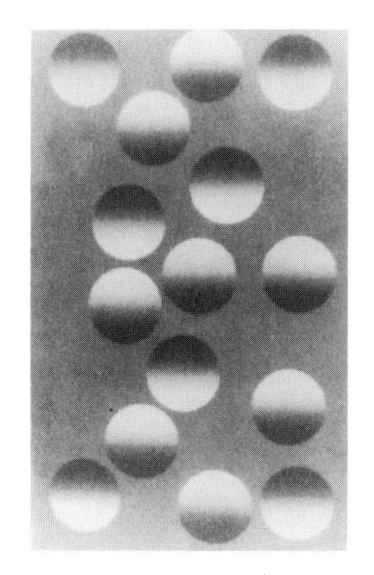

図 4.18 卵とくぼみ（Ramachandran, V. S., 1988 a）
　　陰影のある円盤は，上部が明るい図形はどれも卵のように見え，上部が暗い図形はくぼみのように見える．これは脳の視覚野に，太陽光が上からあたるという認識が組み込まれているからである．上下逆さにしてみると，卵がくぼみに，くぼみが卵に姿を変える．

ないほどの細かい凹凸もはっきり見えてくる．夜間，自動車のヘッドライトに照らされると道路が凹凸に見えるのは，このためである．

　光が全体に広く行きわたるようにするか，局所的にあたるようにするかによっても印象は異なる．前者の場合は，光の分布が均一であるから平板な精彩のないものに見え，後者の場合は，明るさの差が著しいから立体的な精彩のあるものに見える．したがって，彫刻作品を照明する場合，その生命力を失わず細部にいたるまで立体感が浮き出るように"正しく光をあてる"には，技術がいる．

　さらに，光と影の明るさの差によって距離感は違ってくるという問題がある．明暗対比が強い場合は前方に，明暗対比が弱い場合は後方にあるように見える．画家らが，前景は明暗の差をくっきりと，後景は明暗の差をぼんやりと描くのは，そのためである．しかし，照明による明暗の差から空間的な遠近の差がどうして生じるのかは明らかではない．

4.8　色の恒常性

　すでに述べたように，照明条件や観察条件が変化しているにもかかわらず，われわれは物体の色を一様なものとして知覚する性質を持っている．これを色の恒常性（color constancy）という．

　そこでもし，この性質が色知覚のあらゆる場面で発揮されるとすると，これまで刺激と色感覚との関係について明らかにしてきたことがらとどのような関係があるのだろうかという疑問が生じる．また一方では，時間的にも空間的にも刺激に変化がなければ感覚は成立しないといいながら，他方では，明らかな変化があっても知覚として意識されないというのはどういうことだろうという疑問がでてくる．しかし，色が恒常視されるのは，主として対象が物体色の場合であって，そのほかいくつか条件があるから，つぎにそれを列挙して述べる．

　(1) 一般に見なれた物体は，照明条件も異なり，したがって物体から反射する光の特性が相当違っていても，一定に見える．われわれの肌の色は，日向と日陰では反射する光の強さはかなり異なるはずであるが，肌色で

4.8 色の恒常性

あることに変わりはない．このことから，色の恒常現象は，刺激変化に対する一種の補償作用であると考えることができる．

(2) この現象は，刺激条件，観察条件，観察者の心理的構えなどによって強められたり弱められたりする．この現象は，色が先の表面色的または物体色的現れ方をする場合に観察され，面色的な現れ方をする場合は観察されにくい．したがって，物の色の違いを観察するには，直接比較するよりも，パラフィン紙などを被せて見たほうがよい場合もある．照明の種類や強度が急に変化したり大きく変わったりすると，恒常性は弱まり，刺激に応じた見え方をする．明るさの違いは，物が白いときとか周囲が暗いときのほうがそうでないときよりもわかりにくい．画学生が，辺りがだいぶん暗くなってきたにもかかわらず，なお石膏デッサンを続けることができるのはこのためである．

(3) 見なれた物ほど恒常視される．これは，対象の色をよく記憶しているからであろうと説明できなくもないが，初めて見る物でも白さの恒常性は働くから，この説明は十分ではない．

(4) 視野の構造が複雑で分節が豊かなほうが，そうでない場合（雪景色のような）より，恒常視されやすい．物体表面の光沢や凹凸，肌理，陰影などがあったほうが色も同一視されやすい．実物に比べて，写真の色は，恒常性が働かない．以上の関係は，対比の場合とまったく逆になる．

(5) 観察者の見方とも大いに関係がある．視野全体を漫然とながめる場合は色の違いはわかりにくいが，注意深く分析的な態度で見る場合は色の違いに気づきやすい．

以上のことから明らかなように，色の恒常性が見られる場合というのは，照明条件や観察条件が比較的整っており，対象物に対する知識もあり，観察者も普段と変わった対応を迫られていないような場合といえる．これらの条件が違ってくると，刺激側の条件に従った判断をする必要が強まり，恒常性は弱くなる．また対象に対する個人の知覚経験の差または観察態度の差によって，色の恒常性が見られる程度は異なるといえる．

4.9 対比的場面での色の見え方

　色刺激は単独で存在するのはまれであり，他の物体に囲まれているとか，時間的に前後して見られることが多い．この空間的または時間的な刺激の布置関係が，色の見え方に大きな影響を与えている．一般に，刺激を並べて示されるとか前後して見せられると，差異が強調されて見える．この現象を同時的対比（simultaneous color contrast）または継時的対比（successive color contrast）という．

　明るい物体と暗い物体とを並置したり前後して見せられると，明るさの違いは一層強調され，一方は明るく他方はより暗く見える（明度対比）．このことは彩度が異なる場合にもいえる（彩度対比）．色相が異なる場合は一層色相差があるように感じられ（色相対比），二つが補色関係にあれば彩度が高くなって感じられる（補色対比）．一例を示すと口絵4のようである．

　この図では，中央の色と周辺の色とは相互に影響し合っているわけであるが，中央の色の見えの変化を問題にする場合には，中央部を検査野（test field），周辺部を誘導野（inducing field）といい，中央の色の見えの変化を対比効果（contrast effect）という．この場合は，周辺の色によって中央の色の見え方は著しく変化している．このような色の組み合わせを変えていくと，物理的には同じ色も異種の色のように知覚させることができ，逆に物理的には異なる色も，同種の色であるかのように知覚させることができる．このような対比効果を作例によって解説した書籍に，アルバース（Albers, J.）の『The Interaction of Color』（1963）がある．

　これに対して，先行する刺激がつぎにくる刺激の見えに影響を及ぼすいわゆる継時的対比は，すでに述べた色の残像や順応現象と重複するところがある．また，この効果は，同時的対比の効果ほど顕著ではない．単に対比という場合は，同時的対比をさす．

　色の同時的対比効果は，口絵4を見てもわかるように，一瞬のうちに現れ，しかも強力である．したがって，その効果を定量的に測定することは簡単にできそうに思える．ところが，色刺激の物理的特性は何も変化しているわけではなく，心理的現象に過ぎないから（この点は幾何学的錯覚とよく似てい

4.9 対比的場面での色の見え方

る），測定することは意外に難しい．口絵4のすぐ側に色票集を置き，色の見えがもっとも近い色票を捜す方法（一種のカラー・マッチング法）を採ることがあるが，この方法には問題が多い．

そこで考え出されたのが，両眼間等色法（binocular color matching method）である．これは，左右の目に別々の色刺激を与え，両者の等価刺激を求める方法である．このほか，記憶による等色法や主観的評価法がある．前者は，あらかじめ被験者を訓練して，たとえば『マンセル色票集』の色の三属性を記憶させておく必要がある．筆者自身は若い頃，10日間にわたり毎日2時間程度の訓練を重ね，9割近くまで正しく記憶することができた経験があるから，困難な方法とは思わない．後者は，特別な訓練は必要とせず，色名を答えさせるか色刺激の強度をいわせる．これは，一種の絶対判断法である．

4.9.1 明るさの対比

灰色を黒で囲んだ場合と灰色を白で囲んだ場合とでは，囲まれた灰色の見え方はどちらが大きく変わるだろうか？　白で囲まれた方は少し暗い灰色に変化し，黒で囲まれた方は少し明るい灰色に変わるが，どちらかというと前者の方が変化がはっきりしているように感じられる．このことについては何人もの研究者の報告があり，周囲の視野が明るい方が対比効果は著しいとされている．

また，誘導野の大きさと明るさ対比との間には一定の関係があり，ダイアモンド（Diamond, A. L., 1962）によると，誘導野の面積が検査野の面積の2倍以上になると，明るさ対比に及ぼす影響力は変化しないという．逆にいえば，2倍以下のときは，周囲が大きいほど明るさ対比は著しいということになる．また，明るさ対比は（色対比も同様であるが），二つの色の距離が離れるにつれて減少する．そして，二つの領域間が中断されていたり明瞭な境界線があると，対比効果は著しく妨害される．このことは，絵画を飾る額縁の効用と大いに関係がある．額縁は，作品を衝撃から守るとか運搬しやすいとか壁に掛けるのにつごうがよいから，あるにこしたことはないが，それ以外に，作品の色の見え方を決定するという重要な役割をになっている．

口絵4は絵画を額縁に入れた状態であると考えると，額縁の色いかんによって絵画の印象は一変することが理解される．絵画の印象は，額縁を含めた印象なのである．しかし，額縁にはもう一つ大きな役割がある．口絵4の周囲を茶色で囲んだとする．中の色の見え方は大きく変化するであろうか？囲む色にもよるが，多分大きく変わることはあるまい．額縁に相当する部分があるために，周囲の色の影響をあまり受けずにすむはずである．このことから，額縁は絵画の色を一定に見せる働きをしているといえるだろう．

4.9.2 マッハの帯と側抑制

明るさ対比は，色同士が隣接したときにもっとも顕著に現れる．しかし，その現れ方は決して尋常ではない（図4.19）．この明るさが段階的に変わる灰色の配列は，マッハの帯（Mach's band）と呼ばれている．隣り合った灰色は，単に強度と明るさが異なるだけでなく，隣接部の左側はより暗く，右側はより明るく見える．また灰色のストライプは，平板でなく，いくらか湾曲しているように見える．

これについて，マッハは「刺激のわずかな違いは無視され，大きな違いは不相応なまでに強調される」と述べている．その辺りのことは，図4.19の下にハービィッヒ（Hurvich, L. M.）が記した，マッハの帯の刺激の強度と

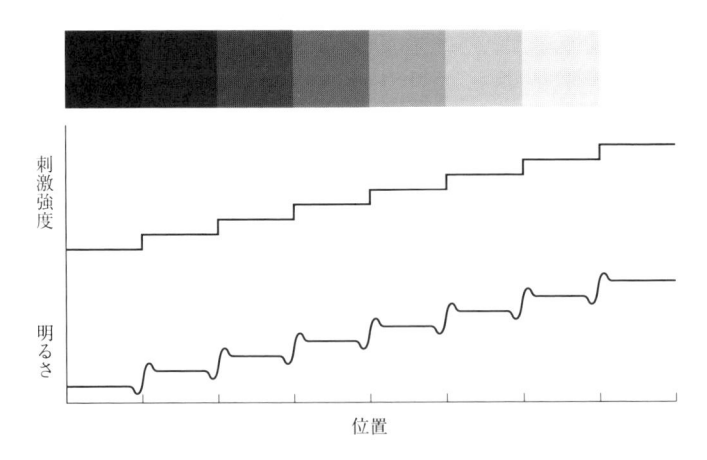

図4.19 マッハの帯と刺激強度および明るさの関係（Hurvich, L. M., 1981）

見かけの明るさのグラフからもうかがえる．もっとも，マッハの考え方は非常に示唆的ではあるが，これだけではことがらが証明されたことにはならない．しかし今では，その神経過程が解明されている．それは，側抑制（lateral inhibition theory）と呼ばれる理論である．その側抑制の神経過程は，アメリカの生理学者ラトリフらにより明らかにされた．図4.20は，ラトリフ自身が描いたこの理論の模式図である．

これによると，カブトガニの目（単眼が集まった複眼である）の一つに光があたるとその興奮が周囲の他の目の興奮を抑制し，明暗の差が増幅される様子がわかりやすく示されている．図4.19で見たマッハの"帯"とそれらの境界にできる"エッジ"は，この抑制効果の産物というわけである．なるほど，われわれの目は非常に精巧にできている．それでも，光は角膜と水晶体と硝子体を通る過程で歪み，ぼやける．網膜に届いた像には，くっきりとした線や輪郭はない．口絵1もそうだし，スーラー（Seurat, G.）やシニヤック（Signac, P.）の点描画もそう描かれている．にもかかわらず，そこにあたかも線があるように見えるのは，この側抑制効果による一種の錯覚（illusion）である．

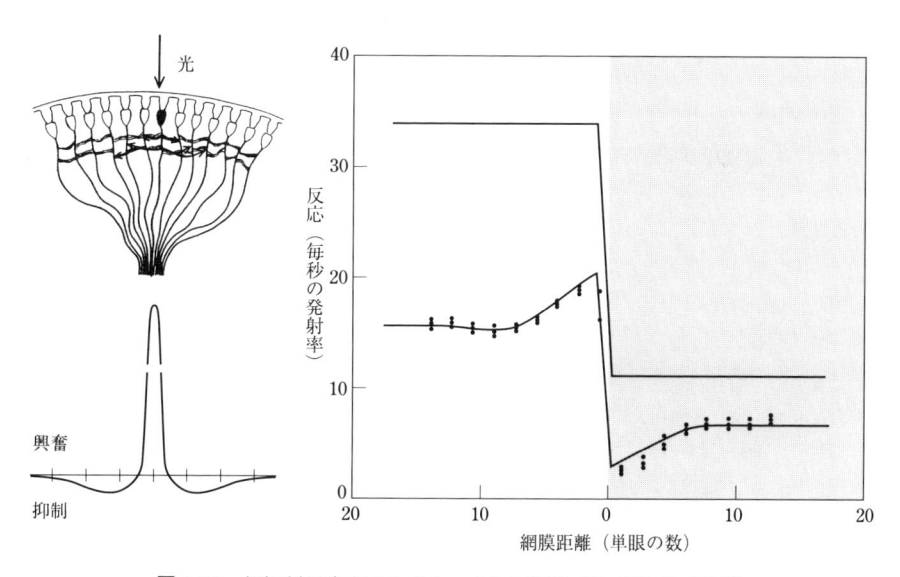

図4.20 側抑制が成立するメカニズムの説明（Ratliff, F., 1975）

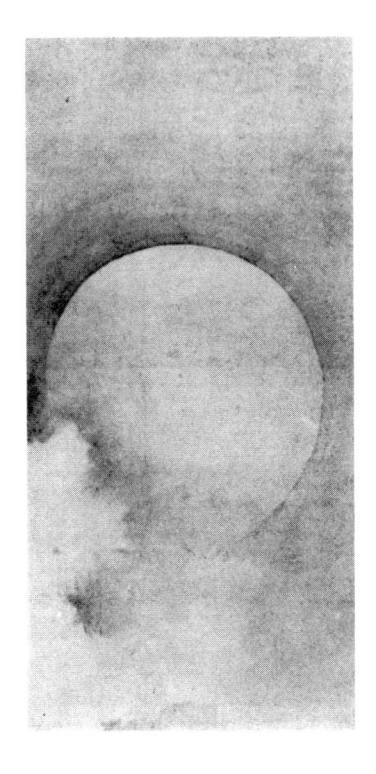

図 4.21　模様が浮びあがる青磁の皿（原田知代子作，1997）

図 4.22　今尾景年の「秋の月」（島津家・蔵）
　　　　ラトリフにより紹介された側抑制効果を応用した日本の墨絵．

　この効果は，明暗の差がほんのわずかでも現れる（図 4.21）．画家や彫刻家は，昔からこの効果に気づいていた．図 4.22 は，水墨画にこれを応用した例である．和紙に墨だけで月を描くには，月の囲りを暗くする以外にない．そのためには，輪郭部をどう着彩するか非常に神経を使わなければならないけれども，そこから隔たった箇所は着彩しなくともよい．

　これらは，マッハの帯から導き出される副次的現象であるけれども，その生理学的裏づけを行った2人の名を取って，クレーク-オブライエン効果（Craik-O'Brien effect）またはコーンスィート錯視（cornsweet illusion）と呼ばれている．これに関連して，オブライエンは「輪郭線を挟む二領域間の対比現象に輪郭線そのものも何らかの働きをする」と述べている．

4.9.3 色の対比

色の対比（color contrast）は，古くから，ゲーテを初めシュヴリュール（Chevreul, M. E.）やキルシュマン（Kirschman, A.）らによって研究されてきた．しかし，定性的な記述に比べ，定量的な研究は多いとはいえない．それは，先述のとおり，測定が難しいからである．

色対比の効果を定量的に調べるには，図 4.23 のような視野を設け，たとえば灰色を黒で囲んだ場合と赤で囲んだ場合の灰色の色の見え方を比べる．この場合，赤で囲まれた灰色は緑色がかった灰色に見えるが，問題はその表現方法である．そこで，この観察に特有の測定方法が工夫されている．

図 4.24 は，山中俊夫らによる測定装置の構成を示している．左側は試験視野，右側は色合わせ視野からなっている．観察者自らが，色彩計を操作し

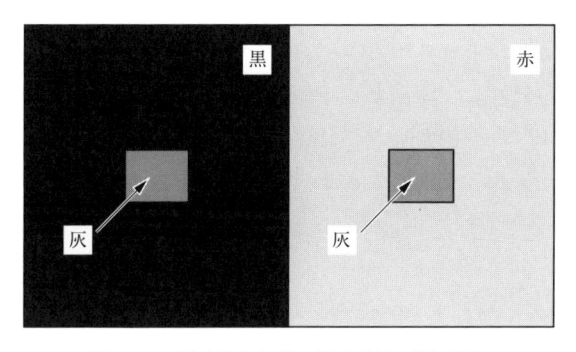

図 4.23 同時的色対比の観察方法（概念図）

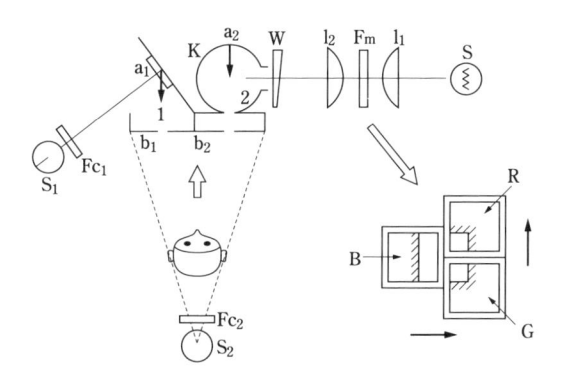

図 4.24 同時色対比効果測定装置（山中，1997）

て，左視野と同じに見える色を右視野に作るわけである．実験は2段階からなる．まず，左右の背景（b_1 と b_2）を共に黒（暗黒）にし，左視野（a_1）と右視野（a_2）の色合わせを行った上で左視野の背景（b_1）を別の色（赤なら赤）に替え，もう一度 a_1 に a_2 を合わせる．最初に色合わせに要した色彩計の値とつぎに色合わせに要した値の差が色の対比効果に相当する．

図 4.25 は，こうして求められた山中らの結果である．ここでは，灰色（N 5）が有彩色 10 色相（いずれも，明度が 5，彩度が 6）に囲まれたときの見え方が示されている．破線上に P とか PB とあるのは，その色で N 5 を囲んだことを示す．たとえば，灰色（N 5）を青紫（PB）で囲むと色度図の右上（黄色）方向に，逆に黄色で囲むと左下（青紫）方向に見えることが示されている．しかし，対比色（検査野の色）は背景色（誘導野の色）の補色と完全に一致していない．両者が完全には一致しないことについては，多くの研究がある．それにしても，山中らの実験は用意周到というべきである．ほかに，色対比の実験法としては，波長補正法（wave lenght compensation method）や色相打消し法（hue cancellation method）などがある．

一方，色対比に及ぼす色の大きさや配置および色の属性の影響などについては，キルシュマンの法則（Kirschman's law）としてつぎのように要約されている．

(1) 誘導（背景）野に対して検査野が小さいほど，色対比は大きい．

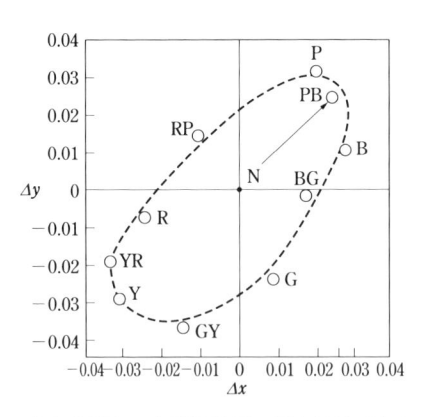

図 4.25　各色背景上の色対比効果の測定結果（山中，1997）

(2) 色対比は色同士が離れていても生じるが，その距離が増大するにつれて色対比は小さくなる．
(3) 色対比は明るさ対比が最小のとき最大となる．
(4) 色対比の大きさは誘導（背景）野の面積が大きいほど顕著である．
(5) 誘導（背景）野の明るさ（輝度）が一定であれば，その飽和度が高いほど色対比は大きい．

　この法則は，キルシュマンが100年も前に行った研究に基づいてグラハム（Graham, C. H.）らによりまとめられたものである．なお，ここにはないが，「色対比は表面を薄紙で覆うと大きくなる」といわれる．こうすると，色が表面的な見えから面色的な見えに移行し，色の質感だけが強調され，色対比が現れやすくなる．

4.9.4　色対比に及ぼす図柄の影響

　対象とする色の見えは周辺の色の影響を受けるが，空間的配置が作り出す文脈効果によって違ってくる．たとえば，口絵5はアルバースが紹介した例である．中央の横長の矩形は別々の色によって囲まれているにもかかわらず，同一色に見える．しかし，周辺色の輪郭線上に縦に棒を置いて見ると，矩形の色は左，中，右の三つに分かれる．したがって，色対比が現れるかどうかは，図柄がもつ文脈によって決まるといえる．この図の場合は，このままでは横長の矩形と見られるから，周辺色の影響をほとんど受けない．周囲の色の影響を受けているかもしれないが，それ以上に矩形として一つにまとまろうとする力のほうが勝っているのである．このことは，われわれの日常的体験とも合致している．すなわち，われわれが目にする対象は一つの色によって囲まれているとは限らないが，部分的に色の違いを意識することはほとんどない．

　色の対比効果は単独でははっきりと現れるが，視野全体としての意味が重要となる場面では比較的無力である．このことは，観察者の対象に対する関心の向け方や態度の違いによって，色の見え方が違ってくることを示している．たとえば，先の図4.19をもう一度見てもらいたい．左から右へ視線を移すと，右端の色はやや明る過ぎると感じられるだろう．逆に右から左へ視

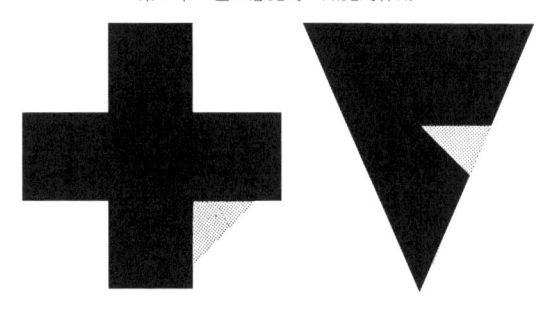

図 4.26 ベナリーの図形

線を移すと，左端の色はやや暗過ぎると感じられるだろう．これは，端末効果（end effect）といわれる．したがって，規則的な変化をつける場合には，両端の色の具合を調整する必要があることになる．

また，ベナリー（Benary, W.）の図形では（図 4.26），黒い三角形の中にくい込んでいる灰色は，同じ三角形の外側に接している灰色よりも明るく見える．この場合，われわれは三角形という既知の形を見ており，食い込んでいる灰色部分は，三角形としての全体的まとまりを侵害するかのようである．これに関連して，和田（1968）は，「当該検査野が誘導野と同一形態のなかにある方が対比効果は強く現れる」と述べている．

4.10 色の同化現象

灰色の地の上に黒い文字を描くと地の灰色も黒みを帯び，白い文字を描くと地の灰色も白っぽくなる（図 4.27）．これは，明るさの対比とは逆に文字の色と地の色が接近し合うから，明るさの同化（assimilation）という．もちろん，有彩色同士でも同じことが起こる．口絵 7 は，ハービィッヒの著書『Color Vision』のカバーデザインを筆者が改作したものである．黒い細い線の一部を黄色に替えると，上段では白が下段では緑が黄色っぽく見えるだけでなく，主観的輪郭線により形成される文字の内部が黄色で照らされているように見える．

これは，色の拡がりがネオン管の光を思わせるところから，ネオンカラー

4.10 色の同化現象

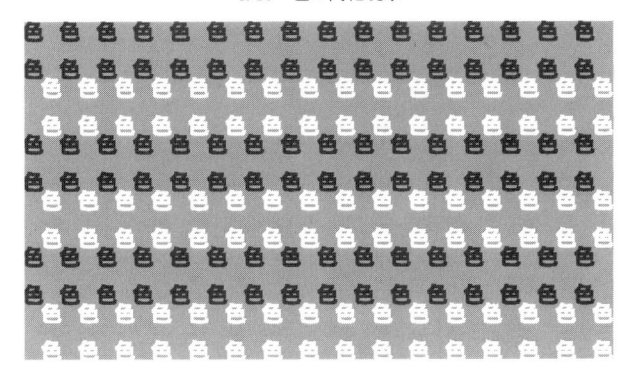

図 4.27 同化現象

効果（neon color effect）といわれる．色は主観的輪郭線内全体に均一に拡がっているので，ネオンリンク拡散（neon link spreading）ともいう．色の拡がりが線の周囲のみに限定される場合は，ネオンフランク拡散（neon flank spreading）という．ネオンカラー効果は，色の同化現象（color assimilation phenomenon）の一例である．なお，この効果は，ベツォルト（von Bezold, W.）によって初めて紹介されたので，ベツォルト拡散効果（Bezold spreading effect）と呼ばれることもある．

色の同化現象は，「朱に交われば赤くなる」という日本の諺のとおり，特定の色によって周囲の色が影響を受け同じ色みを帯びることをいう．しかし，これにはいくつかの条件がある．ヘルソン（Helson, H., 1963）は，つぎのように述べている．
(1) 刺激パターン（検査野）が細い部分からなり，その間隔が狭いときには同化が，広いときには対比が生じやすい．
(2) 線分と背景の輝度の差が小さいと，同化が生じやすい．
(3) 実験を繰り返すと，同化は起こりにくくなる．また，観察の仕方によっても異なる．視野を全体としてながめると同化は強まり，部分の集合として見ると同化は弱まる．

縞模様の場合は線の太さと間隔が重要であるが，ステガー（Steger, J. A.）によると，線幅が 3 mm 以下で間隔が狭いときは同化が，広いときは対比が生じるという．ちなみに口絵 7 は，黄線は太さ約 1 mm，間隔は約

2 mm でできている．

　色数が増えると，色の布置が重要になる．口絵8は村上直子の卒業制作であるが，中の四つの渦巻きの色は外のそれに比べ赤く輝いているように見える．とくに，これを1m以上離れて見ると，その効果が著しい．この効果を最初に紹介したイギリスの画家・ハリー（Harry, S.）は，「観察者と作品の距離の変化にともない，その色模様の変化をともなうもの」と説明している．

　さて，村上の作品であるが，中の四つの渦巻きとそれ以外とでは，色の配置が異なっている．中の渦巻きでは赤は紫に，外の渦巻きでは赤は青緑に挟まれている．そのため，赤と紫という隣接する色同士のときは赤みを増すが，赤と緑という対立する色同士のときは赤に大きな変化は見られない（起こっているのかもしれないが），というわけである．ここには同化と対比が微妙に絡んでいると考えられるが，それに観察距離が関係するとなると，網膜上での輻輳や融合などとの関係も考えてみる必要があろう．

　ヘルソンは，同化と対比は同じ機制に基づいていると考え，神経機構で近隣領域からのインパルスが加重すれば同化となり，強い興奮が弱い興奮を抑制すれば対比となると仮定し，これを発展させて刺激判別モデル（stimulation differential method）を提案した．しかし，和田陽平は，このような同一機制説には反対している．この現象をベツォルトの拡散効果というのは，ベツォルトがこれを眼球運動を含む色の拡散と考えたからである．

4.11　色知覚と記憶色

　ふだん見なれている物は，照明が少々変化したぐらいでは色が変わったことがわからない．いつもどおりに，芝生は緑に，木炭は黒に，チョークは白に見える．このような色の知覚上の性質を，ヘリングは色の恒常性あるいは色の不変性（invariance）と呼んだ．これとよく似た色知覚上の役割をするのが，記憶色（memory color）である（この用語もヘリングによる）．これはその名のとおり，周知の物体を見た場合，その色の見え方は，以前その色として知覚したことのある色の側へずれることを意味している．

4.11 色知覚と記憶色

もっとも，人は色をどのように記憶するかは必ずしも明らかでない．わかっていることは，実際に見たとおりに記憶されるとは限らないということである．また，色の特徴的な部分は強調され，そうでない部分は無視され，赤いものはより赤く，青いものはより青く記憶される可能性が高いということである．そして，個人差が比較的大きい．

図 4.28 は，バートルソン（Bartleson, C. J.）の実験結果の一部である．ここでは，被験者 50 名に身近な物の名前 10 種を示し，あらかじめ用意した

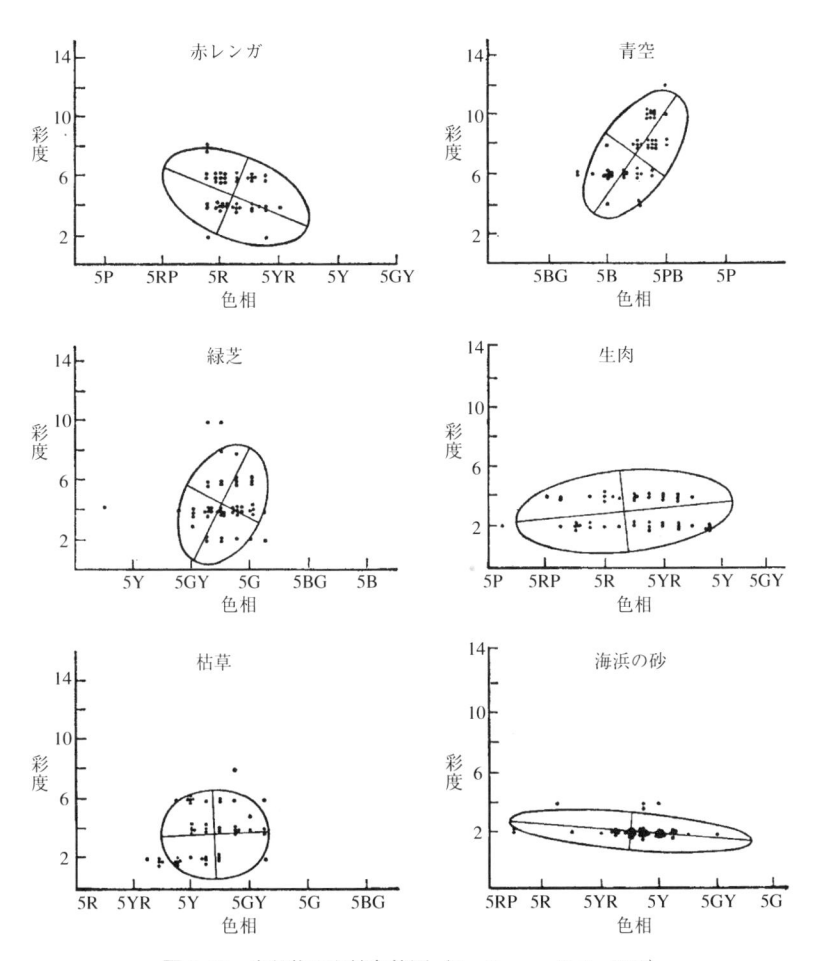

図 4.28 自然物の記憶色範囲（Bartleson, C. J., 1960）

色票921種の中から記憶色を選ばせている．これによると，海浜の砂の場合は，赤みから黄緑みまで色相は多岐にわたるが彩度はほぼ一定しているとか，青空の場合は，濃い青紫みの色として記憶している人と淡い青緑の色として記憶している人がいることがわかる（ちなみに，後で紹介する筆者の大規模な調査結果では，"晴れた日の空の色"は明るい青紫 8.8 B 6.4/4.1 が選ばれた）．

しかし，このような調べ方では，実際の色との間にどのくらいずれがあるかわからない．これに対して，児玉晃を中心とする研究グループが行った「肌色の記憶色に関する研究」は，日本人女性の肌色の実際と印刷物の再現色および若い女性の肌色の記憶色とを調べ，相互比較を行った点で高く評価されている（図 4.29, 4.30）．それによると，次の三つが注目される．

(1) 若い女性の素肌の色は，再現色や記憶色に比べばらつきは少ない．
(2) 再現肌色と記憶肌色は素肌色より明度が高い．
(3) 若い女性が化粧したときの肌色は，素肌色より分散が狭い．

つまり，化粧した状態の肌色の分布はもっとも狭く，化粧しない素肌色の

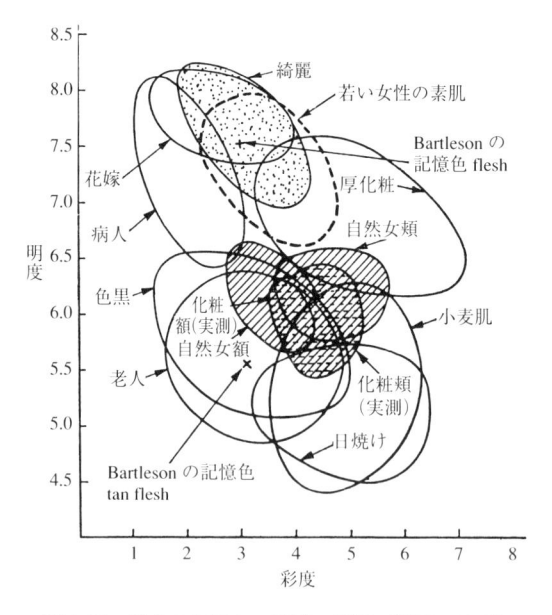

図 4.29 肌色の記憶色の明度―彩度（児玉，1973）

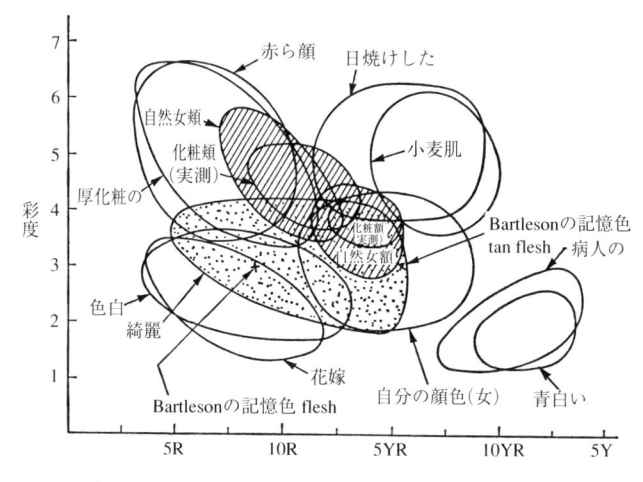

図 4.30 肌色の記憶色の色相―彩度 (児玉, 1973)

分布はもう少し広く，肌色の記憶色の分布はさらに拡がっていることになる．やや意外なのは，化粧肌色の分布が実際の肌色の分布より狭いという点であるが，このことについて児玉らは，「若い女性は，化粧によって人と違った自分にもっとも合った肌色になろうとするのでなく，他の人と似た一定の方向に，化粧によって自分の肌の色を動かしている」と説明している．

そのほか，この研究は，肌色の記憶色は実際の肌色より明るい色として記憶されることを示しているが，その方向は"色白"とか"綺麗"とイメージされる方向にあたっており (図 4.30)，「自分の肌色を記憶する場合，若い女性は不協和が生じないように記憶する」と仮定してよいように思われる．ここには，自分の素肌の色を黒いと見るよりも白いと見たいという心理が働いている．これは，「色白は七難隠す」という考え方が若い女性たちの間でいまも生きている証拠である．

なお，再現肌色と記憶肌色とはほぼ一致しているから，印刷による肌色の再現は適切に行われていると一応考えてよい．ただし，再現色を記憶色に合わせたからこういう結果になったのかどうかはわからない．若い女性の肌色の記憶が婦人雑誌などの印刷物によって影響を受けていることも十分考えられる．いずれにしろ，記憶色は，化粧や画像の色再現の良否の判断に直接影

響する．若者に人気の美白や顔黒という言葉は，記憶色との乖離(かいり)がはなはだしいために滑稽に見えることを揶揄(やゆ)した造語である．雑誌やテレビジョンの色再現は，記憶色と一致すれば高い満足感を与える．

　最後に，記憶色が色の見え方に影響することを例証した，ランド（Land, E. H., 1959）の二色法（two primary color projections）の実験を見ておこう（彼の意図は別のところにあったのだが）．

　ポラロイド社の創設者・ランドは，赤，緑，青の三つのフィルターを掛けて色分解したポジを一つのスクリーン上にぴったり重ねてみた．ここまでは写真における加法混色と何ら変わりないが，彼は1台のプロジェクターのスイッチを切ってもかなり忠実な色が見えることを知った．つぎにもう1台のスイッチを切ってみたが，今度は単色の世界が見えるだけだった．そこで2台のプロジェクターを使って観察することにしたが，その際，一方の色フィルターをはずしてみたところ，効果はいくらか低下するものの，何種類かの色が観察された．これがランドのデモンストレーションのあらましである．

　同じことを体験したい読者のために少し詳しく説明すると，色分解ポジ写真を作るには長波長光（585～700 mm まで）を透過するフィルターを掛け，他方に中波長光（490～600 mm）を透過するフィルターを掛け，白黒スライド用フィルムで撮影する．露出は，グレースケールが同じになるように合わせる．そして，色を再現するには，前者は赤色光（585～700 mm）で投影するが，後者は白熱電球光で投影するだけでもよい（その意味では，これは二色法どころか一色法である）．スクリーン上の像は，ぴったり重なるように入念に調節する．

　こうして彼は赤以外の黄や緑や青までも観察できたわけだが，これは驚きである（筆者も確かめてみたが，青を認めるのは困難である）．しかし，この方法で黄や緑が見えるのは被写体の色がわかっている場合だけで，色がわからない場合，たとえば抽象画を見ても効果は生じない．したがって，これは，被写体についての色の記憶を媒介として成立するきわめて心理的な現象といえる．それにしても，このランドのデモンストレーションは，人間の色知覚は外界からの感覚入力と一対一には対応していないことを如実に物語っている．また，色の知覚に色の記憶が関与することを例証したことは，高く

称賛されてよかろう．

4.12 色知覚と個人差

　色の見え方に関する実験をしていて気がつくことは，個人により差があるということである．この色知覚における個人差は，生理的要因と心理的要因の違いに起因する．生理的要因としては，色覚が正常に機能しているかどうかということが主なものであるが，色覚健常者でも，年齢とともに視力は低下し，青と灰色の区別は困難になり，あるいは暗順応ができにくくなるなど，生理的機能が減退するという問題がある．

　心理的要因としては，子どもと大人あるいは専門家と素人の間にみられるいわゆる経験の差が主なものである．経験による差は，等色したり，調色したり，差異を識別したりする場合にみられる．たとえば，図4.31は筆者の実験結果であるが，ある観察条件下では経験がものをいうことを如実に表している．

　すなわち，混色によって等色するという操作を30回繰り返し，その結果を個人別に示してみると，永年，色票製作や色視感判定に従事している専門家（NAKとYOS）は，心理学専攻の大学院生（HAM）に比べてばらつきが著しく小さい（図4.31(a)）．しかしこれは，視野がある程度大きい場合であって，直径4mmほどの小円を二分して等色させてみると，各人の結果はかなり一致する（図4.31(b)）．したがって，中心窩のごく中心部のみが刺激を受けるような条件下では，個人の経験は関与しにくくなり，色覚本来の姿が浮き彫りにされる．

　ところで，色の知覚能力は，年齢とも関係している．しかし，単に色の違いがわかるというだけならば，大人と子どもあるいは3歳児と生後3ヵ月の乳児との間では大した差はないのかもしれない．実際，いくつかの報告は，それを示唆している．新生児の網膜電図は，大人と変わりないという報告もある．生後30日目の乳児の比視感度曲線は，大人のそれと差がないという報告もある．したがって，色知覚における年齢の差は，色の識別能力の違いよりは，色に対する関心の向け方や知覚したものをどう表現するかというあ

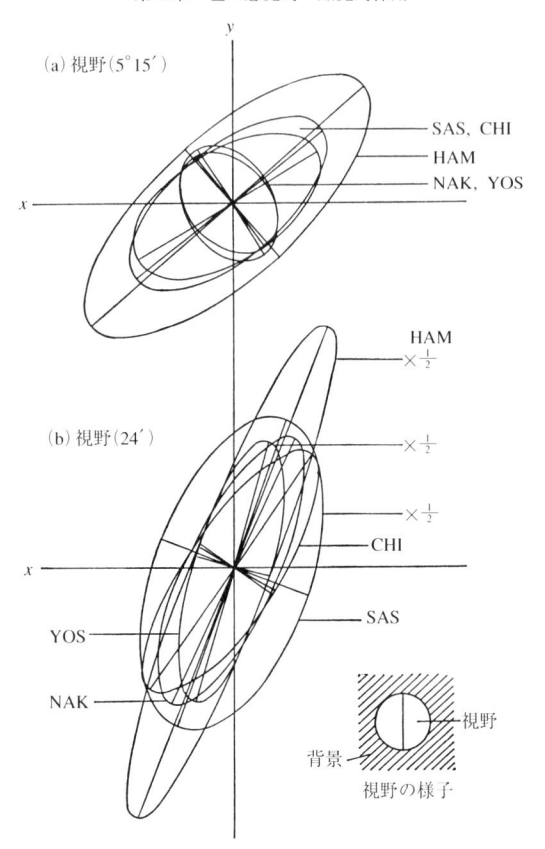

134   第4章 色の感覚的・知覚的作用

(a) 視野(5°15′)
SAS, CHI
HAM
NAK, YOS

(b) 視野(24′)
HAM ×$\frac{1}{2}$
×$\frac{1}{2}$
×$\frac{1}{2}$
CHI
SAS
YOS
NAK
視野
背景
視野の様子

図4.31　等色実験における個人差（NAKとYOSは熟練者）（千々岩, 1968）

たりに表れる，と考えるべきであろう．

　乳児は最初何色に興味を示すかということがいろいろ研究された．しかし，結論するまでにいたっていない．もっとも，それはわからないが，乳児が際立った色に関心を持つことは確かである．たとえば，フェイガン（Fagan, J. F., 1974）は，乳児に縞模様を見せて眼球の反応を調べ，赤と緑の縞模様は赤とオレンジの縞模様よりも注目を集め，赤とオレンジのそれは赤と他の赤の縞模様よりも興味を誘うと報告している．しかし，この結果は，乳児は赤同士の細かな違いはわからない，ということを意味するものではない．乳児は色の差が大きいものに反応するという事実を示しているに過ぎない．な

4.12 色知覚と個人差

ぜそのほうを注目するかは明らかではないが，刺激が際立っているからというだけではなさそうである．というのは，ファンツ（Fantz, R. L.）の結果が示しているように（図 4.32），色よりも形が，形の中では人の顔が乳児の目を引くから，乳児は刺激の意味に反応するある種の能力を持っていると考えるべきかもしれない．

大人も際立った刺激には思わず注意を向けるが，わずかの刺激も必要とあれば見のがさない．その場合は経験がものをいう．素人は顕微鏡を覗いてもどれが細菌であるか見当がつかないが，病理学者はそれをすぐ見つけることができる．職業によっては，色を見て物事を判断しなければならない場合がある．農作物の色を見て品等を決定するとか，粘膜の病気の進行状態を診断するとか，色を調合する場合などである．このような職業に従事していると，その方面の色感覚は非常に鋭くなる．色の識別能力が養われるばかりか，ある色を見て推理を働かせる能力もついてくる．

いずれにしても，色に対する感受性は年齢とともに変化する．25歳頃までは向上するが，その後はしだいに低下し，65歳を過ぎると急速に悪くなるという．年齢とともに生理的機能が低下するからである．もっとも，その

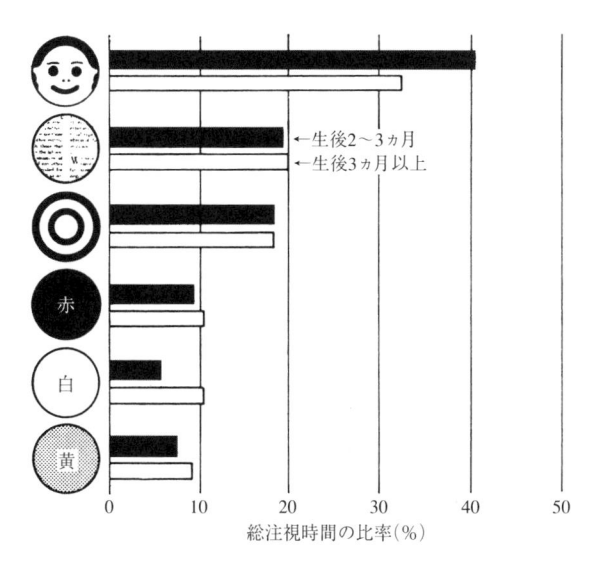

図 4.32 乳児の6種の図形に対する注視時間の比較(Fantz, R. L., 1963)

低下は，経験や勘など心理的要因によってある程度補われる．しかし，生理的機能の低下を補う心理的機能も，いずれは低下してしまう．

4.13 色の見えやすさと見えにくさ

交通標識や看板，ポスターなどは，その目的からいって目につきやすく，見えやすいものでなければならない．もっとも，めだつけれども表現があまりどぎついと，不愉快な印象を与え，逆効果である．

ところで，色の見えやすさは，あたかも個々の色に備わっている属性のように考える場合もあるが，その色と周囲の色との関係によって決まると考えるのが自然である．また，色の見えやすさは，見る人の興味や気分によって多分に影響される．したがって，色の見えやすさは，その色が置かれている刺激側の条件とそれを見る人の心理的条件によって決まる，といえる．

4.13.1 図色と地色の関係

文字や図形は，白い紙に黄色で図を描くよりも黒で描くほうがずっと見えやすい．塚田敢は，赤，橙，黄，緑，青，紫，および白，灰，黒の9種を互いに2色ずつ組み合わせて，図の見えやすさ（visibility）を調べた．図の見えやすさは，視力検査で使われるランドルト環（Landolt ring）の切れ目が判別できなくなる距離で示される（表4.2）．

表4.2 ランドルト環による色別の判別距離（塚田，1978）（単位，m）

地 \ 形	赤	橙	黄	緑	青	紫	白	灰	黒
赤	—	40	46	25	26	28	41	30	33
橙	39	—	38	34	41	39	36	37	42
黄	43	40	—	45	45	43	14	41	50
緑	28	35	42	—	34	32	46	29	37
青	33	43	43	35	—	29	47	29	32
紫	30	44	49	36	32	—	49	35	27
白	39	42	22	40	44	42	—	39	46
灰	30	40	44	27	30	33	44	—	37
黒	35	43	51	34	28	26	50	37	—

これによると，黒と黄，黒と白のように明度差の大きいものほど見えやすく，反対に黄と白，赤と緑のように明度差の小さいものほど見えにくいことがわかる．赤と緑のように色相が相反するものでも，明度が類似すると見えにくい．これをリーブマン効果（Liebmann effect）という．

以上から明らかなように，色の見えやすさは図と地の色の明度関係によって規定される．明度が近接していると，たとえ色相差や彩度差があっても見えにくい．明度差を変化させてみると，図4.33のようになる．筆者たちはこの効果をコントラスト感と呼び，図4.34のような関係があることを報告している．

4.13.2　色の誘目性

色の見えやすさは主に図色と地色の明度関係によって決まるが，同時に色には注目されやすいものとそうでないものとがある．これを色の誘目性（attractiveness）という．

色の誘目性は，無彩色より有彩色が，黒より白が，青や緑より赤や黄色が，

図4.33　カラーコントラスト感尺度見本（千々岩・矢部，1978）

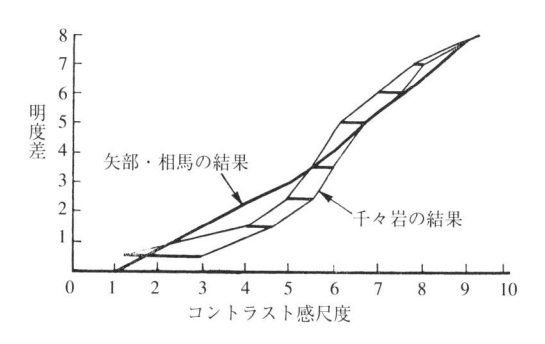

図4.34　カラーコントラスト感尺度値（千々岩・矢部，1978）

表 4.3 純色の誘目性尺度値（神作，1972）

色名	色記号	尺度値
赤	5 R 4/14	2.29
黄赤	5 YR 7/12	1.92
黄	5 Y 8/12	2.07
緑	2.5 G 5/8	−0.19
緑	7.5 G 5/8	−0.05
青	10 B 4/8	−0.45
青紫	5 PB 4/8	−0.76
紫	10 P 4/8	−1.04
赤紫	2.5 RP 4/12	0.11

彩度の低い色より彩度の高い色が高い．これについて，神作は表4.3のような誘目性尺度値を明らかにしている．また神作は，誘目性の高い赤色光の場合，純度が15%低下すると輝度を半分以下にしたと同じ効果になると述べており，誘目性は色のあざやかさと大いに関係があるようである．

なお，色の誘目性は色の大きさ，強さ，持続時間，動き，位置などによっても変わる．また，見なれてしまうと意識されないが，それが見なれない物の中に置かれると逆に意識されやすい．駅の雑踏の中で友人の姿を見かけたりするのはそのためである．

4.13.3 色を見えやすくする工夫

交通標識や各種広告物も，訴求効果を高めるためにいろいろな工夫が試みられている．色の用法を見ると，誘目性の高い色を使用し，色と色との間に適当なコントラストをつけている例が多いように思われる．しかし，中には，図色と地色の差が小さいために何が書かれているか不明瞭なものや，逆に色の対比が強いためにグレアー効果（glare effect）が生じ，目を疲れさせるものもある．これらの色の選び方や配し方には問題が多いから，初めからやりなおすのがよいが，少し工夫すれば相当見やすくなる．その技法としてつぎの二つが知られている．

一つは囲みの技法である．色の対比効果は，前に述べたように，色と色の隣接部に強く現れるが（図4.19, 4.22），この辺縁対比（marginal contrast）が弱過ぎても強過ぎても見えにくくなることが多い．そこで，この

部分に別の色（普通は白や黒）を置き，見えやすくする．この技法は囲みの技法とも縁どりの技法ともいわれ，絵画やデザインではしばしば用いられる．辺縁対比が生じないようにするために，色と色とをわずかに離すようにするのもこの一種とみなしてよい．もう一つはぼかしの技法である．マッハの帯を見てもわかるように（図 4.19），色が急に変化するところには強い対比効果が生じるので，それが緩やかになるようにぼかすのである．こうすると辺縁対比も和らげられ，色の見えは安定する．

　カラー写真を撮る場合，ピントをきちんと定めて撮るか，多少あいまいなまま撮るかによって写真の色再現は変わってくるが，前者は色の対比効果を活用している例にあたり，後者はそれを活用しないばかりか抑制している例にあたる．なお，前者は被写体の特徴をリアルに表現するのに対し，後者は雰囲気を表現するのに適している．

第5章

色の認知的・感情的作用

　色の見え方は，直前に見た色や周囲にくる色によって影響を受ける．マッハは，これを色の相対性と呼んだ．しかし，明るい色は暗い色より大きく見えるといったように，色は固有の性質を備えていることも事実である．そのため，われわれは，対象の大きさや距離，重量，温度，時間などの判断を誤ることもある．さらにゲーテが指摘したように，個々の色の作用により感情や情緒までも影響を受けることもある．

　そこで，つぎに，形や大きさなどの異種の視覚属性と色との関係，聴覚や味覚などの感覚様相と色との相互作用，色の感情への影響や，さらには色の連想や象徴など意味的作用などについて述べる．

5.1　色の属性間効果

　色の主な属性としては，色相，明度，彩度の三つがある．しかし，これ以外にも，色には特有の属性があると主張する人もいる．たとえば，アメリカの画家で色彩教育家のアルバースは，色の拡がり（expansiveness），緊張性（tension），自由さ（freedom）などをあげている．

　表5.1はアメリカ光学協会（The Opitical Society of America, OSA）の測色部会が色を定義するにあたって検討したとされる資料であるが，この中にはアルバースが指摘したのとよく似た属性も見られる．大きさ（size）や揺れ（flicker），主張性（insistence），顕著性（pronouncedness）などがそれである．このうち，色の三属性と大きさや顕著性などとの関係はある程度わかっているが，ほかとの関係はあまり明らかではない．

第5章　色の認知的・感情的作用

表5.1 Newhall による色の諸属性（OSA, 1953）

	光源色	照明色	表面色	空間色	面色
1. 色相 hue	*	*	*	*	*
2. 飽和度 saturation	*	*	*	*	*
3. 明るさ brightness	*	*			*
4. 明度 lightness			*	*	
5. 持続 duration	*	*	*	*	*
6. 大きさ size	*	(*)	*	*	(*)
7. 形 shape	*	(*)	*	*	(*)
8. 位置 location	*	(*)	*	*	
9. 肌理 texture			*	*	
10. 光沢 gloss			*	*	
11. 透明 transparency	(*)	(*)	*	*	
12. 揺れ flicker, sparkle	*	*	*	*	
13. 主張性 insistence	*	*	*		*
14. 顕著性 pronouncedness	*	*	*	*	*

5.1.1　色と大きさ感

　物の見かけの大きさは，色のいかんによってやや異なる．たとえば，図5.1は公共広告機構の広告であるが，HELP という文字は，白地に黒（原作）より黒地に白（改作したもの）のほうがいくぶん大きく見える．暗い背景の中にある明るい物体は実際より大きく見えることは古代ローマ時代から知られていたが，この現象を光浸または放散（irradiation）という．

　光浸現象が起きることについては，デカルト（Descartes, R.）は興奮が網膜の刺激を受けた箇所だけでなく隣接部へ伝幡するためだと考えたようであるが，ヘルムホルツは目の調整力の悪さが原因であると考えた．また，ゲーテもこの現象を観察し，明るい物体は暗い物体より小さく描く必要があると説いている．

　なお，真偽のほどはともかく，暗い色の服を着ると明るい色の服を着るよりやせて見えるとか，明るい色の車は暗い色の車より事故に遭う確率が低いといわれるのも，光浸現象をふまえた巷説と思われる．しかし，光浸は明るい物体が膨張して大きく見えることを説明しているに過ぎず，明るい物体は本当に大きく見えるか否かを知るには別の実験によらねばならない．

　図5.2はアメリカの生理学者・バーロウ（Barlow, H. B.）の実験結果である．ここでは，人間の目の中心窩から6.5度離れた部位にスポット光を照

5.1 色の属性間効果　　143

図5.1　明暗と大きさ感（千々岩，1998）

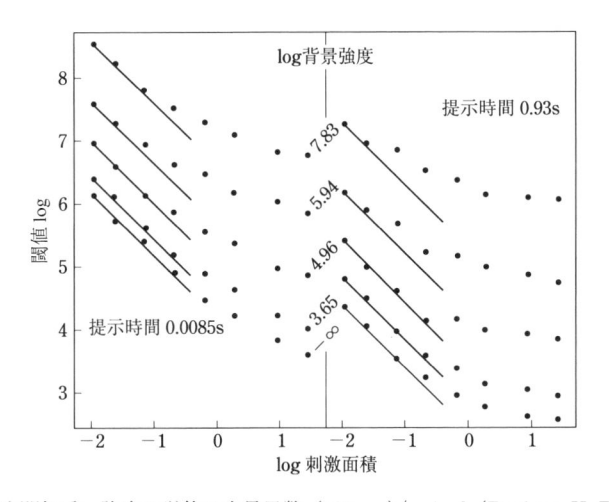

図5.2　空間加重．強度の単位は光量子数（507 nm）/s・deg^2（Barlow, H. B., 1958）

射し，光覚閾（光を検知するのに必要な最小限の光の強度）を求め，スポット光の面積が増加するにつれて（横軸の右側へ）閾値が低下する（縦軸の下側へ）様子が，両対数グラフで示されている．

　このようなグラフを閾値・面積曲線（threshold-size curve）といい，閾値とスポット光の面積は逆比例し，

$$閾値 \times スポット光の面積 = 一定$$

という関係が成り立つことを意味する．簡単にいえば，スポット光の面積が増大するにつれて，明るさを増すとも，あるいは明るい色ほど大きく見えるともいえる．

色の強度（I）と面積（A）との間には，

$$I \times A = 一定$$

という相補的関係があることは早くからリッコの法則（Ricco's low, 1876）の名で知られていたが，バーロウの実験はこれを検証したことになる．なお，明るい色ほど大きく見える現象を空間加重効果（spatial summation effect）ともいう．

それでは，見かけの大きさと色相や彩度との関係はどうであろうか？　いま，口絵6の赤と青のHELPという文字の大きさを比べてみると，赤のほうが青より大きいように見えるが，はっきりしたことはいえない．仮にそうだとしても，明度と彩度が異なるから，色相の違いによると断言はできない．この点について，ウァリス（Wallis, W. A., 1953）は，赤・黄・緑・青・白・黒の立方体の見えの大きさを比較し，黄＞白＞赤＞緑＞黒＞青の順に小さく見えたと報告している．

大山正（Oyama, T.）らも，同心円刺激を用いて内円の見かけの大きさを判断させたが，結果は色相とは無関係であった．そして，内円の明度が上がるにつれて見かけの大きさも増大し，逆に外円の明度が上がるにつれて見かけの大きさは減少することが示された．

このほか，赤・黄・緑・青のカードを同じ明度の灰色のカードと比べさせ，赤と黄は大きく見えたという実験例もあるけれども，明度に比べ色相の影響は小さいと考えてよい．また，彩度が増すと大きく見えるという人もいないわけではないが，その場合，毛糸の色見本と編み上げたセーターの色とでは後者の方が色があざやかに見える，いわゆるマス効果（mass effect）と混同している可能性が高い．いずれにしても，見かけの大きさと直接関係するのは明度であり，色相と彩度の影響は少ないと考えられる．

5.1.2 色と距離感

前述の口絵6は，一方が他方よりいくぶん大きく見えるだけでなく，近くに見えることを示している．一般に，赤や黄などの長波長側の色は近くに見え，青や青紫などの短波長側の色は遠くに見えることから，前者を進出色（advancing color），後者を後退色（receding color）という．

なぜ長波長側の色が近くに見え短波長側の色が遠くに見えるかについては，二つの説がある．一つは，短波長光は大気中の粒子により散乱するから，遠ければ遠いほど青く見えるという説である．もう一つは，水晶体の端に入射した短波長光は長波長光より大きく屈折するので，像は網膜の手前に結び，遠くにあるように感じられるという説である．この大気による光の散乱説も目の色収差説も光学的説明であるが，前者は遠くの山は近くの山より青っぽく見えるというわれわれの経験と合致するのに対し，後者については異論もある．

大山らの実験結果によると（図5.3），色覚健常者では赤が著しく進出し（グラフの左端），青紫が著しく後退することがわかるが，第一および第二色盲では赤が進出するという特徴は見られていない．目の光学的調整は色覚障害の有無と関係なく行われるはずであるから，この結果は色収差説では説明できないことになる．そこで，大山は，色収差は色の進出後退の直接の原因ではないと結論している．

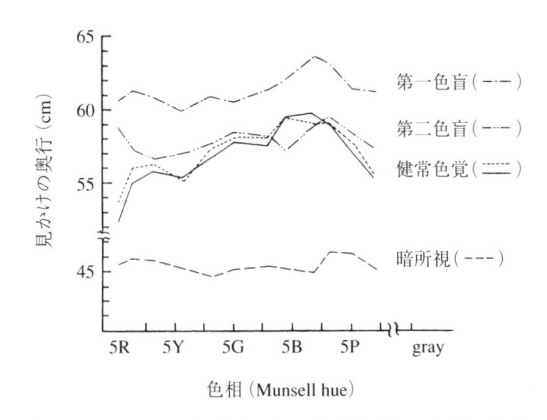

図5.3 色の進出―後退，色覚健常者と色覚障害者の比較（大山，1994）

一方，こういう議論とは別に，色の進出後退性を光の強度や色の迫力（カッツがいう Eindringlichkeit, insistence）の違いと関係づける考え方もある．

たとえば，モスクワ生れの画家・カンディンスキー（Kandinsky, W.）は，色の迫力という表現はしないものの，色は運動性を伴うとして「同じ大きさの二つの円の一方を黄色で，他方を青で彩ったのち，黄色は光を放って中心から外へ運動を始め，明らかにわれわれに近づいて来るような感じを与える．これに対して青は求心的運動を起こし（小さな殻の中に自分のからだを引込める蝸牛のように），そしてわれわれから遠ざかっていく．黄色の円からは眼は突き刺されるような感じを受けるが，青の円では眼はその中に吸い込まれるような感じを受ける」（『抽象芸術論』，西田 訳，1958）と述べている．

もちろんこれは，彼の個人的な印象に過ぎないけれども，20 世紀最高の抽象画家ならではの鋭い見方である．

5.1.3　色と形態感

色と形の心理的関連については多くの研究がある．しかし，色・形分類検査（color and form sorting test）に代表されるように，子どもの精神発達とりわけ抽象概念の発達やパーソナリティとの関係を論じた研究がほとんどで，色と形の属性間効果についてはあまり研究されていない．

色を線で表現させたランドホルム（Lundholm, H., 1925）の実験によると，赤は小さな角をなす線（いわゆるジグザグな線）で，青は曲線で描かれている．同時にこの小さな角をなす線は"騒ぎ立てる""狂暴な""堅い"などの，曲線は"静かな""死んだ"などの感情を表現するのに用いられたことから，彼は色と線の間には一定の対応関係があるとしている．

色と幾何学図形との関係については，カンディンスキーやイッテン（Itten, J., ドイツの画家，色彩教育家），ビレン（Birren, F., アメリカの応用色彩心理学者）などは，赤は正方形，黄は正三角形，青は正円と対応すると述べている．しかし，同じ欧米人でも，『イメージ・シンボル辞典』（山下ら 訳，1984）を著したオランダのド・フリース（Ad de Vries）は，赤は三角形，黄は六角形，青は円を表すと記している．

これに対して，日本の女子学生を対象に SD 法を用いて行った出村洋二の

5.1 色の属性間効果

実験結果は，赤と黄は円と，青は正三角形とイメージ・プロフィールがよく一致することを示している（図5.4(a), (b)）．このように，各人の見解は一致しないばかりか逆になっている場合もあるが，筆者は出村の結果のほうが理解しやすい．というのは，大山のSD法による色のイメージ評定実験の結果を見ると（表5.2），赤や橙などの"熱い"に対しては"まるい"が，青

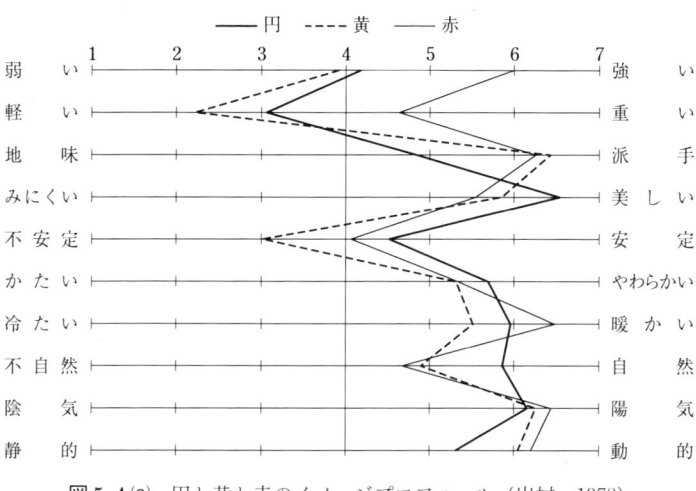

図5.4(a) 円と黄と赤のイメージプロフィール（出村，1978）

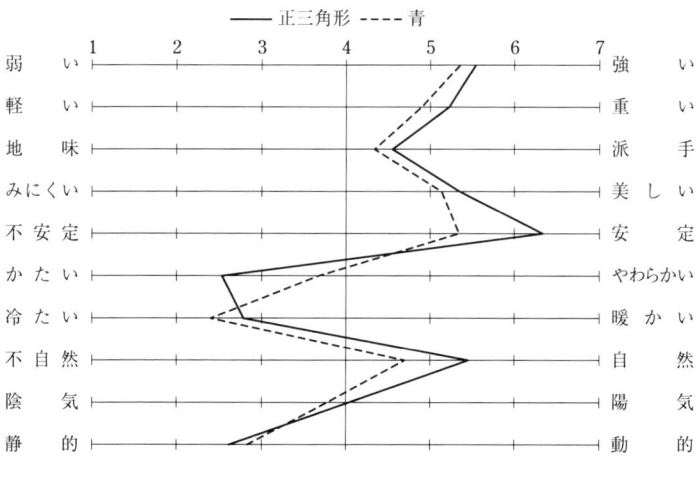

図5.4(b) 正三角形と青のイメージプロフィール（出村，1978）

表5.2 「熱い―冷たい」と他尺度との相関（大山，1962）

尺　度	相関係数
熱　い―冷　た　い	―
近　い―遠　　　い	.86
ま　る　い―角　ば　っ　た	.81
危　な　い―安　全　な	.79
さわがしい―静　か　な	.79
は　で　な―地　味　な	.71
嬉　し　い―悲　し　い	.70
女らしい―男らしい	.66
不安定な―安定した	.61

や青紫などの"冷たい"に対しては"角ばった"が高い相関関係を示しているからである．

　この表5.2はまた，"熱い"感じの色は，"近い""危ない""さわがしい""はでな""嬉しい""女らしい""不安定な"といったイメージを，逆に"冷たい"感じの色は，"遠い""安全な""静かな""地味な""悲しい""男らしい""安定した"といったイメージを与えることを示しており，こういう点からみても，赤系の色は円形や丸みを持つ形態と，青系の色は方形や角ばった形態と対応すると考えるのが自然である．

5.2　色の様相間効果

　視覚と視覚以外の感覚との間に見られる相互作用は様相間効果（intermodality effect），通様相性または共様性といわれる．モダール間現象（intermodal phenomenon）や共感覚（synesthesia）といわれることもある．色は音や香り，味，手ざわりなどのほかに，温度感覚や重量感覚，時間感覚などとも一定の関係を持ち，互いに影響し合っていることがいろいろな研究により明らかになりつつある．

5.2.1　色と共感覚

　カンディンスキーは，色の印象をいうのに「眼が突き刺される」とか「色に吸い込まれる」といった変わった表現を用いている．これは，共感覚所有

者（synesthete）特有の語法である．しかしわれわれも，色が"温かい"とか"重い"という表現をする．これは，共感覚的体験をふまえた表現である．

共感覚とは，ある刺激によって様相の異なる二つの経験が生じることであるが，音刺激に対して色覚を伴う色聴（colored hearing）がよく知られている．

(1) 色と音

色聴は，ロマン派の音楽家らによって注目され，楽器や和音の音色，音の高さ，調性を色名で区別する人も現れ，やがて文学や美術にも影響を与えたといわれている．しかし，単純な音刺激が色聴を起こすのはまれで，音楽のような感動を伴う音刺激の積み重なりが，比較的多数の人に色聴体験をひき起こすと考えられている．

色と音楽との共感覚を調べた研究によると，両者の間に一定の関係があることは明らかであるが（図5.5），曲の調子と色の連想は作曲家同士で異なることもあるようである（表5.3）．

筆者の指導で行った白石（1999）の実験（学生100名にドビュッシーやラヴェルなど印象派作曲家のピアノ曲・16曲を15〜18秒間聴かせ，印象を色と線画および形容詞対尺度を使って答えさせた）の結果によると（表5.4），長調の曲は「嬉しい」気分にさせ暖色を，また短調の曲は「悲しい」気分に

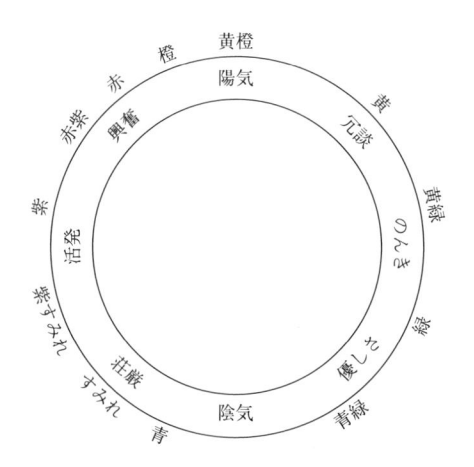

図5.5 曲を聞いたときの色とムードとの関係（Odbert, H. S. et al., 1942）

表5.3 曲調と色の連想（Schoen, M., 1940）

	リムスキー・コルサコフ	スクリャービン
ハ長調	白	赤
ト長調	茶色がかった金色，明るい	オレンジ，バラ色
ニ長調	黄色，まばゆい	黄色，輝き
イ長調	バラ色，はっきりしている	緑色
ホ長調	青，サファイア，きらめく	青白色
ロ長調	暗い，鋼の暗青色	青白色
ヘ長調	灰緑色	明るい青色
変ニ長調	濃い，暖色	紫色
変イ長調	灰紫色	紫紅色
変ホ長調	暗い，陰気な，青灰色	金属性の輝きをもった鋼色
変ロ長調	──	上に同じ
嬰ヘ長調	緑	赤

注）両作曲家の感じ方は，共通した点もあるが，半分は一致していない．

させ寒色を連想させることがはっきりと示されている．また，旋律を構成するテンポの緩急やピアノのタッチの強弱，音程の高低と色および線画や情緒的反応との間にも規則性があることが示されている．中でも，あざやかな暖色はテンポの速い曲と，暗い寒色はタッチの強い低い音と結びつきが強いことが示されている．

　大山の指導による瀧本・岩澤（1993）の実験（学生47名に交響曲10曲を30～40秒間聴かせ，また色や形，象徴語などの刺激の印象をSD法で答えさせた）の結果によると，ビゼーの「カルメン組曲」の"前奏曲"は橙または黄，ヴィヴァルディの「四季」の"春"は緑かピンク，スメタナの「モルダウ」は青と答える者が多いことが示されている．

　このように，色と音楽との間には比較的多数の人びとに共通する共感覚的関係が認められることから，さらにデータを積むことにより，将来は映像と音楽との相乗効果を高める技術が生まれることも夢ではなかろう．

(2) 色と味，色と香り

　色と味，色と香りの共感覚的関係は不明な点が多い．食品の色の好き嫌いを調べた川染（2000）によると，オレンジと赤が好まれ，黄と黄緑と緑がそれに続き，茶と青と紫は嫌われたという．これは，食べなれている色ほど好まれることを意味している．逆にいえば，見なれていない色の食品は敬遠さ

表5.4 音楽（ピアノ曲）と線画，色および情緒との対応（白石，1999）

		かたち（線画）	色	情緒反応
音階	長調	かたち：円・楕円 線：滑らかな曲線 方向性：水平 連続性：ある	ペールトーン（暖色系統） ビビッドトーン（色相全般）	嬉しい
	短調	かたち：円・楕円 線：滑らかな曲線 方向性：水平 連続性：ある	ペールトーン（寒色系統） ダルトーン（寒色系統） ダークトーン（寒色系統）	悲しい
テンポ	急	かたち：円・楕円 線：直線・屈曲線 方向性：水平 連続性：ある	ビビッドトーン（暖色系統）	強壮な
	緩	かたち：円・楕円 線：滑らかな曲線 方向性：水平 連続性：ある	あまり傾向が あらわれない	なだめるような
タッチ	強	かたち：円・楕円 線：直線・屈曲線 方向性：水平 連続性：ある	ダルトーン（寒色系統） ダークトーン（寒色系統）	強壮な 情熱的な
	弱	かたち：円・楕円 線：滑らかな曲線 方向性：水平 連続性：ある	ペールトーン（色相全般）	なだめるような 感傷的な
音程	高	かたち：円・楕円 線：滑らかな曲線 方向性：水平 連続性：ある	ペールトーン（黄と青） ビビッドトーン（黄と青）	なだめるような 嬉しい
	低	かたち：円・楕円 線：直線・屈曲線 方向性：水平 連続性：ある	ダルトーン（寒色系統） ダークトーン（寒色系統）	強壮な 悲しい

れるということである．

　白いチョコレートはチョコレートらしい味がしないとか，オレンジジュースは黄色よりもオレンジ色が好まれるとかの実験は，それを示している．しかし，天然の色が風味の点でもっとも好まれるとは限らない．バターは，天

然のカロチンが含まれているだけでは黄みが不足するので，人工着色が行われることが多い．薄荷(はっか)味のアイスクリームはそのままでは白色であるが，さわやか感が増すように緑の着色料が加えられている．これらは，色による食品の味覚イメージの向上を図った例である．しかし，これを一歩進めて，飲料や食品の色を操作することにより味覚を一定方向に誘導できるか否かについては，データが乏しく，よくわかっていない．

　筆者の学生が卒業研究として行った色紙を見て味のイメージをいわせる方法によると，暖色は甘味や旨味と，寒色は酸味や渋みと，無彩色は鹹(かん)味と関係が深いという結果である．しかし，無味無色の液体を色が違う紙カップに入れて味わわせてみると，味の判断はまちまちであった．

　味覚識別に及ぼす着色の影響を調べた大藤（1981）によると（表5.5），
(1) 旨味溶液を茶色に着色すると，鹹味と答える傾向がある．
(2) 茶色溶液は鹹味が識別しにくくなり，無味と感じる傾向がある．
(3) 茶色溶液は苦味の識別がとくに難しくなり，甘味と感じることが多い．
(4) 黄色溶液は苦味の識別が難しくなる．
(5) 溶液を桃色に着色すると，酸味がよく識別できる．
(6) 赤，茶色，桃色，橙，黄，緑の6色の中では，赤い溶液は味の識別がしやすく，茶色の溶液はもっとも味の識別が難しい．

という結果である．これはすぐれた報告であるが，その原因は明らかでない．われわれは赤い溶液を口にする機会は多いが，茶色のそれを飲むことは比較的少ないことも無関係ではあるまい．

　一方，色と香りとの共感覚的関係については資生堂(株)の研究グループの報告がある．それは表5.6のようである．また，日本科学技術連盟(財)内に設けられた官能検査研究会のメンバーによる報告によれば，表5.7のようである．

　この結果は，レモンの香りはレモンの色を，ピーチの香りは桃の色を想起させることが影響しているかもしれず，香りそれ自体と色とが本当に共感覚的に結合しているか否かはやや疑問である．

5.2 色の様相間効果

表5.5 着色溶液の味覚判断結果（大藤，1981）

パネルの判断	溶液の味（赤）							パネルの判断	溶液の味（黄）							パネルの判断	溶液の味（緑）						
	甘	鹹	酸	苦	旨	無	計		甘	鹹	酸	苦	旨	無	計		甘	鹹	酸	苦	旨	無	計
甘	35	2	3	8	8	20	76	甘	20	2	3	8	5	24	62	甘	27	3	6	4	11	22	73
鹹	4	17	8	1	8	13	51	鹹	2	23	10	4	3	14	56	鹹	4	20	9	1	4	19	57
酸	2	18	21	1	6	12	60	酸	8	20	12	0	5	10	55	酸	2	20	20	3	0	10	55
苦	5	7	8	14	6	18	58	苦	10	6	13	7	9	18	63	苦	3	1	10	17	7	27	65
旨	0	10	5	6	19	13	53	旨	3	6	4	8	19	12	52	旨	6	11	1	4	26	12	60
無	14	6	15	30	13	104	182	無	17	3	18	33	19	102	192	無	18	5	14	31	12	90	170
計	60	60	60	60	60	180	480	計	60	60	60	60	60	180	480	計	60	60	60	60	60	180	480
正	35	17	21	14	19	104	210	正	20	23	12	7	19	102	183	正	27	20	20	17	26	90	200
誤	25	43	39	46	41	76	270	誤	40	37	48	53	41	78	297	誤	33	40	40	43	34	90	280

パネルの判断	溶液の味（橙）							パネルの判断	溶液の味（茶）							パネルの判断	溶液の味（桃）						
	甘	鹹	酸	苦	旨	無	計		甘	鹹	酸	苦	旨	無	計		甘	鹹	酸	苦	旨	無	計
甘	25	5	6	4	6	24	70	甘	21	4	7	13	5	15	65	甘	30	4	4	6	5	31	80
鹹	3	20	6	2	7	7	45	鹹	7	7	5	3	14	15	51	鹹	3	21	5	4	2	12	47
酸	3	18	16	4	3	10	54	酸	3	12	13	0	7	19	54	酸	2	11	28	1	3	10	55
苦	6	4	9	11	9	30	69	苦	4	5	10	8	3	20	50	苦	5	8	6	19	12	23	73
旨	3	8	3	6	23	10	53	旨	7	12	2	3	17	11	52	旨	1	9	7	7	18	15	57
無	20	5	20	33	12	99	189	無	18	20	23	33	14	100	208	無	19	7	10	23	20	89	168
計	60	60	60	60	60	180	480	計	60	60	60	60	60	180	480	計	60	60	60	60	60	180	480
正	25	20	16	11	23	99	194	正	21	7	13	8	17	100	166	正	30	21	28	19	18	89	205
誤	35	40	44	49	37	81	286	誤	39	53	47	52	43	80	314	誤	30	39	32	41	42	91	275

表5.6 香りと色の共感覚的関係（資生堂(株)研究グループ，1980）

香り	色	イメージ
シトラス	レモンイエロー	爽やかな
グリーン	グリーン	自然な
シングルフローラル	ベビィピンク	清純な
フローラルブーケ	ピンク	優雅な
シプレー	パープル	女らしく個性的な
オリエンタル	ダークレッド	濃艶でセクシーな

表5.7 香りと色の関係（日科技連・官能検査グループ，1980）

香り	色
レモン	明るくあざやかな黄や黄緑
ピーチ	あざやかなさえた赤紫，赤，黄橙
グリーンノート	深い黄緑や緑
スペアミント	淡いまたはさえた緑や青
セダーウッド	暗い黄や黄緑
アンバーグリス	暗い濁った赤紫や紫
ムスク	淡い黄緑や緑

5.2.2 色と時間感覚

　照明の色が時間感覚に影響することを最初に調べたのは，神経生理学者のゴールドシュタインであるとされる．彼は数名の小脳障害患者に赤や緑の色光を照射し，赤照明下では時間が過大評価（実際より短く感じる）され，緑と青照明下では過小評価（実際より永く感じる）されることを明らかにした．同じことは，心理学者のスメッツ（Smets,.G., 1969）によっても報告されている．彼女は，一つは，被験者に何も知らせないで赤色光と青色光を同じ時間だけ見せた．もう一つは，後の色光がその前に見せた色光と同じ時間がったところで"ストップ"というようにさせた．それによると，二つの実験結果はいずれも赤色光のほうが青色光より時間が短く感じられることを物語っていた．

　また彼女は，色光の呈示順序が重要で，二つの色光を同じ時間交互に見せると，後で見た色光は永く見ているような感じを与えることも明らかにした．後続刺激のほうが永く持続しているように感じるのは，「ミルクを見ると，沸かなくなる」という諺のとおり，時間の推移を気にするからと考えられる．なぜ赤色光のほうが青色光よりも持続時間が永く感じられるかというと，赤色光は青色光よりも刺激的で注意をひきつける結果，身体の新陳代謝が盛んになるからだ，といわれている．

　このことについて，マッハはつぎのように述べている．「感覚が活発な感情高潮と結びついている場合には，必ず時間値が著しく昂進する．この事実は時間感覚が生体の燃耗に依属しているという仮定に吻合する．（中略）これに反して感情高調の無関心値内にある感覚は，比較的不明瞭な時間感覚と

結びついている．これらの事実は，時間感覚に附属する神経過程と感情に附属する神経過程とがある親近性を持っていることを示している」(『感覚の分析』)．そうだとすると，照明によって人の時間感覚を操作することができようが，日本では，そのような研究はあまり行われていない．

5.2.3 色と軽重感

円盤混色器の円盤を二分し，白と灰色を置く．これを手でゆっくり回し，もっとも安定して見える瞬間を答えてもらう．すると，大部分の学生は灰色が真下にきたときにもっとも安定して見えると答える．

この実験では，重心は円盤の中心にあり，色紙はそこで固定されているから，白と灰色はどこにこようと釣り合いは保たれているはずである．にもかかわらずこのような回答が得られていることは，心理的な重心の位置は実際より灰色側へ移動したことを意味する．この簡単な実験から，白と灰色の見かけの重さは異なることがわかる．

色と見かけの重さとの関係についてはタイラー(Taylar, C. D., 1930) や木村 (1950) らの研究があり，いずれも明るい色ほど軽く，暗い色ほど重く感じられることを報告している．筆者らもこれと同様の結果を得たが，さらに，色の三属性と重さ感との間には比較的簡単な関数関係があることを見いだしている．図 5.6 は，マンセル色票集から組織的に 128 色を選び，SD 法を用いて 108 名の学生に評定させた結果の一部である．各線は等色相面上で軽重

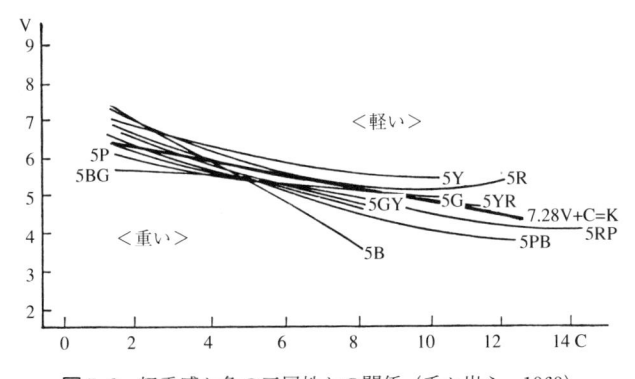

図 5.6 軽重感と色の三属性との関係 (千々岩ら，1963)

感が入れ替る境界を意味しており，各線より上方が軽い感じの色，下方が重い感じの色であることを示している．

これによると，どの色相の場合も線は右下りになり，よく重なっている．つまり，重さ感は色相の影響をあまり受けないことがわかる．そこで，明度と彩度との関係式を求めると，

$$7.28\,V + 1.00\,C = 一定 \quad (ただし，V は明度値，C は彩度値)$$

のようであり，重さ感は明度のいかんによって主に決まることが明らかである．彩度の影響力は明度の7分の1以下である．

このように色の重さ感は明度の影響が大きいので，軽い感じに見せたい場合には明るい色を，重い感じに見せたい場合には暗い色を用いるのが一般的であるといえる．また，安定した印象を与えるためには，明るい色を上に，暗い色を下に配置するのが適当である．これが逆になり，たとえば天井が暗いと安定感を欠き，重圧感を感じる．同じことは，服装の場合にもあてはまる．

5.2.4 色と温冷（暖寒）感

われわれは色を見て温かく感じたり，冷たく感じたりする．このような色から受ける温度感を量的にとらえようとした研究は多い．ほとんどの研究者が赤やオレンジ色などの長波長成分を多く含む色は温かい，反対に青や青紫などの短波長成分を多く含む色を冷たいと判断されることを報告している．もっとも，視覚を用いず，たとえば目を閉じて指で着色された液体の温度を判断させると，一貫した結果は得られない．色の温冷（暖寒）感は，あくまでも見かけの印象に過ぎない．

どの色がもっとも温かく，逆にもっとも冷たく感じられるかを調べたニューホール（Newhall, S. M., 1941）や木村（1950），塚田（1978）らの研究によると，赤がもっとも温かく，青がもっとも冷たく，緑や紫は中間に位置すると報告されている．しかし，色以外に明度や彩度の影響も考慮しなければならない．表5.8は，筆者らの実験結果を示したものである．先の図5.6と同じ条件下で得られたもので，どの色（表中に 2/2 とあるのは明度/彩度を表す）がどの程度の温度感を有するかが相対的に示されている．

表5.8 色の温感度と色の三属性との関係（千々岩ら，1963）

H.V.C	冷たい ←					0				→ 温かい		
5 R					2/2	4/4 4/2	8/2 4/6	6/4 6/6	4/8	4/10 6/8	4/12 4/10	5/12
5 YR						8/2 6/2 4/2	4/4 4/6 6/4		8/4 6/8	8/6	8/10	7/14
5 Y				4/2 6/2		6/4 4/4	6/6 8/2 6/8	8/4		8/6 8/8		8/12
5 GY				4/2 6/2	6/4 8/2	6/6 8/6 8/4	6/8 7/10	8/10 8/8				
5 G				4/2 4/4 6/2 8/2	4/6 5/8 8/4 6/4	7/8 6/8 6/6						
5 BG			4/2 4/6 2/2 6/2 6/6	8/2 5/8	6/6 6/8 8/4							
5 B	4/6 6/4	4/4 4/8 6/8	4/2 6/6 8/2 8/4									
5 PB		4/2 4/6 4/10 6/6	6/4 6/8 8/2	4/12 6/2								
5 P			4/2 4/4 8/2	4/6 4/8 6/4	4/10 4/12 6/2	6/8	6/6					
5 RP			4/2	6/2		4/4 4/6 6/4	8/2	4/8 4/10 6/6 8/4	4/12 4/14 6/8			

これによると，もっとも温かく感じられる色はオレンジみの赤（5 YR 7/14）であり，もっとも冷たく感じられる色は青の中でもやや彩度の低い青（5 B 6/4）であることがわかる．また，温冷の印象が入れ替る境目は，緑と紫のところにある（中性色といわれる）ことがわかる．

なお，表 5.8 は青系統の色では，明度や彩度が違っても冷たいという感じはほぼ一定であるが，赤系統の色では，明度や彩度の違いにより温かさ感は変化することを示している．

5.2.5 色と派手地味感

われわれは，日常，特定の人に対して「派手好み」とか「地味な人」などといっている．同じことは，色についてもいえる．もっとも，色の軽重感は主に明度と温冷感は主に色相と関係し，前者は筋感覚（もしくは深部感覚）と後者は皮膚の温冷感覚と結合するのに対し，色の派手地味感と色の三属性の関係はやや曖昧で，対応する感覚受容器も明らかではない．ちなみに『新明解国語辞典』（三省堂）には，「派手」は「明るい色彩であったり，図柄が大き目であったりして，人目を引く様子」と記されている．

ところで，色と派手地味感との関係を調べたいくつかの報告によると，彩度の影響がもっとも大きく，明度と色相もいくらか影響するとされている．だが，その関係はそう単純ではない．図 5.7 は，図 5.6 と同じ研究から得られた筆者らの結果である．各線は等色相面上で派手地味感が交替する境界を

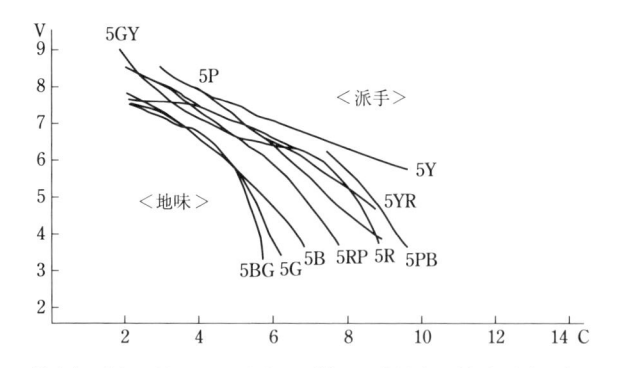

図 5.7 等色相面上の見かけの派手さに関する中性点の軌跡（千々岩ら，1964）

5.2 色の様相間効果

示しており，線より右上が派手な感じ，左下が地味な感じであることを示している．これによると，各色相の等しい派手地味感を示す線は右上の黄（5Y）の線から左下の青緑（5 BG）の線の間に位置し，同じ中明度・中彩度ならば黄は地味，青緑は派手と判断されることがわかる．

　一般に黄や赤は青や青緑より派手な色といわれ，事実，筆者らが20ヵ国にわたる地域の学生らに「もっとも派手な感じ（英訳は the most gaudy feeling）」の色を選ばせた結果もそうなっているけれども（後に述べる），これは単に色相の違いによるというより明度と彩度の影響がかなり大きいと思われる．とくに，黄色の純色は明度と彩度が高く青の純色は明度と彩度が低いことが，青より黄を派手と感じる大きな理由であろう．また，図5.7は，線はどの色相の場合も右下がりとなり，明度と彩度は互いに相補的関係にあることが示されている．

　このように，色の派手さ感と色の三属性との関係は，従来いわれているのとは異なり，色のトーンが同じならば黄より青のほうをむしろ派手と感じる，という結果である．もっとも，これを指摘していたのは筆者が最初というわけではない．塚田は，『色彩の美学』(1978) の中で「色相では赤（R），赤紫（RP），緑（G）の順に派手で，黄緑（GY），黄（Y），橙（YR），青紫（PB）の順に地味感，その他は中性となる」と述べ，色のトーンが同じ場合と言及はしていないものの，黄や黄緑は地味な感じと述べている．

　なお，色の地味さ感と色の三属性との関係についてはふれておきたいことがある．というのは，日本の学生は「もっとも地味な感じの色」として暗い黄や暗い紫などの暗濁色をあげる傾向が強いが，外国の学生はそうとは限らず，ごく薄い緑や明るい灰色などの明淡色を選ぶことがきわめて高いからである．ちなみに，20ヵ国にわたる地域の学生があげたもっとも地味な感じの色を書きだしてみると，表5.9のようである．

　このように，日本と外国の学生の間には大きな違いがみられたのは，単に翻訳（「もっとも地味な感じの色」の英訳は the most subdued feeling）の影響というより，色彩文化の違いを考えさせる結果である．

表5.9 「もっとも地味な感じの色」の比較（千々岩，1999）

国・地域名	色　名	国・地域名	色　名
日　本	暗い黄	カナダ	ごく薄い緑
中　国	白	アメリカ	ごく薄い緑
韓　国	明るいオレンジ	ブラジル	ごく薄い灰色
台　湾	白	ロシア	ごく薄い灰色
ラオス	黒	フィンランド	ごく薄い灰色
シンガポール	ごく薄い青緑	オランダ	明るい灰色
インド	ごく薄い緑	ドイツ	ごく薄い灰色
バングラデシュ	ごく薄い青	フランス	ごく薄い灰色
オーストラリア	ごく薄い緑	ポルトガル	黒
ニュージーランド	ごく薄い緑	イタリア	ごく薄い緑

5.3　色の感情効果

　色は，われわれの心理にさまざまの作用を及ぼす．一つは感覚的・知覚的作用であり，もう一つは認知的・感情的作用である．これまで述べた色の属性間効果は主に前者に，共感覚（様相間）効果は主に後者に属すると考えられる．

5.3.1　色の感情効果の研究方法

　色の感覚的・知覚的作用を明らかにするには，刺激と反応という一つの系を想定し，刺激か反応のどちらかを何らかの方法で操作することが行われる．また，刺激の属性が既知であるばかりでなく，反応の現れ方もある程度わかっている場合が多い．しかし，色の認知的・感情的作用を知るには，色に対する反応がどういうかたちをとるか予断できないので，同時的に多面的に捉える工夫が求められる．そのために，よく用いられるのがイリノイ大学のオズグッドら（Osgood, C. E. and Suci, G. J., 1957）が考案したSD法（Semantic Differential Methodの略）である．これにより，色の広範囲な感情的・情緒的反応の研究が可能になった．

　SD法は，ある概念（たとえば，赤）と別の概念（たとえば，青）とを意味的に区分するために複数の両極形容詞対尺度（良い└┴┴┴┘悪い，のような）を回答者に示し，それに答えさせることによって各概念の内包的・表現的意味を客観的・定量的に測定する方法である．また，SD法がすぐれて

いるのは，いわゆる意味空間と呼ばれる理論に基づいている点である．この意味空間は何次元からなるかは決まっているわけではないが，視覚的にわかりやすいことを考慮して三次元のユークリッド空間を仮定することが多い．

5.3.2 単色の感情効果

われわれは，色の印象を言葉を使って表現する．言葉は，色の感情効果の具体的な表れであるとみなしてよい．もちろん，言葉で表現できるのは色から受けた印象のごく一部であって，言語化できない印象があることも十分考えられる．したがって，色の感情効果は認識できるものから認識できないものまで，あるいは，鮮明なものから不鮮明なものまであることになる．

それでは，色の感情効果はどのような言葉で表現されるのであろうか？表 5.10 は，オズグッドが言語の意味の研究に用いた尺度を参考に選んだ，

表 5.10 色彩の感情記述に使われる言葉の分類（千々岩ら，1963）

段階	尺度	
1	正しい（まちがった），白い（黒い），高い（低い），迷惑な（ありがたい），大きい（小さい），丸い（四角い），長い（短い），やさしい（こわい），便利な（不便な），近い（遠い）	弁別傾向（小）↑↓弁別傾向（大）
2	優れた（劣った），良い（悪い），男性的（女性的），正確（不正確），立派な（貧弱な），緊張した（弛緩した），矛盾した（一貫した），難しい（やさしい），愛らしい（にくらしい）	
3	うれしい（悲しい），鋭い（鈍い），調和（不調和），はやい（おそい），かたい（やわらかい），温和（厳しい），愉快な（不愉快な），支配的（服従的），たのもしい（たよりない）	
4	好き（きらい），楽しい（苦しい），若い（年老いた），滑らか（ざらざらした），美しい（醜い），安定（不安定），静か（うるさい），単純な（複雑な），自由な（束縛された），乾いた（湿った）	
5	軽い（重い），新しい（古い），深い（浅い），強い（弱い），気持よい（気持わるい），すばやい（のろい），広い（狭い），完全（不完全），あっさり（くどい），明るい（暗い），動的（静的），にぎやか（さびしい），きれい（きたない），はっきり（ぼんやり），清潔な（不潔な），陽気な（陰気な）	
6	温かい（冷たい），澄んだ（にごった），安全（危険な），活動的（不活発），純粋な（不純な）	
7	はげしい（おだやか），理知的（感情的），派手（地味），熱い（寒い），消極的（積極的），興奮した（沈んだ）	

65の両極形容詞対尺度の色刺激の弁別力を検討した筆者らの研究である．ここでは，色刺激（4種の純色と1組の二色配色）の違いをほとんど弁別できない尺度（表5.10の段階1と2，200名の回答が図5.8(a)のような分布を示す尺度），弁別力があるともないともいえない尺度（表5.10の段階3と4，図5.8(b)），弁別力がある尺度（表5.10の段階4と5と6と7，図5.8(c)）が上から順に示されている．

これによると，熱い（寒い），派手（地味），温かい（冷たい），軽い（重い）などの先に共感覚（様相間）効果の項でとりあげた尺度はすべて弁別力が大きいが，大きい（小さい），近い（遠い），丸い（四角い）などの属性間効果の項でとりあげた尺度はすべて弁別力が小さいことが示されている．

このことは，色の属性間効果はいわば"前"感情的事象であり，共感覚（様相間）効果は感情的事象そのものであることを示唆している．なお，色の感情効果をSD法を使って測定するには，表5.10の段階7・6・5に該当する形容詞対を採用し，必要に応じて段階4または3から追加するとよい．

このような予備的検討を加えた上で，筆者らが行った研究の結果は表5.11のようである．これは，230色を一つ一つ見て，13種の両極形容詞対

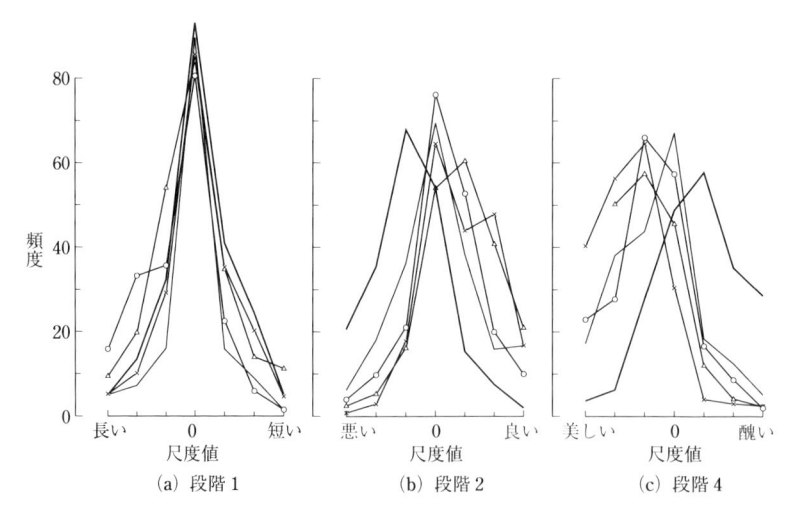

図5.8 形容詞対尺度の弁別力の検討例（千々岩ら，1963）

5.3 色の感情効果

表 5.11 各尺度の因子負荷量 (Oyama, T. et al., 1962)

尺　度	因子			共通性 (h^2)
	評価性	活動性	力量性	
1. 好きな――きらいな	0.94	0.05	−0.11	0.91
2. 美しい――きたない	0.92	0.29	−0.11	0.95
3. 自然な――不自然な	0.81	−0.23	−0.33	0.83
4. 動的な――静的な	0.22	0.89	0.21	0.89
5. 温かい――冷たい	−0.09	0.78	−0.02	0.62
6. 派手な――地味な	0.58	0.78	0.02	0.96
7. 陽気な――陰気な	0.60	0.77	−0.19	1.01
8. 不安――安定した	−0.19	0.67	−0.28	0.57
9. 明るい――暗い	0.60	0.61	−0.47	0.96
10. 強い――弱い	0.07	0.15	0.90	0.84
11. くどい――あっさり	−0.43	0.10	0.87	0.96
12. かたい――やわらかい	−0.25	−0.49	0.83	1.01
13. 重い――軽い	−0.47	−0.40	0.77	0.99
Σa^2	4.08	4.04	3.42	11.54
％（寄与率）	31.40	31.10	26.32	88.82

尺度を用いて印象の強さを評定した結果（被験者は学生100名）を分析したものである（因子分析法による）．結果は第3因子まで示してある．これによると，色の印象は好き嫌いや美醜のような形容詞で表現されるグループと，動的静的や温冷などの形容詞で表現されるグループと，強弱や硬軟，軽重などの形容詞で表現されるグループからなることが明らかである．これらはそれぞれオズグッドのいう「評価性」，「活動性」，「力量性」の因子に相当しており，色の感情効果はそのほか（たとえば言語や音，形態など）を刺激とする場合の感情効果と共通することが多いといえる．つまり，色の感情効果は独特ではあるが，似たような効果は音を聞いても形態を見ても経験されるということである．

このように考えると，色の感情効果は一見捉えどころがないように思えるが，一つ一つの基本的なイメージを表すには最低限三つの次元の値を明らかにすればよいことになる．とすると，色の知覚的属性が色相，明度，彩度の三つの属性からなる色立体で示されるように（第1章・図1.6参照），色の感情効果も「評価性」，「活動性」，「力量性」の三つの属性からなる色立体で表現されることになる．これは，前者が知覚量を単位とする色立体（マンセ

ル色立体はこれにあたる）であるのに対して，色彩感情効果量を単位とする色立体ということができる．ただし，このような色立体は目下のところ完成されていない．

　いま，一例として，二次元の場合を示すと口絵9のようであるが，この中心に軸を立て，色の位置（高さ）が決まれば色立体ができあがる．これは，筆者らが20ヵ国の地域の学生に47色を見せ，記憶・連想・イメージなどについて答えさせた結果に基づき作成したものである．したがって，単にSD法による結果を図示したものとは異なり，色の連想や意味などに関する回答結果も重ねて示されている．

　1軸（横軸）には，左に「もっとも重厚な感じ」と右に「もっとも軽快な感じ」が，2軸（縦軸）には，上に「もっとも暖かい感じ」と下に「もっとも冷たい感じ」が，3軸（軸は描けないので，等高線で示す）には，「もっとも好きな」程度が示されている．これらはそれぞれ，1軸は「力量性」，2軸は「活動性」，3軸は「評価性」の因子とよく対応している．

　47色は，左に黒や赤，暗い灰色，暗い赤紫などが，右に白や黄，ごく薄い赤紫，ごく薄い黄などが，上には赤やオレンジ，黄などのさえた色が，下に青紫や緑，にぶい青，暗い青紫，白などが位置し，外周に沿って赤，オレンジ，黄，白，黒などがある．また，見方をかえると，面白いことに気づく．口絵9の各位置を人の左手か野球のグローブにたとえると，親指の先に黒，人差し指の先に赤，中指の先にオレンジ色，薬指の先に黄色，小指の先に白，そして手首に生えた第6番目（仮定）の指の先に青紫があるといえる．なお，黒・赤・オレンジ・黄・白という順は，色温度の順とぴったり同じである．

　これらはまた，すべて「もっとも好まれる色」ばかりである．色を"はれ"と"け"に分けるとすれば，これらは"はれ"の色ということになろう．祝祭，商業活動（商品や包装，広告など），マスメディア（テレビや雑誌），芸術（絵画やデザイン），交通などに欠かせない色ばかりである．

　これに対して，ごく薄い色や明るい色，にぶい色，暗い色は，各指の付け根か掌（てのひら）の上にある．これらは，日常生活に使われるありふれた色であり，「もっとも好きな色」としては対象になりにくい色である．なお，注意しなければならないのは，白・灰・黒と青紫の位置である．灰色は既存の表色系

ではその中心に位置するが，この場合は中心から大きく隔たり，左の黒のすぐ近くにきている．白は，はるか離れた右下にある．したがって灰色は，色の感情効果の面では中性的作用をするとはいえない．青は白と黒を結ぶ線上にあり，黒が混じると黒と，白が混じると白と同じ情緒的・意味的作用をすることがわかる．

このように，口絵9は（これを色彩感情空間，color space of feeling という）各色の感情的度合いが一望できるから，ある意味では既存の色体系より役に立つかもしれない．しかしこれは，標準化されたものでないから，一つの参考と見るべきであろう．ただ，このように色の感情効果を三つに限定してしまうと，色が本来持っているニュアンスは見落とされやすい．そこでもう一方では，いろいろ加工されない生のデータを見ることも必要である．その一例を表5.12に示す．これは，6色を20種の形容詞対尺度を用いて評定させた，柳瀬（1982）の結果である（100名の学生を対象）．これは，各尺度における色の印象の強弱を比較するのに具合がよい．

5.3.3 配色の感情効果

われわれの視野は，通常，何種類もの色でみたされている．そのうち，配色として意識されるのは，その一部に過ぎない．配色には，自然が造り出した配色と人間が創り出した配色とがある．われわれがそれを配色として意識するのは，表現した人の意図をそれとなく感じるときである．

ところで，配色の感情効果は，快的さや美的効果を中心に古くから研究されてきた．しかし，配色の感情効果は，それらに限定されるわけではない．たとえば，SD法による因子分析的研究（factor analytical studies）は，配色の感情効果はおおよそ四つの側面（因子）からなることを明らかにしている．神作（1963）は，それを「気持ちのよさ」，「明るさ」，「強さ」，「暖かさ」の因子と呼んでいる．納谷・辻本（1968）は，表5.13のような結果を得ている．乾（1961）は，室内配色の研究の一端として，「動き」，「気持ちの良さ」，「新しさ」，「強さ」の因子を抽出している．

これらは，因子の命名の仕方は少しずつ異なるが，いわんとしていることがらは大同小異であると理解してよかろう．そこで，三つに要約してしまえ

表 5.12 色彩の感情特性の強弱 (柳瀬, 1982)

※ ○	赤	黄	緑	青	紫	白	黒	尺度値
派手な－地味な	2	1	3	5	6	4	7	※ 黄 赤 緑 白 青 紫 黒 ○
自然な－不自然な	6	3	2	4	7	1	5	白 緑 黄青黒赤 紫
暖かい－冷たい	1	2	4	7	6	5	3	赤 黄 黒緑白紫 青
明るい－暗い	3	1	4	5	6	2	7	黄 白赤緑 青紫 黒
理知的－情熱的	7	6	4	3	5	1	2	白黒青緑紫 黄 赤
軟らかい－硬い	4	1	3	6	5	2	7	黄白緑赤紫青 黒
軽快な－重々しい	4	1	3	6	5	2	7	黄 白 緑赤 紫 黒
あっさりした－くどい	6	2	3	4	7	1	5	白 黄緑青黒赤紫
強い－弱い	3	1	5	4	6	7	2	黄黒赤青 緑紫 白
好きな－嫌いな	4	3	5	6	7	1	2	白黒 黄赤緑青 紫
静的な－動的な	6	7	5	3	4	1	2	白黒青紫緑 赤 黄
陽気な－陰気な	2	1	4	5	6	3	7	黄 赤 白 緑 青紫黒
美しい－醜い	3	2	4	6	7	1	5	白 黄赤緑黒青紫
男性的－女性的	7	4	3	2	6	5	1	黒 青 緑 黄 白紫赤
はっきり－ぼんやり	4	1	5	6	7	3	2	黄 黒白赤緑青 紫
澄んだ－濁った	5	2	3	4	7	1	6	白黄 緑青赤黒紫
単純な－複雑な	5	2	3	4	7	1	6	白黄 緑青赤 黒 紫
上品な－下品な	7	4	5	3	6	1	2	白 黒 青黄緑紫赤
新しい－古い	3	1	4	5	7	2	6	黄白赤緑青黒赤
興奮した－沈んだ	2	1	4	5	6	3	7	黄 赤 白緑青紫黒

注) 数字はイメージ順位 (※は左, ○は右の概念に対応)

ば, オズグッドの「評価性」,「活動性」,「力量性」の因子に相当するとしてもよいし, ヴント (Wundt, W.) の感情三方向説にならって, それぞれを快と不快, 興奮と沈静, 緊張と弛緩とに対応させることもできる.

さて, 単色の場合も配色の場合もその感情効果の構造は似ているとすると, 両者の間に何らかの関係づけができないかと考えるのは当然である. つまり, 配色がもたらす感情効果は, 配色を構成している単色の感情効果によって説明できないかというわけである. このような着想は古くからあったようであるが, これに最初に言及したのは, アメリカの心理学者・ギルフォード (Guilford, J. P. and Allen, E. C., 1936) である. 彼は,「配色の感情価は構成色個々の感情価 (affective value) の和と近似する」と述べている. しかし, 追試をしてみると, かならずしもそうはならない.

5.3 色の感情効果

表5.13 背景別三色配色の因子と構成比率（納谷・辻本，1968）

背景	N-2		N-5		N-9	
性別	男性	女性	男性	女性	男性	女性
1	こころよさの因子 (23%)	こころよさの因子 (23%)	こころよさの因子 (24%)	こころよさの因子 (24%)	こころよさの因子 (23%)	こころよさの因子 (24%)
2	目立ちの因子 (15%)	はなやかさの因子 (13%)	はなやかさの因子 (15%)	はなやかさの因子 (14%)	目立ちの因子 (14%)	目立ちの因子 (17%)
3	はなやかさの因子 (11%)	目立ちの因子 (12%)	目立ちの因子 (13%)	目立ちの因子 (14%)	はなやかさの因子 (11%)	はなやかさの因子 (13%)
4	暖かさの因子 (6%)	暖かさの因子 (9%)	まとまりの因子 (6%)	暖かさの因子 (9%)	暖かさの因子 (7%)	深み落着きの因子 (6%)
5	年齢感の因子 (5%)	年齢感の因子 (3%)	暖かさの因子 (6%)	まとまりの因子 (3%)	年齢感の因子 (5%)	まとまりの因子 (4%)
6	まとまりの因子 (2%)	女性感情の暗示的感覚因子 (2%)	———	年齢感の因子 (2%)	まとまりの因子 (2%)	年齢感の因子 (2%)

　筆者らが123種類の二色配色を78名の学生に示し，SD法で答えさせたところ，暖寒感，軽重感，派手地味感は配色の評定値（実験値）との間にそれぞれ0.85，0.96，0.79という高い相関がみられたが，他の形容詞対尺度の場合は単純に加重平均値では説明できなかった．納谷ら（1965）が102種類の二色配色を207人に見せ，一対比較法で評定させた結果は表5.14のようであるが，実験値と合成値との相関は，「暖かさ」と「はなやかさ」では高く，「こころよさ」では高くはならなかった．

　近江（1974）も32種の配色を528人に見せ，単色の好き嫌いの尺度値を使い，加算または乗算により配色の「好き」と「調和」の予測値を求め，実験値との相関を求めたが，値は0.52から0.59の間にあった．筆者らが352種の二色配色を54名に見せ，7件法で評定させた結果では，単色の好み（合成値）と調和度（実験値）の相関は，片方に青がくる配色では0.32，片方に赤がくる配色では−0.03となった．

表5.14 各配色感情の評価値と，配色感情が単色感情の合計であるとして計算した推定値との相関係数（納谷・辻本，1968）

感情尺度	相関係数	
	二色配色	三色配色
こころよさ	0.49	0.25
目立ち	0.57	0.53
はなやかさ	0.88	0.64
暖かさ	0.92	0.72

以上の結果から判断すると，このような研究には自ら限界があるといえる．配色は，個々の色が持つ力以上の力を発揮するからである．

5.4 色彩嗜好

色はどれも好ましいけれども，好ましい程度は一様ではない．とくに好まれる色とあまり好まれない色とがあることはよく知られている．この色の好悪の感情を色彩嗜好（color preferrence）という．

色彩嗜好に関する最初の実験的研究を行ったのは，ヴントの高弟・コーン（Cohn, J.）である．彼は，1894年，順位法により色の好みを調べ，淡い色より飽和度の高い色が好まれることを発表した．1900年代になると，色彩嗜好は，アメリカのギルフォードやイギリスのアイゼンク（Eysenck, H. J., 1941），日本の今田恵や青木誠四郎など，後に心理学者として名をなす若い学究らによってさかんに研究された．

研究の最大の関心は，人はどのような色を好み，その理由は何かということである．もちろん，この二つは互いに関連があり，切り離すことはできない．というのは，もし普遍的序列があるのであれば，色彩嗜好は超文化的・生物学的要因により規定されるといえるし，逆にそうでなければ，個人的体験やほかの要因に依存するといえるからである．

5.4.1 色彩嗜好における共通性と特殊性

　1950年頃までに行われた色彩嗜好に関する研究によると，暗い色より明るい色が，淡い色より飽和度の高い色が，長波長より短波長の色相が好まれるとされている．たとえば，ギルフォードによる広い色域についての嗜好度の実験結果は図5.9のようであり，明度も彩度も高いほど好まれ，色相では緑から青にかけて嗜好度が高く，黄色付近がもっとも低いことが示されている．

　ギルフォードはまた，明度と彩度を一定にして行った実験に基づき，青・赤・緑・菫・オレンジ・黄の順に好まれることを明らかにした．その上で，ギルフォードは，「このような共通性が認められるのは，たぶん生物学的要因による．なぜなら，条件づけによってどのようにして文化的要因が一連の嗜好体系を生むことができるかを明らかにすることは困難だからである」と述べている．

　このギルフォードの考え方が正しいとすれば，文化的影響をほとんど受けていない幼児も，色と気分の間に大人と同じ対応関係がみられるはずである．そう仮定して，ローラー夫妻（Lawler, C. O. and Lawler, E. E., 1965）は保

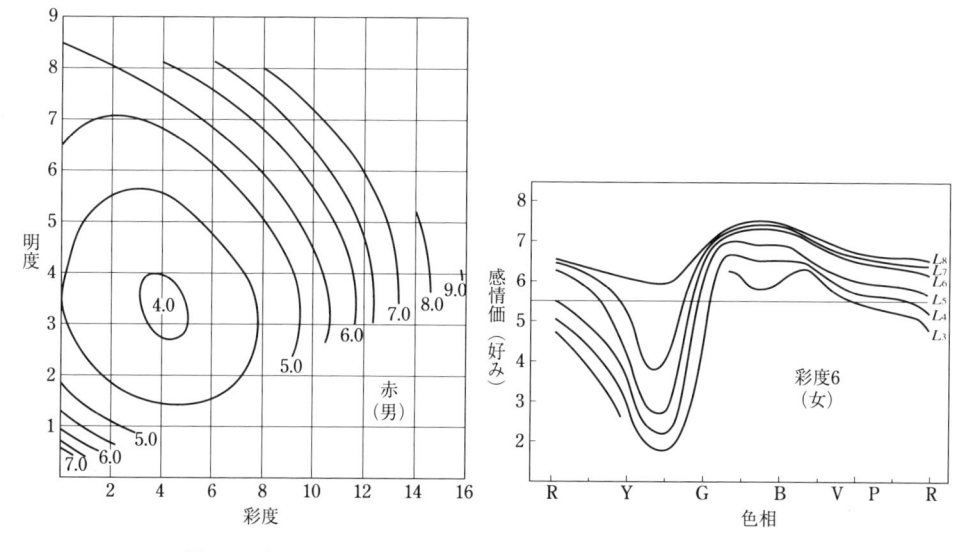

図5.9　色の嗜好度と色の三属性との関係（Guilford, J. P., 1940）

育園の園児を対象に実験を行った．実験は，男児と女児をほぼ同数に分けた二つの集団に対して行われた．一方には楽しい話を，もう一方には悲しい話を聞かせた．そして，褐色か黄色のどちらかを選ばせ，ぬりえの少女の服に色をぬらせた．

それによると，楽しい話を聞いた集団は黄色を，悲しい話を聞いた集団は褐色を使ってぬりえを描く割合が明らかに高かった．そこで，夫妻は，幼児は色と気分の対応関係が理解できていると結論した．このほかにも，ギルフォードの生物学的要因説を支持するいくつかの研究がある．中でも，イギリスのアイゼンクの研究はよく知られている．

彼は，16人の研究者らが行った研究結果を集計し，色彩嗜好の順位は青・赤・緑・菫・オレンジ・黄であり，男女間の相関は0.95，白人と黒人の間の相関は0.96となったと述べている．もちろん，ギルフォードやアイゼンクの色彩嗜好には普遍的ないし一般的順序がある，という考え方に対しては異論もある．『芸術の心理学』の著者・クライツラー夫妻 (Kreitler, H. and Kreitler, S., 1972) は，ギルフォードの考え方はわずか40人のデータに，アイゼンクの考え方は統計上の架空のデータに基づいており，架空の順序の役割を評価し過ぎていると批判している．

しかし，筆者らが行った大規模な調査の結果は表5.15に示すとおりであり，どの国の学生もさえた青紫とさえた赤とを好み，20ヵ国・地域間の色彩嗜好の共通性が82.7％も占めることから，色の好みは超文化的・生物学的要因によるというギルフォードらの説は当を得ていると考えられる．とはいえ，質問もせずに他人の色の好みをいいあてることは困難である以上，色彩嗜好の共通性因子の存在を認める一方で，可変的ないし特殊的因子がかかわっていることも認めなければならない．

5.4.2　色彩嗜好を規定する要因

色の嗜好は，ギルフォードらがいうように超文化的・生物学的要因に相当程度規定されるとしても，それ以外の要因（年齢，性，民族，地域，時代，教養，パーソナリティなど）にも少なからず規定されると考えられる．つぎに，その点を見てみよう．

表 5.15 「もっとも好きな色」の国際比較（千々岩，1999）

国・地域名	回答者数	1位	2位	3位	4位
全体	5375 名	さえた青紫	さえた赤	黒	白
日本	1071	さえた青紫	さえた赤	さえた青緑	—
中国	510	白	さえた青紫	黒	—
台湾	203	ごくうすい青	さえた青紫	白	—
韓国	417	さえた青紫	白	さえた赤	—
シンガポール	189	黒	さえた青紫	白	—
ラオス	156	白	さえた青紫	—	—
バングラデシュ	177	白	ごくうすい青	さえた赤	—
インド	267	さえた青紫	白	さえた赤	さえた青緑
オーストラリア	222	さえた青紫	さえた赤	さえた青緑	さえた赤紫
ニュージーランド	195	さえた青紫	さえた赤	暗い赤紫	—
カナダ	181	さえた青紫	さえた赤	黒	暗い赤紫
アメリカ	364	さえた青紫	さえた赤	さえた緑	—
ブラジル	188	さえた青紫	さえた緑	さえた赤	—
ロシア	202	黒	白	さえた赤	さえた青紫
フィンランド	191	黒	さえたオレンジ	暗い青	—
ドイツ	195	さえた青紫	さえた黄	—	—
オランダ	133	さえたオレンジ	さえた青紫	黒	—
フランス	147	さえた青紫	さえた赤	暗い青	—
イタリア	178	さえた青紫	さえた赤	さえた緑	—
ポルトガル	189	黒	さえた青紫	さえた青	—

注) 表中にあげた数色で全回答の約 70% が説明される．

(1) 年齢と性

　アメリカのテラー女史（Teller, D. Y., 1986）によると，新生児は視力が備わっており（推定視力は 0.03），12 週目には色の識別が大体できるという．
　アメリカの児童心理学者・ステイプルズ女史（Staples, R., 1932）は，生後 2 ヵ月から満 2 歳までの乳幼児 250 名に色紙を見せ，生後 3 ヵ月児は有彩色に強い反応を示し，1 歳になると色の違いがわかるばかりか，赤，黄，青，緑の順で興味を示すことを明らかにしている．そのほか，色・形分類検査を行った幼児の精神発達に関する多くの研究によると，22 ヵ月で形反応がピークになり，4 歳 6 ヵ月で色反応がピークになり，6 歳以後は形反応が優勢になるという．
　これらの発達心理学的研究やローラー夫妻の色と気分に関する実験結果などから判断すると，早熟な子どもは 2 歳頃，晩熟な子どもは 3 歳頃には色の

好みの感情らしきものが形成されると推定される．そして，幼児に好まれる色は，無彩色より有彩色，暗い色より明るい色，低彩度色より高彩度色といった，刺激の強い色と考えられる．これは，子どもに備わっている原初的・生得的反応の一種である．

しかし，幼児が本来備えている強いはっきりした色への関心や嗜好は，家庭のしつけや学校教育などの影響を受け，しだいに変化する．筆者らが幼児から大人までの色の好みを調べた結果によると，4・5歳児は，男児は明らかには青や水色を，女児は明らかには赤やピンクを好み，色相による違いがはっきりとみられたが，大人では男女差が小さかった．これは，日本の社会に色と性とを結びつける習慣があることが幼児の色の嗜好に影響している例である．

同じことは，年配者や高齢者にもいえる．影山ら（1990）が老人施設の60歳以上の男女216名に色票を見せ，「好きなセーターの色」を3色選ばせた結果によると，59歳以下の人に比べ，無彩色（白，灰，黒）と濃い色を好み，さえた赤をもっとも嫌ったという．「ポットやカーテンの色」も，一般に比べ灰みの色を選ぶ率が高かった．これは，高齢者の色の好みを物語っていると同時に，周囲の人びとの高齢者の色彩嗜好に対する認識と評価を反映した結果でもある．

しかし高齢者は，一般にいわれるほど暗い色やくすんだ色を好むわけではない．読売新聞社が1998年に行った全国世論調査によると（表5.16），60歳代以上は20歳代に比べ青や水色，白，黒などの嗜好率は低いが，緑のそれは逆に高く，赤や黄色の嗜好率も遜色は見られていない．緑が高齢者に好まれることについては，今井（1994）も全国の65歳以上の5000人を対象に調査を行い，同じ結果を得ている．彼女はまた，黒や暗い灰色は嫌われると報告している．

色彩の嗜好は，その時代における人びとの色彩に対する認識や価値観をある程度反映する．高齢者があざやかな色を生活にとり入れることを周囲の人びとが評価するようになれば，高齢者の嗜好も変化すると考えられる．

(2) 地　域

これまで，地域により色の好みの違いがあるか否かは，よくわかっていな

5.4 色彩嗜好

表 5.16 「好きな色」の年代間比較

	20 歳代	30 歳代	40 歳代	50 歳代	60 歳代	70 歳代以上
	282 名	314 名	429 名	389 名	348 名	218 名
赤	24.8(%)	24.2(%)	17.9(%)	19.8(%)	20.4(%)	16.1(%)
ピンク	16.0	15.9	14.7	18.5	18.7	15.1
オレンジ	9.9	16.6	11.4	11.6	9.2	7.8
黄	13.5	14.3	17.5	15.2	16.7	15.1
黄緑	4.6	9.6	8.4	7.7	12.9	8.3
緑	27.3	27.7	31.5	35.2	33.9	32.1
水色	27.0	28.6	26.3	19.3	19.0	17.4
青	44.0	38.9	38.0	30.1	21.6	22.9
紺	23.0	24.2	30.5	30.6	23.3	24.8
紫	11.7	13.4	13.3	16.2	17.5	17.4
茶	10.3	10.5	13.1	12.3	13.8	11.0
白	45.4	40.8	42.2	32.1	30.5	20.6
黒	32.6	19.7	23.5	21.3	12.1	6.9
灰	5.7	2.2	3.3	2.6	3.2	0.5
金	5.0	6.7	6.8	4.9	6.6	6.4
銀	8.9	7.0	3.0	1.8	3.2	2.8
特にない	3.2	2.2	2.3	2.6	2.0	7.3

(読売新聞社, 1998 年実施)

表 5.17 「好きな色」の地域間比較

地域	回答者数	1 位	2 位	3 位	4 位	5 位
全国	7523	さえた青紫	さえた赤	白	黒	明るい青紫
北海道・東北	796	さえた青紫	黒	白	さえた赤	明るい青
関東	1163	さえた青紫	白	さえた赤	黒	明るい青
中部	1586	さえた青紫	黒	白	さえた赤	明るい青紫
近畿	1037	さえた青紫	さえた赤	黒	白	明るい青
中国	566	さえた青紫	さえた赤	白	明るい青紫	黒
四国	498	さえた青紫	さえた赤	明るい青紫	明るい青	白
九州	1877	さえた青紫	さえた赤	白	黒	明るい青

(尾崎商事(株), 1995 年実施)

かった．しかし，前述の読売新聞社の調査結果によると，地域による違いも大都市と小都市の違いもほとんどみられていない．

また，尾崎商事(株)の研究グループ (1995) が日本全国の高校 2 年生 7500 名を対象に 130 色を見せ，好きな色 5 色を選ばせた結果によると（表 5.17)，どの地域の高校生も青紫を筆頭に赤と白を好み，地域差はほとんど

見られていない．そればかりか，この結果は表5.15の世界各国の大学生を対象とする調査結果ともよく一致しており，地域による違いも国による違いも少ないことを示している．

(3) 民　族

すでに述べたように，20ヵ国・地域の学生の色の嗜好に関する調査結果は，どの国・地域もよく一致することが示されている．しかし，好みの違いに着目して分析すると，結果は口絵10のようになる．これによると，日本の学生はさえた赤やさえた黄，さえた青緑などを好み，中国や韓国は白や明るい青を，ヨーロッパ各国とアメリカ，オーストラリアは黒か暗い色を好むことが示されている．白や黒は青紫や赤と同様，嗜好色を代表する色であるが，白はアジアで，黒は欧米で相当好まれることが示されている．

しかし，これは色の嗜好データの可変的な部分の分析結果であって，全体としては色の好みの国による大きな違いが見られているわけではない．青紫や赤，白，黒などを好む程度は民族によりいくらか異なるというわけである．

(4) 時　代

色の好悪は本来，個人の趣味に属する問題であるけれども，時代の影響を受けることは否定できない．表5.18は，被験者に同じ色票（47色）を見せ，

表5.18　「好きな色」の継時比較

調査年	1963年	1972年	1978〜79年	1997年
調査者	船津ら	千々岩ら	千々岩ら	千々岩ら
対象者数	596名	492名	922名	1071名
地　域	東　京	8都市	8都市	5大都市
性	男女	男女	男女	男女
年　齢	16歳以上	16歳以上	16歳以上	20歳前後
1位	白	白	白	さえた青紫
2位	うすい青	さえた赤	うすい黄	さえた赤
3位	うすい緑	さえた黄	さえた赤	さえた青緑
4位	うすい青紫	さえたオレンジ	うすい赤紫	黒
5位	うすい黄	うすい青	黒	うすい青
6位	うすい青緑	黒	さえた青紫	白
7位	明るい黄	うすい黄	うすい青	さえた黄

（いずれも，同一色票（47色）を使用）

色の好みを答えさせた筆者らの結果を比較したものである．これによると，1963年には白の他に空色やクリーム色などの明淡色が，1972年には白や明淡色に加えてオレンジや赤，黄などの純色でしかも暖色が好まれたことが示されている．

白と空色はどの調査結果にも見られ，クリーム色と赤，青紫，黒は3回登場している．そういう意味では，色の嗜好はきわめて安定しているといえる．しかし，1963年と1972年との間には大きなギャップがあり，1972年には新たに純色が嗜好の上位に顔を出していることが注目される．これは，経済活動に原色が多用されるようになったことと無関係ではない．1963年から1972年にかけての日本の経済成長は，国民の生活や意識を大きく変えたばかりでなく，色彩感覚にまで影響を及ぼしたとみられる．

5.4.3 色彩嗜好とパーソナリティ

これまで述べたように，色彩嗜好は，年齢や性，民族など人口学的要因よりも時代的・社会学的要因によって規定されることがわかる．では，パーソナリティとの関係はどうであろうか？　これは色彩心理学のテーマの一つであり，ロールシャッハ検査（Rorschach test）や色・形分類検査，カラー・ピラミッド検査（color pyramid test），リュッシャー・カラー検査（Lüscher color test），松岡（1995）の色彩象徴性格検査などの投影法を含めると研究の数は多い．

投影検査は，当然，人の色反応と情緒またはパーソナリティとの間には一定の関係があるという立場に立っている．たとえば，色・形分類検査で色反応をする大人は，幼児っぽく衝動的で，自己中心的な性格，形反応をする大人は，社会的にも統制がとれ，成熟した，安定した性格としている．あるいは，ロールシャッハ検査をアメリカに初めて紹介したシャイエ（Schaie, K. W. and Heis, R., 1964）は，色反応を分化型と限定型，拡散型に分け，数色が好きで色の好みが一貫している分化型の人はエゴ（ego）とイド（ido）の統制がとれており，ただ一色か二色だけを好む限定型の人はスーパー・エゴ（super ego）が発達し過ぎて柔軟性を欠き，いろいろな色が好きな拡散型の人はイドの支配を強く受けており，衝動的で，周囲が命ずるがままに動

く傾向があるとしている．

一方，色相の好みとパーソナリティとの関係については，明らかに暖色が好きな人は刺激を"受容する"傾向があり，明らかに寒色が好きな人は刺激を"選択する"傾向があるとしている．また彼は，前者は活動的で，矛盾した情報に出会っても批判的でなく，人生の楽しみを与えるものを欲しがるといった傾向を示し，後者は注意を集中し，情報を批判的に評価する傾向を示すと述べている．

明色と暗色に対する嗜好とパーソナリティとの関係については，松岡(1995)は「明色を好む人は明らかな社交家タイプ，暗色を好む人は人づきあいがへたで内省的，感受性は鋭いが決断力に乏しい」と述べている．

千々岩（1977）も色の嗜好の類型化を行い，6種類の色の嗜好タイプと人の性格や行動上の特質との対応についてつぎのようなことを明らかにしている．

(1) 明色を好む人は，社会経済的にあまり恵まれていなくても楽天的に生きるタイプ．
(2) 逆に暗色を好む人は，それらの条件に恵まれている割に不満が多く，情緒的安定を欠くタイプ．
(3) 刺激的な強い色を好む人は，自己に自信を欠き，しり込みするタイプ．
(4) 逆におとなしい色を好む人は，自信家で社会的適応がうまいタイプ．
(5) 紫色を好む人は，生活や考え方にゆとりのあるタイプ．
(6) 逆に紫色を嫌う人は，流行を否定的に捉え，考え方も狭いタイプ．

このように，いくつかの研究は，表現は違っても，いっていることは大同小異といえなくもない．したがって，さらにデータを重ねることにより，色の嗜好とパーソナリティとの関係を説明することは十分可能であろう．

5.4.4 色彩嗜好の反応の特質

好みや考え方が人によって違うことを日本では「十人十色」といい，西洋では「色と味については誰にも言い分がある」という．しかし，年齢差や性差，民族差が予期されるほど大きくなく，逆に筆者らや民間企業の大規模な調査結果が明らかになるにつれ，このような諺は色彩嗜好にはあてはまらな

5.4 色彩嗜好

いことがはっきりしてきた．実際，「十人十色」という表現は誇張に過ぎず，「十人三色」というのが正しいかもしれないのである．

ところで，色の好みの本質は何かというと，わかっているようでわからないことが多い．このことは，色彩嗜好の定義の仕方が研究者間でまちまちであることを見ても明らかである．たとえば，ギルフォードは「快適な色」といい，アイゼンクは「色のよき趣向」といい，アメリカの心理学者・チャイルド（Child, I. L.）は「魅力のある色」といっている．

そこで，各研究者らがいう好まれる色とはどういう色かを整理してみると，つぎの6とおりに分けることができる．

(1) めだつ色，はっきりした色，鮮明な色．
(2) 明るい色．
(3) 楽しい色，陽気な色，健康な色，快適な色．
(4) 上品な色，美しい色，よい色．
(5) 自然な色，見なれた色，現実的な色．
(6) 新しい色，新鮮な色．

これをさらに整理すると，(1)と(2)は，主として刺激の量によって喚起される感覚であって，感情の中でも感覚的感情と呼ばれる語群である．(3)と(4)は，主として刺激の質によって喚起される情緒または気分であって，情緒的感情または気分的感情に関する語群である．(5)と(6)は，接触体験の深さに関する語群である．

このように，嗜好色はどのような印象の色といわれているかを分類整理してみると，三つの側面があることが明らかである．そして，(3)と(4)の情緒的ないし気分的感情が，色の好悪の感情と直接関係を持つと考えられる．他の二つは，色の好悪感情の表現のいわば手となり足となる補佐役的役目をするとみられる．いいかえれば，色の好悪感情は色からの感覚的感情を手とし，色に対する接触体験の深い浅いを足として，その上に成り立っているといえる．色が明るいかあざやかであることが色が快感情を呼ぶ必要条件であるが，これはヴントの中庸説（moderation theory）では説明できない．中庸説は強からず弱からずほどほどの強さの刺激が快感情を生むという説であるが，色の強度と色の嗜好との関係はそう単純ではない．

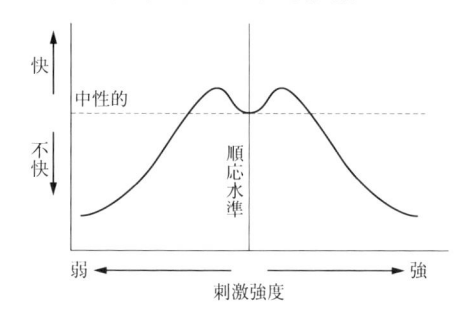

図 5. 10　刺激強度と快不快との関係（マックレランドの蝶型曲線仮説）

　一方，色との接触体験が深ければ深いで浅ければ浅いでその色は好ましく感じることについては，マックレランド（McClelland, D. C. et al., 1953）の蝶型曲線仮説（butterfly curve hypothesis）を援用することによって説明することができる．

　図 5.10 は，縦軸に快・不快を，横軸に刺激強度を取り，個体がある刺激に順応したとき感情的には中性（ヴントのいう中庸）であることを示している．いいかえれば，順応点をわずかにはずれた刺激強度のとき，もっとも快感情が高まることになる．そこでいま，刺激強度の代わりに，横軸は色に対する接触体験の深い浅いを表すとすれば，見なれた色と見なれない色がともに快感情をもたらすことになる．

　それにしても，人はなぜ見なれた色を好む一方で見なれない色も好むのかは，この説では説明できない．そこで，バーライン（Berlyne, D. E., 1974）のアラウザル説（arousal theory）と合わせて考えるとよいと思われる．この説は彼の実験美学からもたらされたもので，彼は，刺激の物理的強度がどうであれ，回答者から見て"刺激性がある"ものが快適刺激にほかならないと考えた．アラウザルな刺激とは，具体的には，平均からはずれているとか，新奇であるとか，面白いといえる刺激のことである．見なれた色であっても，アラウザルな性質を失わない限り好まれるというわけである．

　最後に，色彩嗜好反応の特質について述べておこう．色彩の嗜好とは，一般に，ある色により喚起される快と不快の感情を示し，色刺激に伴う情動や感情を反映するものと考えられている．しかし，色彩嗜好の判断には，快と

不快の感情を伴わないのが普通である．ある人がその色が好きだといったとしても，われわれは，その人が重大な経験に基づいて述べているとは思わない．色彩嗜好は，なるほど感情を伴う過去の体験に基づくものではあるが，非感情的な連想や習慣，個人的評価，偏見といったものも同時に反映すると考えられる．色彩嗜好の研究が予期されるほどの個体差や集団間差を見い出すことができないのは，色の連想や評価，色に対するステレオタイプ的態度など，準拠体系が互いによく似ていることが原因であると考えられる．

5.5 色の意味的作用

5.5.1 色の連想と象徴

赤い色から火事や血を思い浮かべることはよくあることである．これを色の連想という．色の連想を調べるには，自由連想法（free association）と制限連想法（controlled association）とがある．カラーサンプル（色見本）を見せたり色名をあげて心に浮かんだ言葉を自由に答えさせるか，答える言葉の数や時間に制限を設けて答えさせるかどちらかである．

連想は通常，具体的物事を示す言葉（火事，血など）と，ある概念を表す抽象的な言葉（平和，不安など）からなる．後者は一般に色の象徴といわれ，前者とは性質はいくらか異なる．どちらかといえば前者は色の知覚や記憶と，後者は色の感情や意味との関係が深い．しかし，どちらも個人の体験や願望，情緒などを投影しているので，一緒に扱うことが多い．ともに，性格の診断や社会心理の分析などに応用される．

たとえば，読売新聞社が1999年12月に行った全国世論調査によると，「今年1年を表す色」としては灰と答える人がもっとも多かった．これに茶や紺，黒を加えると，暗い色を答える人が半数にも達しており，その年が厳しい1年であったことを示している．一方，「21世紀の世の中を表す色」としては水色や青，白などをあげる人が比較的多かった．これらは，自由や平和，未来などを象徴する色であることから，冬の時代の終焉を願い，明るい未来に希望を託す意識の表れとみられる．

これはほんの一例であり，ほかにも会社名や商品名から思い浮かべる色を

聞くなど，さまざまの応用例がある．もっとも，この方法はある概念（単語または文章）を色で表すのであるから（通常は色から連想する物事を答えさせる），言語色彩同定法（word-color matching test）といわれる．

表5.19は，この方法による筆者らの結果である．ここでは，赤や黄色など10種の色名を書いた封筒を用意しておき，115種の単語カードをどの封筒かに投票させている．分類不可能なカードは，別に用意した封筒に入れさせる．これによると，日本の学生にとって，黒は，死，夜，殺人，毒という語からも明らかなように，暗い恐怖の世界を象徴する．灰色は，不幸や苦難，退屈，老人などを連想させる．同様に，白は心や平和，自由を，赤は感情の高揚と活力に富むことを，オレンジ色は愛情を，黄色は楽しさを，緑は自然で調和的気分を，青は悲しみや理性，男性を，紫は嫉妬や恨みを，茶褐色は老人をそれぞれ意味することがわかる．

しかし，この日本の学生の結果（下段）は，外国の学生とそっくり同じというわけではない．心理学者・ヴォルフ（Wolff, W., 1943）がアメリカの学生に対して同じ方法で行ったやや古い研究結果（上段）と比べてみると，青と黄色の2色は違いが顕著なことがわかる．青に対しては，日本の学生は科学，涙，男性など，アメリカの学生は信任，協力，調和，献身などと答えている．この違いは何を物語るのかかならずしも明らかではないが，青が宗教心を刺激するのとしないのとの違いではないかと思われる．ちなみに，信仰のあつい清教徒のシンボル・カラーはブルーである（イギリスとその独立国の国旗の青はこれと関係があるといわれる）．

また黄色に対しては，アメリカの学生は嫉妬，嫌悪，権力欲，野心などと答えているけれども，日本の学生は黄色にそういう負の意味があることを解しない．黄色は，半世紀前までは，ユダやユダヤ人を意味する宗教上の差別色であったのである（ナチはユダヤ人に黄色い記章をつけるように強要した）．このほか，筆者は，東京・ソウル・上海・台北の学生を調べた経験から，赤に対する感情が国（地域）によりいくぶん異なることを明らかにしている．事実，赤に対して東京とソウルの学生は悪しき感情（恐怖，不幸，嫌悪，嫉妬，性欲，軽蔑）を，上海と台北の学生は善き感情（献身，愛，良心など）を持つ者の割合が高い（図5.11）．

表 5.19 色と連想―日米学生の比較（上段は米国学生107名、下段は日本学生126名対象、数字は連想した者のパーセント）（千々岩, 1981）

黒	白	赤	オレンジ	黄	緑	青	紫	茶	灰色
死 64	平和 68	熱情 75	戯れ 36	嫉妬 28	自然 62	信任 49	欺 34	男 26	退屈 51
夜 58	裸体 59	情緒 71	笑い 27	嫌悪 25	自然さ 30	協力 38	毒 26	男性 23	落胆 47
殺人 44	赤ん坊 51	気質 69	お祭り 25	快楽 25	毒 25	調和 36	不幸 25	過去 23	過去 47
心配 36	霊魂 51	活動 65	快楽 25	権力欲 22	若い人 18	献身 36	盗み 24	老人 21	老人 42
悲修 30	単純さ 48	反動 52	朝 25	笑 22	願望 16	友達(男) 36	依存 22	理論 21	理論 42
許欺 28	童心 48	力 50	勝利 23	冗談 23	善 16	責任 31	職業 21	心配 20	心配 40
うそ 25	児童 40	性欲 48	喜び 23	苦痛 23	利益 15	自分個人の 30	兄弟 20	仕事 19	仕事 38
盗み 21	敬けん 30	緊張 46	創造 21	喜び 21	慈善 15	女子 30	盗み 20	逆境(不幸) 19	逆境(不幸) 36
損害 21	母 30	愛情 43	成功 19	野心 20	人を助けたい気持 15	息子 30	逆境(不幸) 20	悲しみ 19	悲しみ 32
毒 21	宗教 29	自発性 40	調和 15	お祭り 20		満足 29	機械仕掛け 19	孤独 19	孤独 30
	孤独 27	勝利 38	利益 15	自発性 20		母 29	19	19	
		恥 36							
死 51	看護婦 60	情熱 79	娘 44	冗談 49	自然 64	信学 41	嫉妬 38	父 42	敗北 56
夜 47	心 41	勝利 57	家庭 41	児童 43	童心 47	涙 40	怨恨 33	老人 40	機械 47
殺人 36	善 29	野望 46	女友達 41	笑い 41	調和 36	息子 36	憐み 30	労働 39	不幸 46
男 27	自由 28	活動 45	喜び 41	単純 33	協力 33	兄弟 33	毒 37	事業 29	病気 45
毒 26	白 28	祝祭 43	満足 36	喜び 31	従順 31	男性 29	性欲 36	仕事 28	落胆 40
男 26	未来 26	勝利 43	笑い 34	成功 29	教育 29	悲しみ 28	宗教 35	職業 25	退屈 40
怨恨 25	未来 25	反抗 39	愛情 33	快楽 28	有用 28	理論 27	夕暮 35	社会的 25	苦難 39
憎悪 21	一個人 25	愛情 33	反抗 33	利益 25	親切 25	理想 25	情緒 34	風儀 25	老人 39
苦難 21	霊魂 25	嫉妬 33	愛情 33	赤ん坊 23	平和 23	確信 25	霊魂 30	不利 23	心配 36
男性 21	裸体 25	妬 28	母 30	未来 20	息子 20	若者 25	心配 29	苦難 23	苦悩 35
霊魂 20	良 24		幸福 30	協力 20			僧悪		
			女(性)					盗み 22	

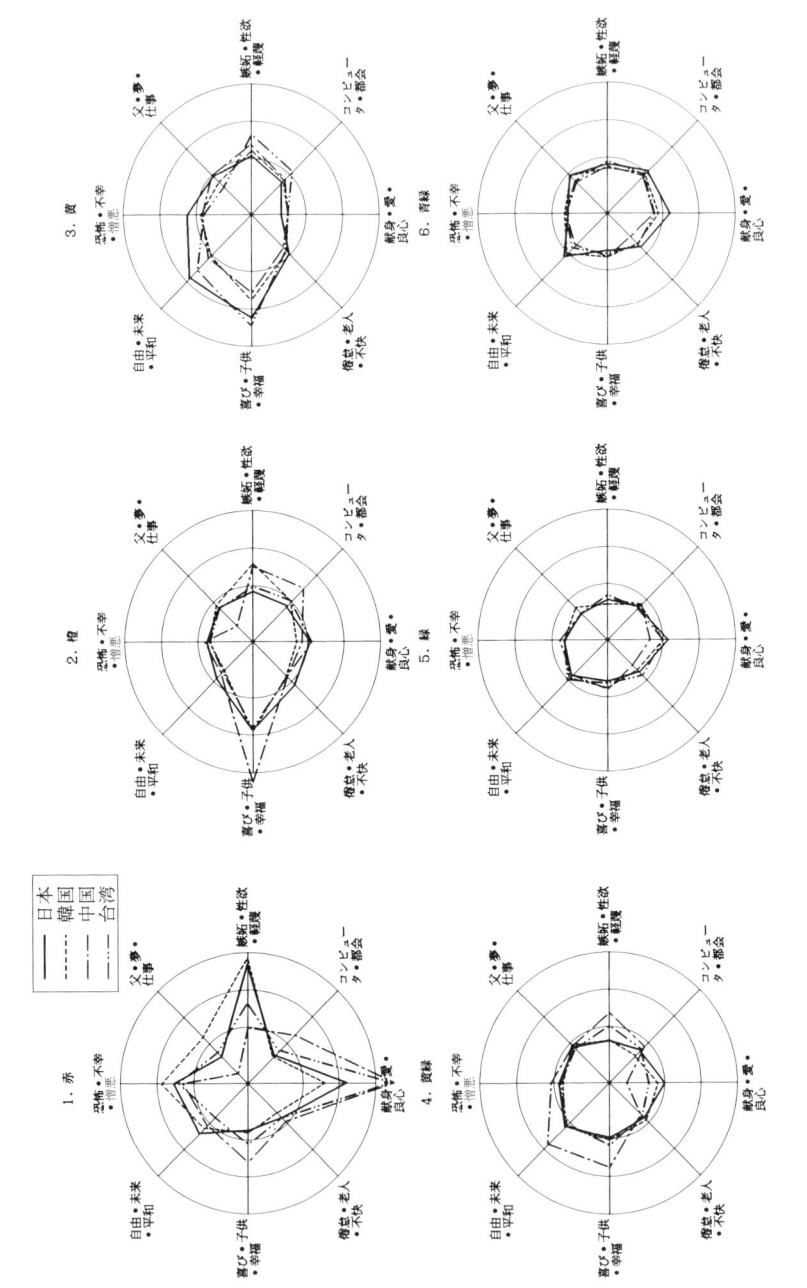

182   第5章 色の認知的・感情的作用

図 5.11 色の連想について日・韓・中・台の学生間比較（千々岩，1995）

5.5 色の意味的作用

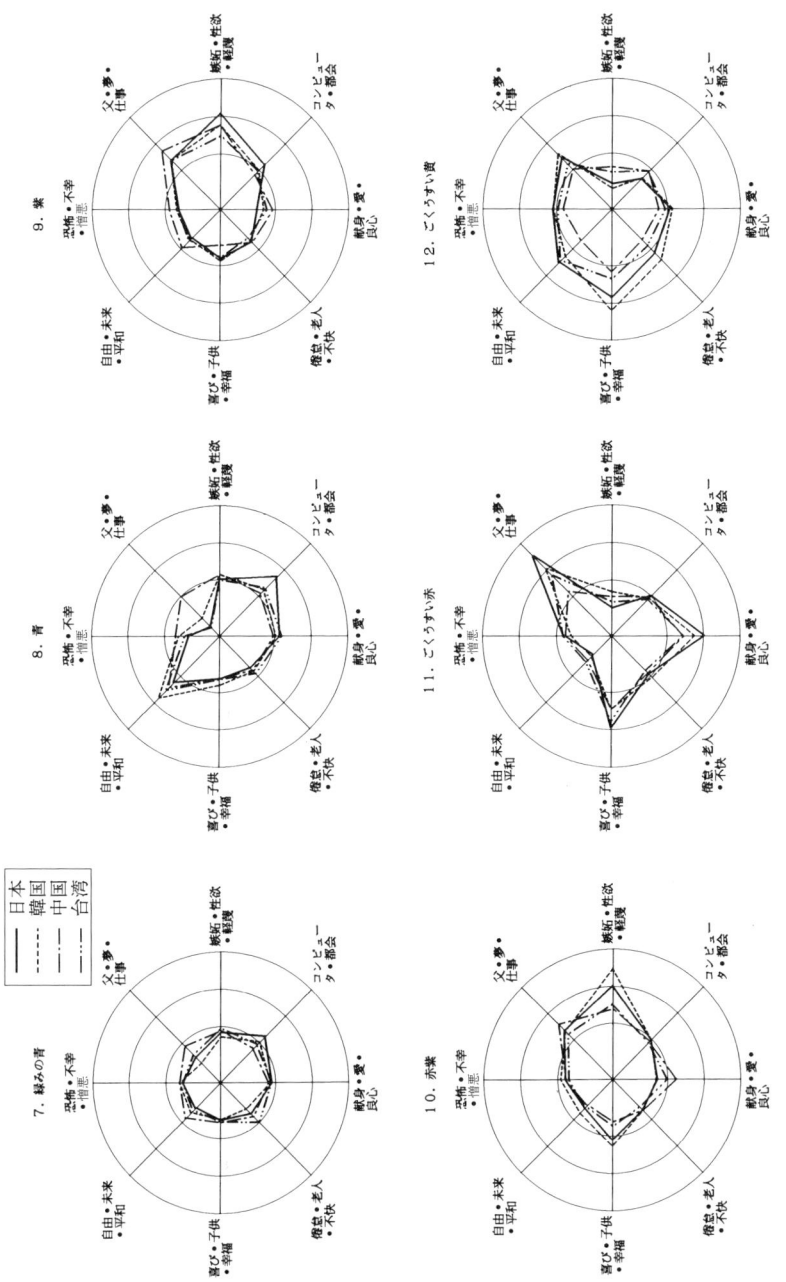

図 5.11 (その 2)

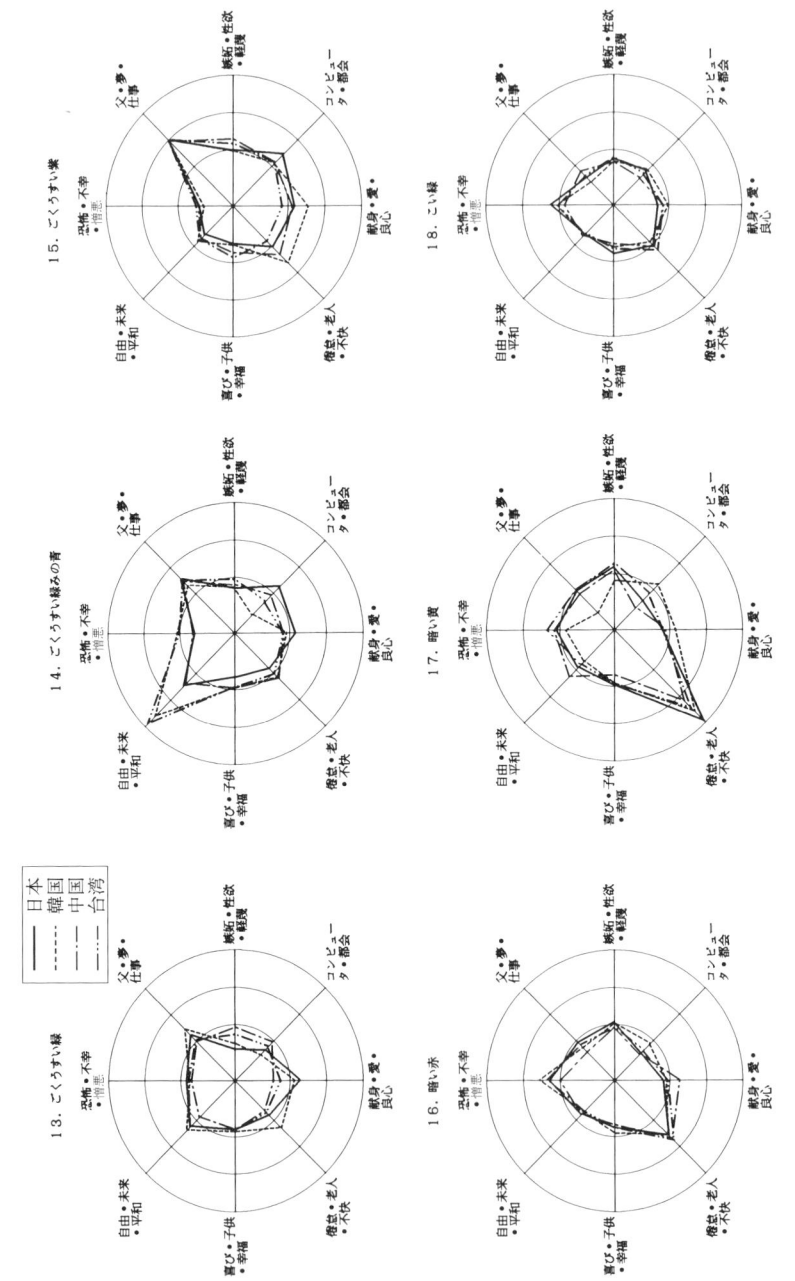

184　第5章　色の認知的・感情的作用

図5.11（その3）

5.5 色の意味的作用　185

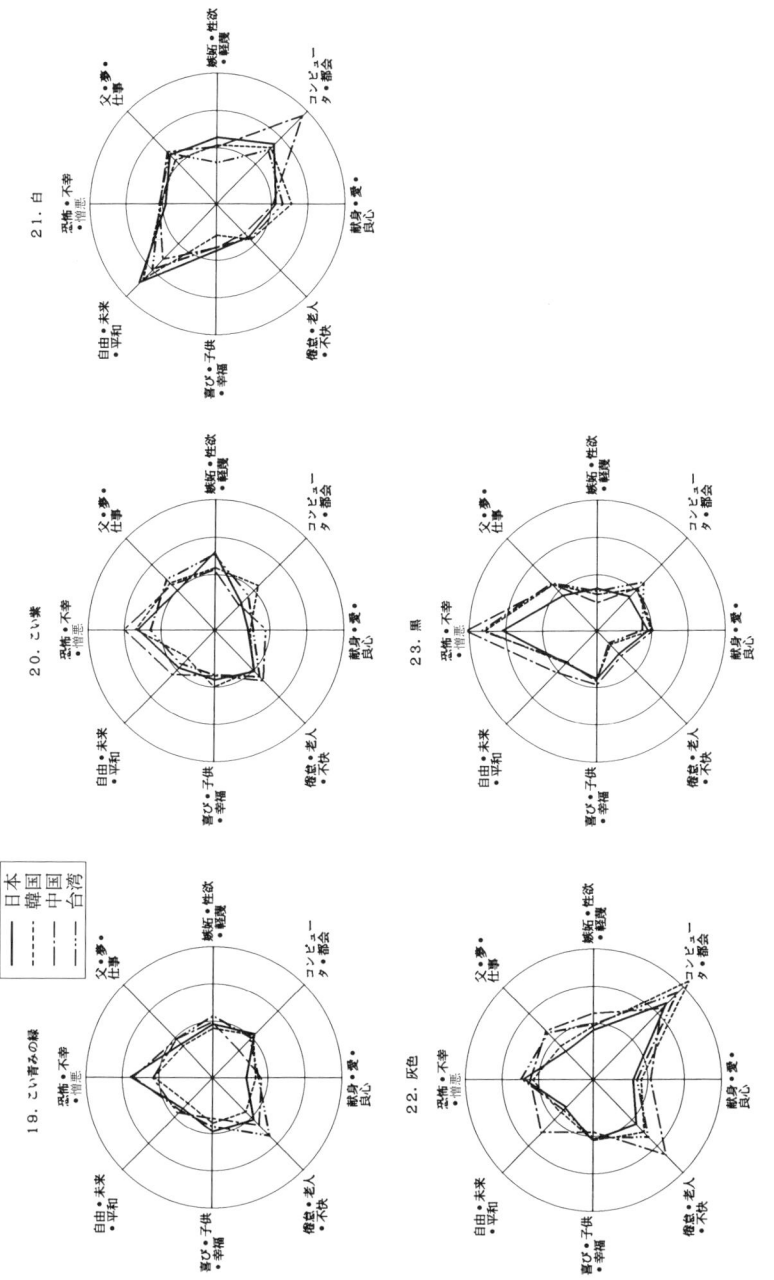

図5.11 (その4)

赤は，日本はもちろん韓国，中国でも祝いや祭りにはなくてはならない色であるけれども，とりわけ中国では，菓子や酒，薬，茶などのパッケージの色としてしばしば用いられるのは，中国の人びとがわれわれ以上に赤に対して好感情を抱いているからではないかと思われる．いずれにしても，色の連想と象徴については，今後，交差文化的研究を積極的に行うことが必要である．その場合，個々の色がどういう意味を持つかを調べ，国（地域）相互の一致・不一致を明らかにすることが大切であるけれども，その国（地域）の人びとの色の意味の体系または構造を明らかにすることがもっとも大切である．

　たとえば，筆者の色による連想の難易度に関する研究によると，人はあざやかな赤と黄と青，それに白と黒に対してはいくつでも連想語がいえるが，灰みのにぶい色や暗い色に対してはそうとは限らない．そこで，高彩度色ほど有意味度が大きく，とりわけ赤・黄・青の3色が色の意味体系の中核をなしているといえる（ほかに白と黒とがある）．

　また，色の連想と象徴に関する実験結果を因子分析すると，3因子が抽出される．それらは，「活気と沈滞」因子，「さわやかさとあくどさ」因子，「理性と感情」因子とでも呼ぶべきものである．そしてそれぞれ，「活気」は純色と，「沈滞」は濁色と，「あくどさ」は暗色または濁色と，「さわやかさ」は明清色と，「理性」は寒色と，「感情」は暖色とよく対応する．したがって，色の連想と象徴も，形容詞対尺度を使ったSD法の場合と同様，三次元からなる意味空間上で体系的に表現することができることになる．そして，その形状は，口絵9に示した野球のグローブ（左手）のような奇怪な形をしているのではないか，と考えられる．口絵9をもう一度見てみると（言語色彩同定実験の結果も重ねて示されている），右下に「平和」という言葉があり，そのすぐ側に白と薄い青がある．その反対側（左上）に「戦争」があり，その近くに赤と黒がある．左下に「孤独」や「都会」，「男性」があり，灰色や暗い青紫がある．その反対側（右上）に「幸福」や「女性」があり，黄色や薄いピンクがある．

　この図と前述の因子とを対応させると，右下が「さわやかさ」，左上が「あくどさ」，左下が「沈滞」，右上が「活気」となり，20ヵ国・地域の大規

模なデータに基づく色の感情空間と日本の小規模（210名）なデータに基づく色の意味空間とはほぼ一致することがわかる．もっとも，「理性と感情」の因子と「好まれる」程度との関係は明らかではない．

しかし，色と連想・象徴に関する研究から「理性と感情」の因子が抽出されるのを見てもわかるように，色は情動や情緒などの感情ばかりでなく，学習や思考など理性とも結びついていることは明かである．いいかえれば，われわれの体験（気分の変化や判断，思考など）は多かれ少なかれ感情的色彩を帯びており，完全に中立であることはあり得ないということでもある．そこでわれわれは，自分の情的ないし知的体験をそれと何がしか様相の似ている色と結びつけ，心を色によって象徴することがある．これは，色の象徴性（color symbolism）といわれる．

このような色の性質は，画家や詩人たちによって応用されてきた．また，産業界においても，活動を円滑に行う上で利用されてきた．コーポレート・カラー（corporate color）は，そのよい例である．このような行為は，色によるコミュニケーション（color communication）といわれる．色による伝達効率を高めるためには，伝達目的に合致した色選択をすることが大切になる．それには，色の感情効果や意味について一層理解を深める必要があろう．

5.5.2　色の意味と生活への応用

連想や象徴などの色の意味を生活用品や生活環境の色彩計画（color planning）に反映させる試みがいろいろ行われている．商品の場合は，その種類ごとに使用される色範囲が比較的限られており，それを逸脱すると別の商品と混同されるという問題がある．たとえば，飲料品について連想する色を答えさせて見ると，ビールとウイスキーとワインとでは，同じ酒類でも連想する色は明らかに異なり，ジュースとソーダは，酒類ともまた異なる結果が得られる．それぞれの商品は固有の色を連想させ，色はまたそれぞれの商品を想起させるというわけである．

この商品と色彩の結合関係は永い間に形成され，歴史や伝統のある商品ほど関係が強固である．缶ビールの模擬デザインにいろいろな色を施し，ビールらしさが表れているものを選ばせてみると，琥珀色や黄色，黄土色などを

選ぶ人が多く，ピンクみを帯びたものや緑みを帯びたものを選ぶ人は少ない．まして，紫や青のものを缶ビールと思う人は皆無に近い．

　ただし，地色が白または黒，金色，銀色の場合に限り，ビールだろうとウイスキーだろうと，好印象を与えることがわかっている．このことは，酒類以外に，たばこ，コーヒー，紅茶などの嗜好品，化粧品，家電品，自動車などにもあてはまる．したがって，この4色は商品の基本色といってよい．それぞれは単独で用いてもよいし，白と黒，白と銀色のように二色配色として組み合せてもよい．あるいは赤や青の有彩色と組み合わせてもよい．そしてそれらは，高級品・贅沢品といった印象を与え，商品の付加価値を高める場合が多い．

　白，黒，金，銀の4色がなぜそういうプラスの力を発揮するのかはよくわかっていない．これらは，商品の原材料の色ともそれを加工した色とも共通点は少ない．しかし，商品と直接的な関係はないが，メタフィジカル（形而上学的）な意味（純粋，完全，最高など）を付与する役目をするようである．

　ところで，白と黒，金色と銀色はとくにそうであるが，赤や青などの色の意味も，特定の集団や地域社会，宗教や文化の下で暮らす多くの人びとによって共有されてきた．時代を問わず，色彩は習慣的意味を持つ記号として用いられてきた．欧米では，多くの人が緑は希望，赤は愛と革命，黄色は反逆，白は純潔，黒は哀悼を意味することを知っている．しかし，黄色が反逆を意味したのは第二次大戦時代の欧米での話であって，東洋や日本では事情が異なる．また，欧米でも近年はこういう意味は薄れ，たとえばイスラエルでは，黄色は国の復興の証の色として支持されているという報告もある．したがって，色の連想や象徴と意味は不変であるというわけではない．

　筆者らが日本専売公社（現在のJT）の依頼でたばこのパッケージの適合色について調べた1970年代には，白・黒・金・銀のほかに，深い赤や紺，濃い褐色などがたばこらしさを表すよい色とされた．しかし，ニコチンやタールの含有率を極端に抑えたたばこに人気が移るにつれ，パッケージの色も変更を余儀なくされた．ピースの深い紺やダンヒルの深い赤は，いまでは健康に害悪を与えることを連想させる．これは，商品の概念が変化するにつれ，色彩の意味も変化することを示している．

物事や概念と色の連想との関係は個人と文化の中に存続するけれども，物事や概念の意味が時代とともに変化するにつれ，色の連想も変わる．デザインやマーケティングに従事する人びとは，この点に留意しながら仕事をしなければならない．

5.6　色彩認知と色彩感情の国際比較

オリンピックの入場式に見られる国旗や選手のユニフォームの色は，その国と国民を象徴的に表現したものである．しかしそれは，各国各民族の色に対する認知や感情を端的に表しているわけではなく，伝統や願望を象徴したものである．この色の認知や感情が国や民族によって同じか否かという問題は非常に興味あるテーマである．

色彩認知（color cognition）や色彩感情の異文化間・国際間比較は昔から文化人類学者や心理学者によって行われてきたが，近年はその数が増えつつある．21世紀には，研究は一層さかんになると予想される．

ところで，筆者とその研究グループは，特殊法人・新エネルギー産業技術総合開発機構（NEDO）の委託を受け，1995から2ヵ年をかけてこの問題について国際的規模の調査を実施し，データを『図解・世界の色彩感情事典』（千々岩，1999）の書名で公表している．これは，この方面における世界で最初のデータ集である．ここでは，この研究成果を中心に要点を論じることにする．

5.6.1　全般的傾向

これまで，色彩認知や色彩感情が民族や文化とどのようにかかわっているかという問題は，関心はあるが結論のでない，いわば不毛の研究テーマであると考えられてきたように思われる．しかしわれわれは，この問題に一定の結論を与えることができた．というのは，20ヵ国・地域の美術デザイン系学生5375名が，8分野（色の記憶，イメージ，嗜好，連想，意味，配色観など）23項目の設問に対して47色中から選択した結果を因子分析法により分析すると，各国・地域間の共通因子（第1因子）は73.2％を占め，どの

国の学生の回答結果もよく一致することが明らかにされたからである（以下，特殊因子である第2因子は7.2%，第3因子は4.1%，第4因子は2.3%となった）．

したがって，学生の，少なくとも美術デザイン系学生の色に対する認知と感情は「7割が共通的，3割が特殊的である」と結論することができる．もちろん，単一色の好みはよく似ていても配色の好みはやや異なるとか，暖色については見解が一致するが寒色については意見が分かれるというように，その国・地域による特色がないわけではない．しかし全体としては，どの国の学生も色の認知と感情は共通するといえる．

これは，色の感覚や嗜好は個人により民族により異なると思っている人にとっては意外に聞こえるかもしれない．しかし逆に，もし各国間の共通因子が50%以下となるようならば，色を介した相互理解は困難になろう．色は視覚的言語（visual language）といわれるのは，色によって意志の疎通が可能だからである．色によるコミュニケーションを円滑に行うには，各国・地域間の色彩認知と色彩感情がよく一致することが前提となる．この研究は，その点を確かめたという意味で非常に意義がある．

5.6.2 国・地域による違い

色彩認知および色彩感情の国・地域による違いも重要な意味を持っている．図5.12は，全質問項目の回答結果を因子分析した際の特殊因子（第2因子と第3因子）について，各国の関係を見たものである．これによると，20ヵ国・地域は三つのグループに分けられ，日本は韓国や中国と同じ仲間に属し，インドやシンガポールは同じアジアでも別のグループ，アメリカやオーストラリアはまた別のグループを形成することが明らかである．

この違いは，いうまでもなく，民族的文化的要因に起因すると考えられる．したがって，色彩認知と色彩感情を空間（立体）を使って表すとすれば，「日本的」と「インド的」，「欧米的」の3とおりの体系を作ることが必要になろう．

5.6 色彩認知と色彩感情の国際比較

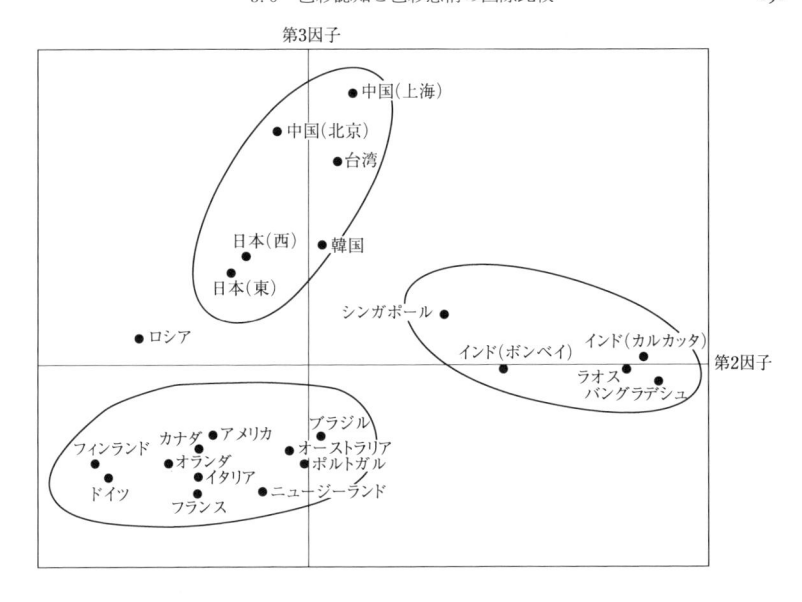

図5.12 色彩感情の国・地域間の一致・不一致性（千々岩，1999）

5.6.3 色彩感情の「日本的」と「欧米的」

それでは，その違いはどのような方面に見られるのであろうか？ すでに述べたように，単色の好みはどの国もよく一致し（表5.15），違いはあるものの（口絵10），予想されるよりはるかに少なかった．白は中国やラオスなどアジアを中心に黒はヨーロッパを中心に好まれるが，どちらも，どの国・地域でも好まれることに変わりはない．このことを指摘したのも，この研究が初めてである．

一方，配色の嗜好においてはもう少しはっきりした違いが見られる．国・地域間の共通因子は，二色配色では66.9%，三色配色では73.9%となり，単色の場合の82.7%より少ない．国・地域による配色の好みの違いは，口絵11に示すとおりである．

これによると，①日本や韓国は赤と黄と青や赤と灰と青紫を組み合わせためり張りのあるドラマティックな配色を，②逆にフィンランドは赤とオレンジと黄のように色相が少しずつ変化するいわゆるグラデーション配色を，③中国やロシアはピンクに赤や褐色と金色とオレンジ，ピンクと金色と黄のよ

うな温和な自然みのある配色を，④逆にヨーロッパやアメリカは白と灰と黒や空色と青紫と暗い灰を組み合わせた冷たい無機的な配色を，それぞれ好むことが示されている．

　日本の学生はあざやかな色への関心がほかの国の学生よりやや高いことは口絵10で見たとおりであるが，配色の場合も同じ傾向が示されている．同じことは，中国や欧米の学生にもいえる．これは，嗜好色を含む配色は愛好されることを示唆している．

　色彩感情の骨格を形成する暖冷感や軽重感，派手地味感については（表5.20），「もっとも暖かい感じ」の色はどの国の学生もオレンジや赤と答えるが，ほかは違いも見られる．とくに「もっとも地味な感じ」については，すでに指摘したように，日本の学生が暗濁色を選ぶ点がほかと異なっている（ほかの国は明るい灰みの色を選ぶ）．地味という日本人の美意識は，欧米人には理解されにくいという結果である．

　同じようなことは，「優雅（elegance）」や「献身（dedication）」，「家庭（family）」にもいえる（表5.21）．「優雅」に対しては，欧米の学生は黒や金色を，日本や韓国，中国などアジアの学生は暗い赤紫やにぶい紫，薄いピンクなどを選ぶ割合が高い．「家庭」については，どの国・地域でもオレンジや薄いオレンジ（肌色）が選ばれるが，アジアの学生はそのほかにピンクを，欧米の学生は青紫や空色など青系統の色を選ぶ点が違っている．

　「献身」については両者の違いは一層明らかである．欧米の学生は青紫や濃紺を選ぶのに対して，日本とアジアの学生はピンクやオレンジを選ぶ割合

表5.20　「色のイメージ」に関するデータ因子分析結果（千々岩，1999）

設問	共通性因子	特殊性因子	
	I (%)	II (%)	III (%)
1. もっとも暖かい感じの色	85.5	5.3	3.9
2. もっとも冷たい感じの色	68.2	9.4	8.5
3. もっとも軽快な感じの色	60.8	19.5	6.1
4. もっとも重厚な感じの色	67.1	11.3	8.9
5. もっとも派手な感じの色	60.9	14.8	8.8
6. もっとも地味な感じの色	39.9	19.5	9.4

（%）は説明率を示す．

表5.21 「色の意味」に関するデータの因子分析結果(千々岩, 1999)

刺激語	共通性因子 I (%)	特殊性因子 II (%)	III (%)
1. 幸福	68.6	11.6	5.9
2. 孤独	76.1	6.9	4.5
3. 戦争	88.3	8.4	1.6
4. 安全	52.1	11.7	8.8
5. 都会	73.5	8.2	6.1
6. 平和	77.6	13.1	2.8
7. 献身	39.0	18.6	9.9
8. 学業	43.6	13.1	2.8
9. 未来	64.1	11.4	7.1
10. 田園	74.1	10.5	7.5
11. 家庭	50.1	12.0	10.2
12. 危険	96.2	2.1	0.8
13. 優雅	42.6	22.6	10.0
14. 男性	70.3	10.2	5.2
15. 女性	75.8	9.6	4.1

(%)は説明率を示す．

が高い．したがって，欧米の学生の色彩認知や色彩感情はいわば「父性的」であるのに対して，日本とアジアの学生のそれはいわば「母性的」であると仮定することができる．なぜなら，これらの刺激語に対して，前者においては黒や青紫，濃紺などの「男性」を象徴する色が，後者においては暗い赤紫やにぶい紫，ピンクなどの「女性」を象徴する色がしばしば選ばれるからである．

子どもの精神形成に父性と母性がどう関与するかという問題は，本書とは関係は薄い．しかし，それが色彩認知や色彩感情に影響していることが示唆されたことは重要である．

5.6.4 「親しまれてきた色」と宗教および国旗の色との関係

最後に，国・地域による違いが見られた「親しまれてきた色」について言及しよう．質問の中に「あなたは，あなたの国の人びとに昔からもっとも親しまれてきた色はどの色だと思いますか？」というのがある．これは，自分の国で「親しまれてきた色」を回答者がどう理解しているかを尋ねたものである．口絵12は，その結果を示している．

これによると，全体では赤がトップで，以下白，緑，青紫，青，オレンジ

の順となっている．嗜好色である青紫や赤，白も選ばれてはいるが，順序は同じではない．黒は上位に登場していない．「親しまれてきた色」と「好きな色」とは関係はあるが，完全には一致していない．

　国・地域別に見ると，アジアでは赤やオレンジ色や黄色の暖色が，欧米では青紫や青の寒色がしばしば選ばれている．前者は女性を，後者は男性を象徴する色である．同時に，オレンジ色や黄色は仏教と，青や青紫はキリスト教との関係が深いといわれ，この結果は宗教的背景との結びつきがあることを示唆していよう．

　また，日本の赤と白は「日の丸」を，中国の赤は「紅旗」をというように，上位に上がっている色は国旗の色ともかなり関係が深いことを示している．韓国は白，インドはオレンジ色，オーストラリアは青，カナダは赤，アメリカは赤と青紫，ブラジルは緑，オランダはオレンジ色を選んでいるのも，その国の国旗の色の影響が大きいと見られる．とすると，その国・地域の人びとの色彩認知や色彩感情は，父性や母性のほかに，宗教や国旗などの文化の影響も受けていると考えられる．

第6章

色の美的作用

　色は，程度の差こそあれ，どれも美しい．また，数色が組み合わさると，美しさは倍増することもあれば半減することもある．これは，色の美的効果（aesthetic effects of color）といわれ，ヴントの感情三方向説における快感情やオズグッドの情緒的意味の三因子説における評価性（evaluation）因子に相当する，重要な感情の一つである．

　そこで，複数の色によって生じる美しさは，昔から，色の配合つまり配色の調和の問題として多くの人びとによって研究されてきた．しかし，そのためには，色材が自由に手に入り，色を合理的に表示する体系が整わなければならなかった．その意味では，研究の歴史は決して長いとはいえない．本章では，色の美しさとりわけ配色の美しさに関する研究の歴史を概観し，そのうちのいくつか重要な研究の要点をやや詳しく述べることにする．

6.1　色彩調和理論の沿革

　ダ・ヴィンチ（da Vinci, L.）は，色の調和について述べた最初の人である．彼は，「赤は深紅色よりも薄い色と並置したほうが燃えるように見える．緑と赤はひき立て合うが，空色と黄色の並置は不調和に見える．緑には赤か紫紅色か菫色，黄色には青が調和する」と述べている．もちろんこれは，彼の個人的見解に過ぎないが，後の色の調和理論に影響を与える内容を秘めていた．

　ゲーテも，『色彩論』（1810）の中で色の調和について論じている．「黄は赤青を，青は赤黄を，深紅は緑を呼び求める．そして，この逆もありうる」という彼の説は（図6.1），反対色説として知られている．

　この説は，ゲーテ自身の説であると同時に，中世における配色美の考え方

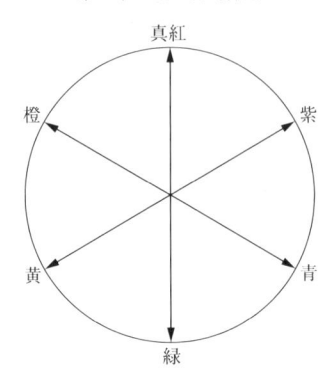

図 6.1 ゲーテの反対色説（色の呼び求めあい）の色相配置

を物語っていると考えられる．ダ・ヴィンチやエル・グレコ（El Greco），ジョルジョウニ（Giorgione）といった中世の画家たちは，一枚の絵の中で，赤と緑，黄と青のような反対色をしばしば並置させているからである．しかし，ゲーテがすぐれていたのはそれだけではない．彼は，ニュートンの『光学』に疑問を抱く一方で，ニュートンから混色の知識を学んだはずである．彼は，「色の調和は（生理的）補色対を並置することにより生じる」という当時の考え方に「（物理的）補色を混合すれば無彩色になる」という知識を重ねることにより，反対色説を提唱したと考えられる．

一方,「小さな間隔にあるものもまた調和する」と主張し，色相の近似や明暗の近似を問題にしたのはブリュッケ（Brücke, E.）である．彼は,「日光があたっている部分と日陰の部分の色を比べてみると，たとえば，青は菫色に近い暗い色と緑色に近い明るい色とに分かれるが，この二つの色は調和的関係にある」と考えた．この「小さな間隔」は，大きくなり過ぎるとあるところで不快な感じを与え，さらに間隔が大きくなると再び調和感を増し，最後は補色調和にいたる．

これについて，ブリュッケは，『工芸のための色彩生理学』（1887）の中で，「色相間隔の取り方には二とおりあって，間隔を小さく取るときと大きく取るときとがある．色相差が中間の配色は貧相である．直射日光のあたっているところは紫に寄った青に見える．色環上で3分の1以上間隔を離した配色は快適である．補色配色はあるものは快適だが，そうでないものもあり，一

概にいえない」と述べている．

このように，色の調和には二つのタイプがあり，そのどちらともいえないような配色が不調和であるという考え方は，19世紀後半にはよく知られていた．また，当時の人びとは，色の調和を色相間隔の問題としてのみ捉えていたかというとそうではない．ブリュッケ以外にも，たとえばシュヴリュール（Chevreul, M. E., 1854）は，明度と彩度との関係を含めた調和論を展開している．もちろん，この問題が本格的に研究されるようになったのはオストワルトやマンセルの表色体系が確立された後のことであるが，調和配色を選定する上での基本的な考え方は，19世紀の終り頃には出揃っていたとみられる．なお，色の調和は，配色を構成する色相互の関係以外に大きさ（面積）が重要である．

フィールド（Field, G., 1854）は，「2色を混色しても無彩色にならない場合には，回転円板上で灰色に混合するように面積を調整し，その割合で2色を組み合わせるべきだ」と述べている．しかし，面積のバランスを図ることは，どんな色を組み合わせる場合にも必要であり，フィールドがいうように反対色または補色配色の場合に限られるわけではない．また，オストワルトは，「彩度が高ければ高いほど面積は小さくしなければならない」と説いている．

20世紀になると，色材が入手しやすくなり，色体系が整備されたことにより，色調和の理論と技術は発展をとげた．オストワルトは，それまでの色相中心の調和理論に対し，明るさと純度の概念を含めた色の調和的関係を知ることのできる，オストワルト色体系を考案した．マンセルも色体系の構想を発表したが，色の調和に関しては多くを語っていない．しかし，マンセル色体系は，後にムーンとスペンサー（Moon, P. and Spencer, D. E., 1944）夫妻が定量的色の調和論を展開する格好の舞台となった．

一方，わが国ではどうかというと，定量的研究が行われるようになったのは第二次大戦後である．その中では，星野昌一や田口泖三郎，塚田敢，山崎勝弘などの方式ないし調和論が比較的知られている．また，細野尚志を中心とする日本色彩研究所グループや納谷嘉信を中心とする人間工学関西支部グループなどの研究がある．これらの研究は，多かれ少なかれ，ムーン夫妻の

調和論を批判するかたちをとっている．しかし，日本人固有の配色感覚が存在するかどうかは明らかにしていない．

　日本人の色彩感覚の特質は「多彩と渋みである」と説いたのは矢代（1965）である．しかし，ここでは，彼は日本美術によく現れる色の種類を指摘しているに過ぎない．また，長崎（1974）は，日本には，平安の「みやび」の色，鎌倉の「張り」の色，室町の「さび」の色などのように，その時代に比較的愛好された色があったと述べているが，これも色彩調和について述べたものではない．

　それでは，日本には色の調和に対する考え方や一定の技法がなかったかというとそうではない．野間（1958）が「暈繝彩色の展開とその法則」の中で述べているように，暈繝彩色（うんげんさいしき）は日本で発展したユニークな配色技法である（源流は西域の壁画にみられるという）．これは，本来は絵画の彩色技法であったが，後に平安貴族の装束や源平武士の鎧の縅（よろい おどし）などの色の配列に使われたといわれる．平安における貴族の配色感覚については，伊原（1982）などによって紹介されている．

　以上から判断すると，古くから，日本人はいわゆる同系色や類似色の調和美を重んじたと考えられる．もちろん，彼らは色の対比によって生じる調和美に気づいてはいたが，それを使うことは比較的少なかったようである．そこで，西欧の色の調和論は色対比の研究から発展したのに対して（ゲーテやシュヴリュールなど），日本のそれは色のぼかし（gradation）の研究から発展したとみてよいかもしれない．

　しかし，このこととわれわれの色彩調和に関する認識とは別問題である．すでに述べたように，筆者らの大規模な調査によれば，配色に対する好みは日本と欧米とでは若干異なるものの，同系または類似の色相からなるいわゆるトーンの異なる配色を好む点はどちらも共通性が認められる．したがって，欧米人は色相対比が強い配色を，日本人は色相対比が弱い配色を愛好すると考えるのは正しいとはいえない．

　ところで，欧米における古い研究は補色調和が中心であったが，色の三属性を同時に問題にするようになるにつれ，色空間内での色の位置や距離関係をこと細かに論じることには反省もみられる．たとえばアルバース

(Albers, J., 1963) は,「補色対とか, 三色相対とか四色相対とか指で測ることは, 忘れてもかまわない. そういうものは陳腐なのだ」とし,「その代わりに, 色の量や強度, 重量といった概念を使うことや色の透明性, 空間性, 交互性とか, 色の錯覚や新しい関係などを問題にすべきである」と指摘している.

アルバースやシャープ (Sharpe, D. T.) のような, 色の理論家でカラーリストでかつ色彩計画の専門家は, 1960 年代のサイケデリック運動 (psychederic movement) により"良き色彩用法に関する古き法則"は駆逐され, 新しい考え方が生まれつつあるとし,「色は美的で快適であるばかりでなく, 緊張があること, 興奮させること, 操作しやすいこと, 自由であること, 拡がりがあることといった要因を考慮しなければならない」(1974) と説いている.

だが, このことは, 色の組み合わせ方はでたらめでもよいといっているわけではない. 色環や色体系に基づいた色の調和の理論は, 知的活動によってもたらされた客観的な結論であるけれども, 色に対する反応は感情的な色合いが強いから, 感情を完全に満足させるとは限らないことをいっているのである. いずれにしろ, これまでの色調和の理論は完全なものではない. しかし, 十分とはいえないまでも, ビジネスや暮らしにおける色使用の指針となっていることもまた事実である.

6.2 シュヴリュールの色彩調和論

シュヴリュールは, フランスの染色化学の大家である. 彼は, 色彩対比に関する実験を最初に手がけた人として, 印象派や新印象派の画家たちと交際し, 彼らに強い影響を与えた人として知られている. 彼は, ゴブラン織りの王立研究所に勤めていたが, 彼が染めたある貴族の家紋の色が注文の色と違うことを指摘され, それを機に地色が図色の見え方に影響するいわゆる色対比の研究に着手した話は有名である.

ところで彼は, 著書『色彩対比の法則とその応用』(1854) の中で, 色の調和をつぎのように分類している.

近似調和にはつぎの三つがある．すなわち，

(1) 明度近似の調和——同色相で，明度がやや異なる調和．
(2) 彩度近似の調和——類似色相で，彩度が近似する調和．
(3) 色相近似の調和——色フィルターをとおして見たときのような主調色（dominant hue）による調和．

また対比調和にはつぎの三つがある．すなわち，

(1) 明度対比の調和——同色相で，明度差が大きい調和．
(2) 彩度対比の調和——類似色相で，彩度差が大きい調和．
(3) 色相対比の調和——補色の調和，彩度差も大きい調和．

以上の分類は，今日の調和論に通じるものがあり，色相の関係だけでなく，明度や彩度との関係を含めて考えた点は高く評価される．また，これより前に出版された『色彩調和と色彩対比の原理』(1839) には，つぎのような指摘がある．

(1) 2色の対比的調和は補色を組み合わせて得られる．
(2) 一次色である赤，黄，青のうちの2色を配したものは，一次色と二次色を配したものより調和しやすい（彼のいう二次色とは橙，緑，紫，三次色とは赤橙，橙黄，黄緑，緑青，青紫，紫赤．合計12色を環状に配して色環とする．ただし完全な補色色環とはいい難い）．
(3) その場合，一次色の方が二次色より彩度が高いときはよく調和する．
(4) もし2色が不調和の時は，間に白を入れると調和傾向は増す．白の代わりに黒を入れてもよい（この考え方は，先に述べた縁辺対比を抑制する囲み技法に由来すると思われる）．
(5) 黒は青や紫の暗濁色と組み合わせても，多くの場合不調和とならない．ただし，黒は彩度の高い色と組み合わせたほうが効果的である．
(6) 灰色は彩度の高い色と組み合わせるとよく調和するが，同時に彩度の低い色と組み合わせても調和する．ただし，灰色と青や紫の暗濁色の組み合わせは，黒を用いる場合ほどは調和しない．

以上から明らかなように，シュヴリュールの調和論は，配色に白，灰，黒を用いることの有効性を説いているのが一つの特色である．この点は，後にムーン夫妻の調和論に引き継がれることになる．

6.3 オストワルトの色彩調和論

　オストワルトは，配色の美しさの判断は個人の趣味・嗜好によって異なることを認めながらも，多数の人がこれを積極的に美しいといい，少なくとも快感を与えるという場合，なぜその配色が調和的であり，他はそうではないかについて何らかの根拠を与えるべきだと考えていた．そして，調和的関係にあるすべての配色は，構成色相互の間に一定の法則的関係があると考えた．

　もちろん，補色は調和的関係にあり，混色によって無彩色となるという法則的関係はゲーテやフィールドなどによって知られていたが，それ以外の配色についてはどのような法則が働いているかほとんどわかっていないのは無彩色の作用を見落しているからだと考え，彼独特の表色体系（図 2.17, 2.18, 2.19, 2.20）を考案し，それに基づいて色の調和を論じた．

　彼の表色体系はきわめて独創的であるが，彼の目的は，これを創ることにあったというよりは，「ドイツ人は，他のドイツ人によって一つの思想が代表されると，これに対する熱心な反対者となる性質がある」というビスマルクの言葉を引用していることからもわかるように（『色彩学通論』），同国人であるゲーテのそれに替わる調和論を確立することにあったとみてよかろう．彼の表色体系はその一手段であったのである．

　ところで，彼は「調和は法則に従う」といい，色の調和を得るためには「系統的法則に従って配色されねばならない」として，つぎのような法則をあげている．

(1) 灰色調和——三つの灰色はそれぞれの間隔が等しいときに調和する．

(2) 等色相面における調和——図 6.2 のように，等色相三角形上の色は調和する．それには，等白色量（isotints）系列の調和，等黒色量（isotones）系列の調和，等純色量（isochromes）系列の調和の三つがある．

(3) 等価値色（isovalents）の調和——色体系を軸に垂直な面で切れば，白と黒の含有量の等しい円環ができる．円環上の色は調和する．それには，色相間隔の大小からみて，類似色調和，異色調和（色相差が中程度の組み合わせで，ブリュッケやムーンたちはかならずしも調和とはいっていない），反対色調和の三つがある．

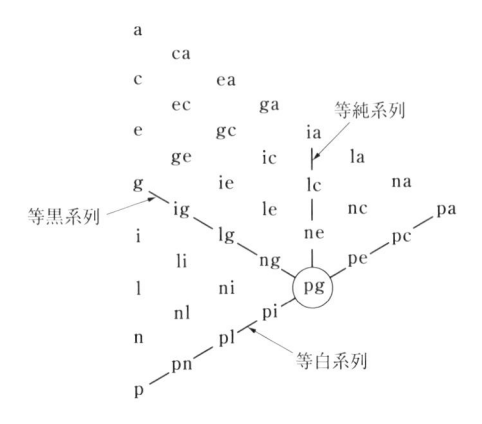

図6.2 オストワルトの等色相三角形における調和

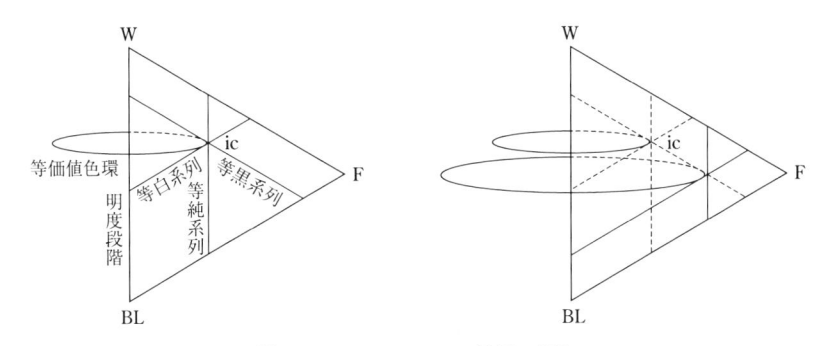

図6.3 オストワルトの輪星の調和

(4) 補色対菱形における調和——等価値色補色対の調和と斜横断色対の調和とがある．
(5) 非補色対菱形における調和——等価値色対の調和と斜横断色対の調和とがある．
(6) 輪星（ring stars）の調和——多色の場合の調和について述べたもので，図6.3のように，色立体の三角形上の一色（たとえばic）を含む任意の色の組み合わせは調和する．

以上がオストワルトの色彩調和論の概略である．彼は，これによって，ゲーテたちがとなえた調和論とは比較にならないほどの多様な色彩調和の法則

を導き得たとした．また，音楽における和声学に匹敵する配色学を確立できたと考えた．しかし，彼は，芸術家たちから自由を妨害するものだという反感を招くことを恐れたのか，これを強いる意志のないことを記している．

いずれにしろ，彼がいう調和配色とは，構成色相互が何らかの共通項を持つ配色のことであることは明らかである．そして，実際，彼のこの考え方はデザインの分野でよく利用されている．しかし，明度関係の調和についてはあまり言及されていないため，明暗の処理に苦労する画家の間ではいささか物足りないという意見もある．

6.4 ムーンとスペンサーの色彩調和論

マンセルは，マンセル色立体の上である方向に沿って色を選べば，①明度だけが変化する配色や，②色相だけが変化する配色や，③彩度だけが変化する配色が得られ，またこれら三つが複合した配色が得られると述べている．これに対して，ムーンとスペンサー夫妻は，マンセル表色系に準拠し，客観的で総括的な色彩調和論を展開した．

彼らは，それまでになされた色の調和の研究を概観し，その中に一つの規則的な体系を見出し，三つの論文を発表した．それらは，色の調和の区分に関するもの，面積効果に関するもの，配色の美度に関するものからなっており，いずれも1944年のアメリカ光学雑誌（JOSA）に掲載されている．

6.4.1 色彩調和の区分

彼らは，すべての色の組み合わせは調和と不調和のいずれかに分けることができ，調和配色は快感を与え，不調和配色は不快感を与え，また色の組み合わせには快と不快の順序があり，同時に美的価値があると考えた．彼らはこの美的価値が高いものを調和と呼んだ．

ここで，快適な組み合わせは，
(1) 2色の間隔があいまいでなく，
(2) オメガー空間（ω-space．ムーンとスペンサーが色の三属性について知覚的に等歩度性を持たせようとした独自の空間．ただし，マンセル色

空間に準拠しているから，普通はマンセル表色系を考えればよい）で表した点が簡単な幾何学的関係にあるように選ばれたとき得られる，と仮定する．

そして，調和と不調和にはつぎの種類があり，いずれもマンセル表色系上で説明され得る．すなわち，調和には，

① 同一調和：同じ色の調和，② 類似調和：似た色の調和，③ 対比調和：反対色の調和，

があり，不調和には，

① 第一不明瞭：ごく似た色の不調和，② 第二不明瞭：やや違った色の不調和，③ 眩輝 (glare)：極端な反対色の不調和，

がある．これを示すと表6.1のようになる．これを図示すると図6.4と図

表6.1 2色間の調和，不調和の範囲 (Moon, P. and Spencer, D. E., 1944 a)

調和範囲	不調和範囲	Vだけの変化	Cだけの変化	Hだけの変化
同一	第一不明瞭	0―1 j.n.d	0―1 j.n.d	0―1 j.n.d
		1 j.n.d―½	1 j.n.d―3	1 j.n.d―±7
類似	第二不明瞭	½―1 ½	3―5	±7―±12
		1 ½―2 ½	5―7	±12―±28
対比	眩輝	2 ½―10	7→	±28―±50
		>10	―	―

注) H. V. C. はマンセル記号，数字は段階 (Hは100分割) j.n.d. は最小判別閾値．

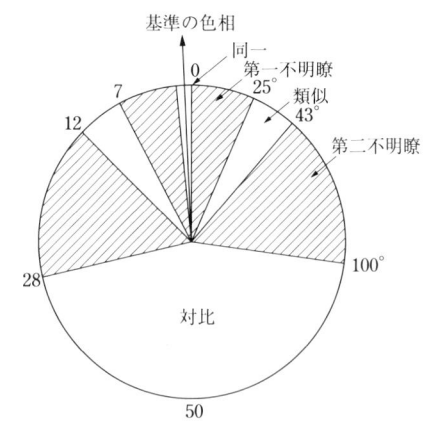

図6.4 明度一定平面における色相間の調和と不調和の範囲
(Moon, P. and Spencer, D. E., 1944 a)

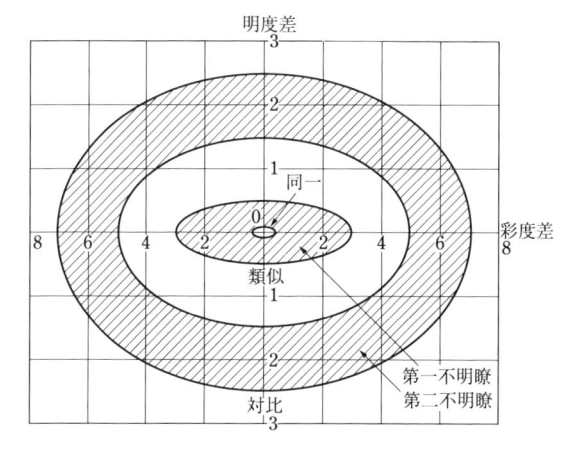

図 6.5 色相一定平面における明度・彩度間の調和と不調和の範囲
(Moon, P. and Spencer, D. E., 1944 a)

6.5 のようになる．色相差の調和区分はブリュッケの調和論を一歩進めて，あいまい領域を二つに分けたのが注目される（ただし，第一不明瞭領域が存在するかどうかは疑問とする説もある）．なお，彼らがあげた色彩調和の区分と配色例は表 6.2 のようである．

6.4.2　面積効果

色彩調和と面積との関係についてはつぎの三つの仮説を設けている．快適バランスは，

(1) オメガー空間の中の順応点に関するスカラー・モーメント（scalar moment）がすべての色に対して等しいときに得られる．ここで，スカラー・モーメントとは，マンセル表色系上である色から順応点（N 5，灰色）までの距離と面積の積をいう．いま，マンセルの彩度を C，明度を V，色の面積を S とすると，

$$S[(C)^2+64(V-5)^2]^{1/2}$$
$$=（面積）\times（ある色から N 5 までの距離）$$

で表される．

(2) スカラー・モーメントが簡単な倍数になるとき得られる．

表 6.2 色彩調和の分類 (Moon, P. and Spencer, D. E., 1944 a)

I 一属性のみの変化	1. (明度) の変化	A. 無彩色	(a) 2色	(b) 3色	(c) 3色以上
		B. 有彩色	(a) 2色	(b) 3色	(c) 3色以上
	2. (彩度) の変化		(a) 2色	(b) 3色	(c) 3色以上
	3. (色相) の変化		(a) 2色	(b) 3色	(c) 3色以上
II 二属性の変化	1. (色相) の一定面	A. 直線上の色			
		B. 三角形上の色			
		C. 矩形上の色			
		D. 円周上の色			
	2. (明度) の一定面	A. 2色			
		B. 二等辺三角形上の3色			
		C. 二つの三角形上の5色			
		D. 無彩色軸を中心とする円上の色			
		E. 有彩色の1点を中心とする円上の色			
	3. (彩度) の一定面	A. 2色			
		B. 無彩色軸を中心とする楕円上の色			
III 三属性の変化	1. (色相) 一定面に関するもの				
	2. (明度) 一定面に関するもの				
	3. (彩度) 一定面に関するもの				
	4. 傾斜面に関するもの				

表 6.3 N5の周りのモーメント・アーム (Moon, P. and Spencer, D. E., 1944 b)

V \ C	/0	/2	/4	/6	/8	/10	/12	/14
0 と 10	40	—	—	—	9 —	—	—	—
1 と 9	32	32.1	32.0	32.6	33.0	33.6	34.2	35.0
2 と 8	24	24.1	24.0	24.8	25.3	26.0	26.8	27.8
3 と 7	16	16.1	16.0	17.1	17.9	18.9	20.2	21.3
4 と 6	8	8.25	8.94	10.0	11.3	12.8	14.4	16.1
5	0	2	4	6	8	10	12	14.4

(3) 配色の感情効果はバランス・ポイントによって決まる．バランス・ポイント (balance point) とは，配色を回転混色して見られる色をいう．遠見の色と考えてもよい．

なお，ある色からN5までの距離はあらかじめ計算されており，それを表6.3に示す．

6.4.3 配色の美度

古代のギリシャ人は，"美とは……多様性の統一を表すことにある"とい

う考え方を持っていたといわれる．この"複雑さの中の秩序性（order in complexity）"という考え方を公式のかたちに置きかえたのは，バークホフ（Birkhoff, G. D., 1933）である．彼によると，美度 M は，

$$M = O/C \quad (ただし，O は秩序，C は複雑さ)$$

で与えられるものとする．

これによると，M の値を高めるには C の値を小さくすればよいから，非常に簡単なデザイン（配色）のとき，美度の高い調和が得られるということになる．極言すれば，単一色のときはもっとも秩序ある配色となるということになり（これを絶対調和という），矛盾が生じる．そこで，「美度は複雑さの程度が大きく，かつ秩序があるとき最大となる」と考えるべきだとして，アイゼンクは，$M = O \times C$ という公式を提案している．

しかし，そのような批判のあることは別にして，ムーンとスペンサーはバークホフの公式を色彩調和の美度の計算に導入した．そして，O を決めるには，色相，明度，彩度の関係や面積のバランスなどを考慮して美度係数を定めた．それは表 6.4 のようである（ただし，この算出方法は論文中に示されていない．おそらく，簡単な実験結果に基づくと思われる．その妥当性はともかく，彼らの色彩調和に関する考え方を数値で示したものと理解するほかない）．また，面積のバランスについては，スカラー・モーメントが 1 対 1 のときは 1.0，1 対 2 のときは 0.5，1 対 1/2 のときは 0.5，1 対 1/3 のときは 0.25，その他のときは 0 とする．さらに，C は，

$$C = (色数) + (色相差のある色対の数)$$
$$+ (明度差のある色対の数) + (彩度差のある色対の数)$$

で決まるとする．

そこで，実際に美度 M を計算するには，

表 6.4 美度係数（Moon, P. and Spencer, D. E., 1944 c）

区分	同一	第一不明瞭	類似	第二不明瞭	対比	眩輝
色相	+1.5	0	+1.1	+0.65	+1.7	—
明度	−1.3	−1.0	+0.7	−0.20	+3.7	−2.0
彩度	+0.8	0	+0.1	0	+0.4	—
灰色	+1.0					

(1) まず C を求める．
(2) 配色の各色のスカラー・モーメントを計算して，面積のバランスによる O の成分を決める．
(3) 色相・明度・彩度のおのおのの調和区分（表 6.1）に関する成分を計算する．
(4) 全部をまとめて M を求める．

となる．たとえば，R5/6 と R4/2 の同面積の配色では，
$$C = 2+0+1+1 = 4$$
$$O = 1(1.5)+1(0.7)+1(0.1) = 2.3$$
$$M = 2.3 \div 4 = 0.58$$

となり，M の値が 0.5 以上なら美しいとする．

このようにして実際に美度を求めてみると，
(1) 無彩色の配色は，有彩色の配色と同様，美度が高い．
(2) 同一色相の調和は非常に好ましい．
(3) 同一明度の配色は美度が低い．
(4) 同一色相・同一彩度の単純な配色は，いろいろな色相を使った複雑な配色より調和しやすい．

といえるので，M の値の決め方は妥当性があるというのが彼らの立場である．これに対しては，ポープ（Pope, A.）やアイゼンクたちによって批判が加えられた．たとえば，ポープは，ムーンとスペンサーは複雑な問題を単純化し過ぎているとか，色同士の対比を考えないで各色と灰色（N 5）との関係で面積を考えているとか，対比は秩序の要素であると同時に無秩序の要素でもあるとか，第一不明瞭というのは理解しにくいと批判した．

この批判に対して，彼らは，「十分でないにしても，数的な表現をし，真理に一歩近づいた．将来はもっと伝統や習慣の影響を含む式が作られるであろう」と反論している．いずれにしても，ムーンとスペンサー夫妻の調和論はそれまでの各種調和論を集大成したものであって，これを参考として配色を行えば非常にすぐれた配色が得られるかどうかは別にして，一定水準以上の調和が得られると考えられている．

6.5 最近の色彩調和論

ムーン夫妻の色彩調和に関する論文は，アメリカの有数の学術雑誌（JOSA）に掲載されたことや色彩調和を立体幾何学を使って解ける問題として扱っているようにみえたために注目を集めた．しかし，検証を行った研究者たちの間から，いくつかの点で疑問がだされている．

6.5.1 細野尚志らの研究

たとえば，細野・児玉（1956）は，美術・デザインの専門家 132 名と美大生 200 名に 664 種の二色配色を見せ，調和度を答えさせた結果を分析し，つぎのような問題点があると指摘している．

(1) ムーン夫妻の実験による数量化は少数の被験者によるもので，試験的範囲を出ていないもののようである．

(2) 夫妻は配色には快い色間隔と不快な色間隔があり，それは色相・明度・彩度それぞれの属性にあるはずだと仮定しているが，このことはわれわれの実験では明度以外では成り立たなかった．したがって，快い間隔あるいは調和する間隔といえるものは，各属性における色間隔の均衡関係にあるといえる．

(3) ポープがいうように，美的価値は統一と変化のよき関連性による．何らかの共通性や類似性があるところに変化を加味する調和と，変化を主にする色の組み合わせに共通性や統一感を加味する調和とが考えられる．

(4) 不調和になりやすい配色としては，色相・明度・彩度がともに似すぎた配色，色相・明度・彩度がともに対照的な配色，明度が同一か似すぎた配色などがあるが，ムーン夫妻の美度計算式に従えば三属性がともに対照的な配色は美度が最高となるはずで，われわれの実験結果と相容れない．

(5) ムーン夫妻の色の面積の定め方には疑問がある．面積のバランスを論ずるならば，同時に配置上のバランスやゲシタルト的な見え方の問題も考えなければならない．

6.5.2 納谷嘉信らの研究

納谷ら（1965）も，207名の被験者に102種の二色配色を見せ，シェッフェの一対比較法により色の調和のよさを5段階法で評定させた結果をムーン夫妻の美度と比べてみた（図6.6）．

これによると，実験結果（縦軸，a）と美度（横軸，M）とは無相関となり，ムーン夫妻の美度の算出方法には問題があることが示されている．そして，このこととは別に，納谷らは自らの実験結果に基づき，

(1) 無彩色は，青緑（BG）や紫（P）や青紫（PB）とはよく調和するが，黄（Y）や黄緑（GY）とはあまり調和しない．
(2) 色相の組み合せでは，同一または類似色相が調和しやすく，対比（反対）色相ほど調和しにくい．
(3) 片方に赤や緑，青がくる配色が調和が得やすく，黄や紫がくる配色が調和が得にくい．
(4) 全体に，明度差が大きいほど調和しやすい．

ことを明らかにした．

図6.7は，これを図解したものである．左(a)は，明度差と彩度差の大小の程度により，「調和領域(I)」と「中間的調和領域(II)」，「不調和領域(III)」とがあることを示している．右(b)は，色相差の大小よりも明度差が大きいほど調和しやすいことを示している．

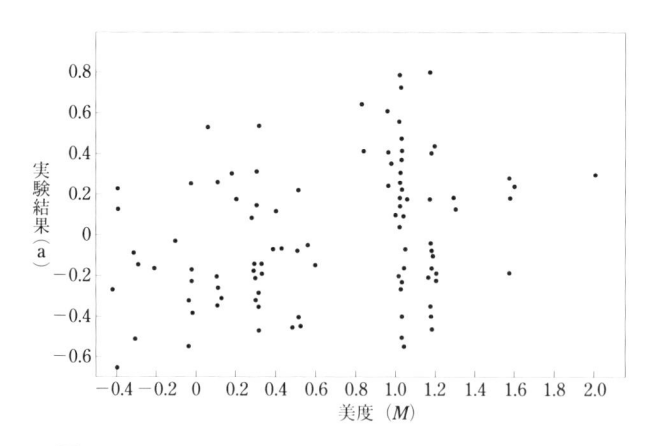

図6.6 ムーン-スペンサーの美度との比較（納谷ら，1965）

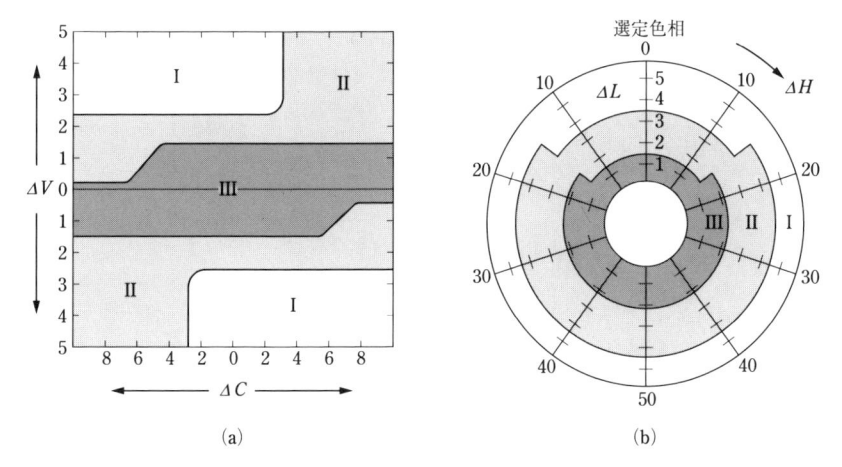

図 6.7 配色の調和・不調和区分（納谷・辻本，1966）
(a)は $\Delta V - \Delta C$ 面で，明度差—彩度差の選定に使用，(b)は $\Delta H - \Delta L$ 面で，色相差—明度差の選定に使用．
領域Ⅰは比較的良い調和の得やすい領域，領域Ⅱは中間調和域，領域Ⅲは比較的不調和となりやすい領域．

6.5.3 千々岩英彰らの研究

千々岩ら（1997a）は，53名の美術・デザイン系学生に352種の二色配色（片方に4とおりの赤または青がくる配色）を見せ，5段階法で色の調和度を答えさせた．図6.8は，矢印の色を基準とし，残り39色とを組み合わせたときの調和・不調和の度合いを網点の濃度の違いで表したものである（左右は色相の違い，上下はトーンの違いを表す）．

これによると，矢印の色と色相が同一か両隣りでトーンが異なる色が調和しやすく，色相差が大きくなるにつれて調和しにくいことがわかる．また，同じトーンか近いトーンの色を組み合わせた場合は，ペールトーンやダークトーンでは色相差は少ないほど調和することを示している．なお，この図の網版は，赤か青を片方に使った配色の評価実験結果に基づいて作図されたものであるけれども，これを左右にずらすことにより，それ以外の色同士の組み合せについても調和度を予測することができる．

このように，筆者らの二色配色の調和に関する実験結果は，色相差が少なく，トーン差とりわけ明度差が大きいほど調和することを示しており，ムー

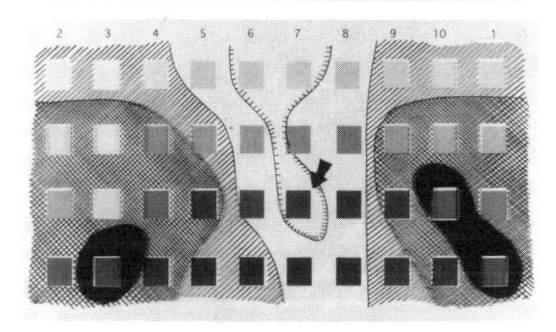

図 6.8 矢印の色と他の色との調和・不調和の区分（千々岩，1997 a）

横列は主要 10 色相（1 は赤），縦列はトーン 4 段階．明淡色を使った配色は明淡色同士も調和しやすいが（1 段目），純色（3 段目）や暗濁色（4 段目）を使った配色は明度差をつけないと調和しないことを示す．

ン夫妻がいう対比（対照）色相による調和が本当に成立するかどうか危ぶまれることを示している．さらに，色相を同一または類似，対照（反対）に取り，色のトーンをいろいろに変えて二色配色38種と三色配色24種を作り，2組の配色のどちらを好むかを答えさせた（20ヵ国・地域，美大生5375名）結果も，同一色相配色＞類似色相配色＞対照（反対）色相配色の順で好まれたことを考えると，色相差が大きいほど調和するという昔からいわれてきた考え方に疑問を抱かざるを得ない．

伝統的な学派に属するイッテンやムーン夫妻らは，「補色は調和であり，調和は均衡である」といい，新しい時代のカラーリストであるアルバースらは「非補色は非対称であり，非対称は緊張（tension）である」という．しかし，このどちらにも該当しない，弛緩タイプ（relaxed type）の色の調和の考え方が世界的に広く行われていることに驚かされる．

これは何を物語るか，にわかには結論できないけれども，色相の変化よりもトーンの変化がもたらす美がもっとも調和的で人気が高いとすると，アメリカのデザイナー・ドール（Dorr, R.）の「無彩色を含めてすべての色には，かならず黄か青か，どちらかのアンダートーン（under tone）があり，同じアンダートーンの色同士による配色が調和する」（貞子ネルソン，1994）という主張は，現実味のある主張であるといえよう．

6.5.4 ジャッドの色彩調和の原理

アメリカの色彩学者・ジャッド（Judd, D. B.）は，『色彩調和―注釈』(1950)の中で，過去における色彩調和論に関する42冊の著書の要旨を紹介すると同時に，色彩調和論は学問的には不十分としながらも，一般に受け入れられていることがらをつぎの四つにまとめている．

(1) 色の調和は，計画的に選ばれた色の並置から生まれる．色彩調和は知覚的等歩度色空間（たとえば，マンセル色空間）で考えることができる．色空間において規則的に選ばれた色（直線，三角形，円，楕円などの関係を有する色）は，秩序立っているといえるから調和する．これは，秩序（order）の原理といわれる．

(2) 人びとによく知られている配色が調和する．いいかえると，人は見な

れているものを好む．色彩調和の道案内人は自然である．緑のよき連続を欲しければ，日向と日陰の色を参考にすればよい．赤や橙は夕焼け空や紅葉からとればよい．黒や白，茶色の調和は冬景色，小鳥，昆虫などを参考にする．これは，熟知（familiarity）の原理といわれる．これによると，色空間で直線上の色が調和しやすいことになる（たとえば，オストワルトのシャドウ系列）．

(3) どんな配色も，ある程度共通の様相や性質を持つ色同士であれば調和する．2色が不調和な場合は，互いに色を適当に加え合わせる．こうすると，2色の差は少なくなり，共通性が認められるようになり，不調和でなくなる．これは，類同（similarity）の原理といわれる．

　この原理は，色立体の等色相面が色彩調和にとって卓越していることを示している（等色相の調和）．また，無彩色軸から等距離にある色環上の色は調和する（等彩度の調和）．色立体の水平面も色の調和に使える（等明度の調和）．ただし，等明度の配色は境目がはっきりしないから（リーブマン効果），この法則は強調するわけにはいかない．したがって，この原理は度を過ごしてはならない．なぜなら，単調になるからである．

(4) 色彩調和は，あいまいさがなく，明快な関係にある色の配色から生まれる．この原理は，第一の原理の当然の結果である．これは，明白性（unambiguity）の原理といわれる．この問題は，色の相互関係だけでなく，面積比にも関係する．白，灰，黒はどんな色と組み合わせても調和するが，彩度の高い色の地の上に小さな面積で使われると調和しないことがある（これは，色対比または色順応の効果が図に及んで，色の見えが不安定になるからである．色の見えの不安定さは不調和に通じる）．また，色同士が近接して区別がつきにくいときも調和感をそこなうので，色の差が区別できるように工夫する（囲み技法など）．

　これが，ジャッドの色の調和の原理の概略である．彼自身は色彩調和の専門家ではないから，慎重を期して，非常に控目に，しかし客観的な立場で，以上のような原理を導き出したものと思われる．われわれは，これらの原理を十分理解し，応用することによって，色の調和の問題を相当程度解決する

ことができる．ただし，四つの原理は別々のものと理解してはならない．多数の人びとによって，非常に美しく快適であるといわれる配色は，この四つのどの原理に照らしてみても，理に適っているとみられるからである．

　以上，色彩調和論の沿革を論じるとともに，何人かの研究者の調和論について述べた．それぞれは，色の調和を導くための色の選び方を述べているに過ぎず，また学問的には十分といえるものではないが，それだけに色の調和の問題は奥が深いといえるだろう．しかし配色の考え方や法則，原理などはこれらの調和論の中に一応網羅されており，実際上は不足はないと思われる．

　なお，これらの理論は，画家はもとよりグラフィックデザイン，インテリアデザイン，テキスタイルデザイン，服飾デザイン，環境デザインなど各種デザインの仕事に従事する人びとや一般の人びとにとって，応用範囲も広く，色彩使用上の指針を与えてくれるものと考えられる．

【終わりに】
色彩学の課題──快適色彩環境づくりをめざして

　色彩学は，これまで述べたように，光学や生理学，心理学，工学，文化人類学，造形学，美学などのありとあらゆる学問と関連を持っている．そのことは，『新編 色彩科学ハンドブック』［第2版］（東京大学出版会，1998）を開くまでもなく，本書からも実感されるであろう．

　それだけに，色彩学の何が重要と考えるかは，専門家の間で異なるのが当然である．また，色の専門家ではない一般の人びとにとっても，色のどんなところが知りたいかは個人により違うだろう．だから，色彩学に今後何を期待するかは，多岐であってよい．

　とはいえ，色に関心を持つ人びとには共通した課題意識があることもまた事実である．それは，一言でいえば，快適な色彩環境を創出するための理念と工学を確立することである．しかしこれは，決して新しい提案ではない．半世紀も前に，稲村が『色彩論』（1960）の中で，「色によってわれわれの生活環境を，働く職場を，楽しい雰囲気にする技術，これが20世紀の色彩技術─色彩調節である」と提唱したことがらと大同小異である．

　しかし，同じようなことを改めていうからには，理由がある．一つは，色彩機能主義運動の一環としての色彩調節（color control）が職場や家庭に普及したのはいいが，陳腐となってしまったことも確かである．最近は，色の機能の合目的的使用という観点から逸れた，非目的的な色の使用も各所で見られるようになってきた．このことは，環境プランナーのシャープ女史もいうように，色彩計画に緊張やエネルギー，運動といった概念を取り入れることが必要になったことを示している．したがって，快適な色彩環境といっても，その意味を問い直す必要があるだろう．

　もう一つは，この50年間に色材が自由に手に入るようになり，照明と色再現の技術が一段と進歩し，生活が大きく変わったことがあげられる．しかし，その変化には，プラス面だけでなくマイナス面もある．色が生活をはたして豊かにしているかどうかは，一概にいえない．都市の建築や看板，車や

バス，雑誌やスポーツ紙，ドラッグストアに陳列された各種容器のパッケージなどの中には，目をおおいたくなるような色使いをしている場合が少なくない．われわれは，色の快適な用い方についての確かな理念と技術を持っているかは甚だ疑問がある．

つぎに，そういう反省に立って行われている研究を2例とりあげよう．一つは，生命工学工業技術研究所の佐川ら（1995, 1996）を中心とするグループが行っている研究である．佐川らは，測色学の手法で色彩環境の快適度を測定するコンフォート・メーター（comfort meter）の開発に向けて研究を行っている．彼らは，環境（たとえば，インテリア）の色の快適度を測定するのに，色の数と色のあざやかさに着目する．

図Aは，色数および色のあざやかさの評価値と快適度の評価値との相関を示している．ここには，十分とはいえないまでも，色数とあざやかさが増すにつれ，快適度が低下する様子が示されている．佐川らは，この結果に自信を得て，最近は人手によらず機械的に色数とあざやかさを測定する方法を考案し，ビデオカメラで実際に撮影した画像の色の快適度をリアルタイムで表示する開発を進めている．

一方，千々岩ら（1997a）は，NEDOの委託を受け，「製品および環境の色彩設計を支援する色の快適性診断のためのソフトウェアの開発研究」を行っている．構想は佐川らの場合とあまり違わないが，色数とあざやかさのほかに，色のなじみ度や調和度，まとまり度を数値化し，診断に役立てているところは異なる．工業製品や環境（たとえば，インテリアやエクステリア）

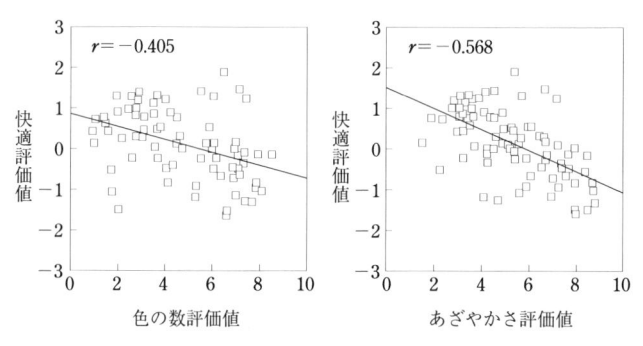

図A　快適評価値と色の数およびあざやかさ評価値との相関（佐川ら, 1995）

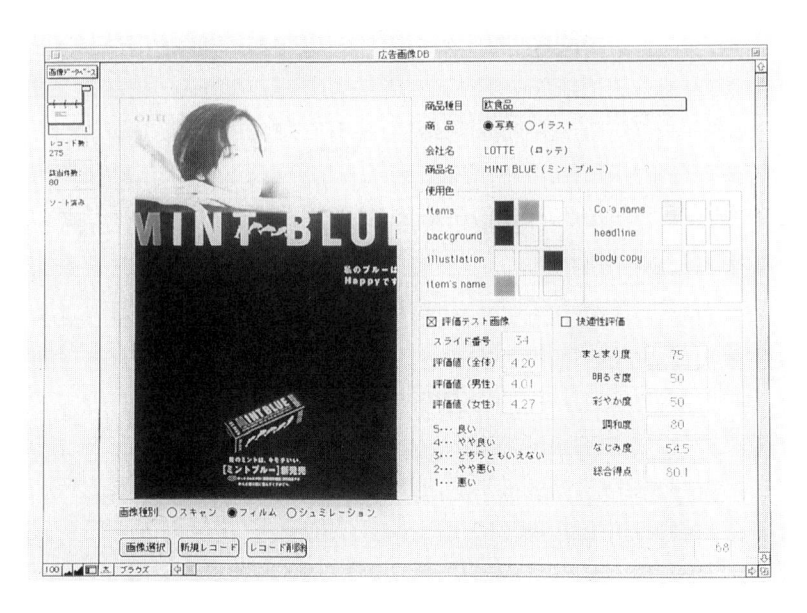

図 B 広告の色彩表現のコンピュータによる快適度診断画像例（千々岩・白石，1998）

の色は，それにふさわしいことを前提に決められる．これをなじみ度（親密度）と呼び，別途，製品や環境の色の使用実態を調べたデータベースを作成しておき，それに基づいて数値化する．

調和度は画像の主な色相互の調和得点（図 6.8 による）の平均値を，まとまり度は色相の偏差値を使う．その上で，快適度を従属変数，他を独立変数とする重回帰式を求め，色の全体的快適度を瞬時に算出する．また，全体の快適度を高めるには画像の各部の色をどのように改めるべきかも明らかにされる．図 B は，この方法を組み込んだソフトウェアを使って，広告の色の快適性診断を試みた例である．

これらの研究は，日が浅く，成否は今後の動きいかんにかかっている．しかし，色の美的快適作用という，色の感性をコンピュータを使って予知する研究が始まっていることは，21 世紀における色彩科学の一つの方向を示唆しているといえよう．

文　献

(＊文献は参照順に掲載)

本書全体にかかわる参考文献

1. 日本色彩学会編 (1998)：新編 色彩科学ハンドブック［第2版］, 東京大学出版会.
2. 日本色彩学会編 (1991)：色彩科学事典, 朝倉書店.
3. 大山　正・今井省吾・和気典二編 (1994)：新編 感覚知覚心理学ハンドブック, 誠信書房.
4. 金子隆芳 (1995)：色の科学, 朝倉書店.
5. 金子隆芳 (1988)：色彩の科学, 岩波新書.
6. 金子隆芳 (1990)：色彩の心理学, 岩波新書.
7. 大山　正 (1994)：色彩心理学入門, 中公新書.
8. 山中俊夫 (1997)：色彩学の基礎, 文化書房博文社.
9. 日本色彩研究所編 (1993)：色彩ワンポイント, 日本規格協会.
10. 東京商工会議所編 (2004)：カラーコーディネーション, 中央経済社.
11. 池田光男・芦澤昌子 (1992)：どうして色は見えるのか, 平凡社.
12. 千々岩英彰 (1984)：色を心で視る, 福村出版.
13. Sharpe, D. T. (千々岩英彰・斎藤美穂 訳, 1986)：色彩の力, 福村出版.
14. Burnham, R. W., Hanes, R. M. and Bartleson, C. J. (1963)：Color ; A guide to basic facts and concepts, John Wiley & Sons.
15. Hurvich, L. M. (鳥居修晃・和氣典二 監訳, 2002)：カラー・ヴィジョン, 誠信書房.
16. Zeki, S. (河内十郎 監訳, 2002)：脳は美をいかに感じるか, 日本経済新聞社.
17. Agoston, G. A. (1979)：Color Theory and Its Application in Art and Design, Springer-Verlag.
18. Judd, D. B. and Wyszecki, G. (本明　寛 監訳, 1975)：産業とビジネスのための応用色彩学, ダイヤモンド社.

第1章　色の世界の成り立ち

1. Milton, J. (平井正穂 訳, 1981)：失楽園, 岩波文庫.
2. Keller, H. (岩橋武夫 訳, 1966)：わたしの生涯, 角川書店.
3. 岩田　誠 (1997)：見る脳・描く脳, 東京大学出版会.
4. Ramachandran, V. S. and Blakeslee, S. (山下篤子 訳, 1999)：脳の中の幽霊, 角川書店.

5. Mach, E.（須藤吾之助・廣瀬　渉 訳, 1971）：感覚の分析, 法政大学出版局.
6. OSA Report (1943): The Concept of Color, *J. Opt. Soc. Amer.*, **33**, 544-554.
7. JIS Z 8105（2000）：色に関する用語, 日本工業規格.
8. JIS Z 8722（1982）：物体色の測定方法, 日本工業規格.
9. JIS Z 8724（1983）：光源色の測定方法, 日本工業規格.
10. 鈴木恒男・小町谷朝生（2000）：色彩教育のカリキュラムの検討（その 2）, 色彩学会誌, **24**, 40-41.
11. Katz, D. (1935): The world of color, Trans. from German by Macleod, R. B. & Fox, C. W., First reprinting 1970, Johnson Reprinting Co.
12. 金子隆芳（1959）：色の見え方の諸条件とその様相, 心理学評論, **3**, 162.
13. Goethe, J. W.（高橋義人, ほか 訳, 1999）：色彩論, 工作舎.
14. Goldstein, K. (1942): Some experimental observations: The influence of color on the functions of the organism, *Occupational Therapy*, **2**, 147-151.
15. Osgood, C. E. and Suci, G. J. (1957): The Measurement of Meaning, Univ. of Illinois Press.
16. Publication CIE No. 15.2 (1986): Colorimetry.
17. Wright, W. D. (1969): The Measurement of Colour, Adam Hilger.
18. 太田　登（1993）：色彩工学, 東京電機大学出版局.
19. McKinley, R. W. (ed.) (1947): IES Lighting Handbook, New York, Illuminating Engineering Society.
20. Evans, R. M. (1948): An Introduction to Color, John Wiley & Sons.
21. Newton, I. (1730): Optics or A Treatise of the Reflections, Refractions, Inflections and Colour of Lights, Dover, 1952 (Reprint).
22. Österberg, C. A. (1935): Topography of the layer of rods and cones in the human retina, *Acta Ophthalmol.*, suppl., **6**, 103.
23. Polyak, S. L. (1941): The Retina, Univ. of Chicago Press.
24. Dowling, J. E. and Boycott, B. B. (1966): Organization of the primate retina, *Proc. Roy. Soc. B.*, **166**, 80-111.
25. Kuffler, S. W. and Nicholls, J. G. (1976): From Neuron to Brain, Sinauer.
26. Livingston, M. S. and Hubel, D. H. (1984): Anatomy and physiology of a color system in primate visual cortex, *J. Neuroscience*, **4**, 309-356.
27. Zeki, S. (1980): The representation of colours in the cerebral cortex, *Nature*, **284**, 412-418.
28. Wald, G. (1949): The photochemistry of vision, *Doc. Ophthalmol.*, **3**, 94.
29. 福島邦彦（1976）：視覚の生理とバイオニクス, 電気通信学会, **39**.
30. 太田安雄・清水金郎（1990）：色覚と色覚異常, 金原出版.
31. 太田安雄（1980）：新編 色彩科学ハンドブック, 東京大学出版会, 473.
32. 池田光男（1989）：色彩工学の基礎, 朝倉書店.

33. Sacks, O. (大庭紀雄・春日井晶子 訳, 1999)：色のない島へ―脳神経科医のミクロネシア探訪記, 早川書房.
34. Jameson, D. and Hurvich, L. M. (1955): Some quntitative aspects of an opponent-color theory, *J. Opt. Soc. Amer.*, **45**, 546-552.
35. Granit, R. (1947): Sensory Mechanisms of Retina, Oxford Univ. Press.
36. Walraven, P. L. and Bouman, M. A. (1966): Fluctation theory of colour discrimination of normal trichromats, *Vision Research*, **6**, 567-586.
37. Ratliff, F. and Hartline, H. K. (1959): The responses of Limulus optic nerve fibers to patterns of illumination on the retinal mosaic, *J. of. Gen. Physiol.*, **42**, 1241-1255.

第2章 色の表し方

1. 川上元郎・小松原仁 (1999)：新版・色の常識 (第2版), 日本規格協会.
2. 側垣博明 (1998)：新編 色彩科学ハンドブック [第2版], 東京大学出版会, 183
3. JIS Z 8720 (1983)：測色用の標準の光及び標準光源, 日本工業規格.
4. JIS Z 8701 (1982)：XYZ 表色系及び $X_{10}Y_{10}Z_{10}$ による色の表示方法, 日本工業規格.
5. JIS Z 8721 (1993)：色の表示方法―三属性による表示方法, 日本工業規格.
6. Guild, J. (1931): The colorimetric properties of the spectrum, *Phil. Trans. Roy. Soc., London*, **A230**, 149-187.
7. MacAdam, D. L. (1974): Uniform color scales, *J. Opt. Soc. Amer.*, **64**, 1691-1702.
8. MacAdam, D. L. (1937): Projective Transformation of ICI-Color specification, *J. Opt. Soc. Amer.*, **27**, 294-299.
9. MacAdam, D. L. (1942): Visual Sensitivity to color differences in day-light, *J. Opt. Soc. Amer.*, **32**, 247-274.
10. Newhall, S. M., Nickerson, D. and Judd, D. B. (1943): Final report of the OSA subcommitee on the spacing of the Munsell colors, *J. Opt. Soc. Amer.*, **33**, 385-418.
11. Robertson, A. D. (1977): The CIE 1976 Color-difference formulae, *Color Res., Appl.*, **2**, 7-11.
12. Ostwald, W. (佐藤昌二 訳, 1942)：色彩学通論, 成武堂.
13. Ostwald, W. (都築洋次郎 訳, 1977)：オストワルト自伝, 東京書籍.
14. Nickerson, D. (1961): Newsletter No. 156: on Burnham, R. et al. (1963): Color; A guide to basic facts and concepts, John Wiley & Sons.
15. Richter, M. and Witt, K. (1986): The story of the DIN color system, *Color Res. Appl.*, **11**, 138-145.
16. Swedish Standards Institution (1990): Svensk Standard SS 01, 91, 00,

Färgbeteckningssystem, Stockholm.
17. 日本色彩学会 ISO/TC-187 色表示国内委員会（1993）：NCS に関するスウェーデン規格, 色彩学会誌, **17**, 209-217.
18. 金子隆芳（1993 a）：カラーオーダーシステム国際標準化の行方, 色彩学会誌, **16**, 134-139.
19. 金子隆芳（1993 b）：カラーオーダーシステムの構成概念の変遷, 色彩学会誌, **17**, 220-225.
20. 坂田勝亮（1993）：Natural Color System（NCS）の原理的背景, 色彩研究, **40**, 10-16.
21. 細野尚志（1967）：PCCS の骨子と系統色名の領域設定, 色彩研究, **13**, 73-81.
22. 細野尚志（1969）：PCCS の色相分割についての最終報告, 色彩研究, **16**, 34-39.
23. 細野尚志（1972）：トーン系列の設定, 色彩研究, **19**, 46-51.
24. 松家雄一（1994）：PCCS トーン系列の明度特性, 色彩研究, **41**, 13-26.
25. JIS Z 8102（2001）：物体色の色名, 日本工業規格.
26. JIS Z 8110（1991）：光源色の色名, 日本工業規格.

第3章　混色の原理と応用

1. Grassman, H. G. (1853): Theory of compound colors; Sources of Color Science (ed., MacAdam, D. L., 1970), 53-60., The MIT Press.
2. 納谷嘉信（1980）：産業色彩学, 朝倉書店.
3. 平井敏夫（1989）：色をはかる, 日本規格協会.
4. 日本色彩研究所編（1993）：色彩ワンポイント「色彩管理の実際」, 日本規格協会.
5. 一見敏夫（1988）：色彩学入門, 日本印刷新聞社.
6. 三宅洋一（2000）：ディジタルカラー画像の解析・評価, 東京大学出版会.

第4章　色の感覚的・知覚的作用

1. König, A. (1891): on Boring, E. G. (1950); Sensation and Perception in the History of Experimental Psychology, Appleton Century Crofts.
2. 日本照明学会編（1979）：最新・やさしい明視論（改訂版）, 日本照明学会.
3. Hurvich, L. M. and Jameson, D. (1966): The Perception of Brightness and Darkness, Allyn & Bacon.
4. Hecht, S., Shlaer, S. and Pirenne, M. H. (1942): Energy, quanta and vision, *J. Gen. Physick*, **25**, 819-840.
5. Pirenne, M. H. (1967): Vision and the Eye, 2nd. ed., London: Chapman & Hall.
6. Hecht, S. and Hsia, Y. (1945): Dark adaptation following light adaptation to red and white lights, *J. Opt. Soc. Amer.*, **35**, 261-267.

7. Hecht, S., Haig, C. and Chase, A. M. (1937): The influense of light-adaptation on subsequent dark-adaptation of the eye, *J. Gen. Physiol.*, **20**, 813-850.
8. Coblentz, W. W. and Emerson, W. B. (1918): on Le Grand, Y. (1968); Light, Color and Vision, Chapman & Hall.
9. 芹澤昌子・池田光男 (1987)：色の目立ちの照度レベルによる変化―プルキンエ移行の影響, 照明学会誌, **71**, 612-617.
10. 芹澤昌子・池田光男 (1990)：照明レベルの変化と色票の等価明度, 色彩学会誌, **14**, 63-64.
11. Purdy, D. M. (1937): The Bezold-Brücke phenomenon and colours of constant hue, *Amer. J. Psychol.*, **49**, 313-315.
12. Priest, I. G. and Brickwedde, F. G. (1938): The minimum perceptible colorimetric purity as a function of dominant wave-length, *J. Opt. Soc. Amer.*, **28**, 133-139.
13. Le Grand, Y. (1968): Light, Colour and Vision, Chapman & Hall.
14. 安西二郎 (1977)：京都心理学散歩, 東京書籍.
15. McCollough, C. (1965): Color adaptation of edgedetectors in the human visual system, *Science*, **149**, 1115-1116.
16. ApTaMOHOB, I. D. (倉嶋　厚・芹川喜久子 訳, 1972)：目の錯覚, 総合出版社.
17. MacAdam, D. L. (1956): Chromatic adaptation, *J. Opt. Soc. Amer.*, **46**, 500-513.
18. Ramachandran, V. S. (1988 a): Perception of depth from shading, *Sci. Amer.*, **269**, 76-83.
19. Ramachandran, V. S. (1988 b): Perception of shape from shading, *Nature*, **331**, 163-166.
20. Albers, J. (1963): The Interaction of Color, Yale Univ. Press.
21. Diamond, A. L. (1962): Brightness of as a function of its area, *J. Opt. Soc. Amer.*, **52**, 700-706.
22. Solso, R. L. (鈴木光太郎・小林哲生 訳, 1997)：脳は絵をどのように理解するか, 新曜社.
23. Ratliff, F. (船津孝行 訳, 1975)：輪郭とコントラスト（別冊サイエンス所収）, 日本経済新聞社.
24. Craik, K. J. W. (1940): Origin of visual after-images, *Nature*, **145**, 512.
25. 濱田治良 (1980)：Craik-O'Brien 効果および Cornsweet 効果の誘導機制について, 心理学研究, **51**, 55-62.
26. 山中俊夫, ほか (1970)：色対比に関する研究（その 3）, 各種色背景上の無彩色に生じる色誘導量の推定, 電試彙報, **34**, 330-393.

27. Kirschmann, A. (1891) : on Graham, C. H. (ed., 1965) : Vision and Visual Perception, John Wiley & Sons.
28. Jameson, D. and Hurvich, L. (1964) : Theory of brightness and color contrast in human vision, *Vision Res*., **4**, 135-154.
29. 和田陽平 (1968)：知覚における同化・対比の概念, 安部三郎先生古稀記念, 現代心理学論集所収（明星大学心理学研究室編）.
30. Helson, H. (1963) : Studies of anomalous contrast and assimilation, *J. Opt. Soc. Amer*., **53**, 179-184.
31. Redies, C., Spillmann, L. and Kunz, K. (1984) : Colored neon flanks and line gap enhancement, *Vision Res*., **24**, 1301-1309.
32. 三浦佳世 (1984)：視覚系における色と形の相互作用—随伴残効に関する最近の知覚を中心に, 光学学会誌, **13**, 270-279.
33. Bartleson, C. J. (1960) : Memory colors of familiar objects, *J. Opt. Soc. Amer*., **50**, 73-77.
34. 児玉 晃 (1973)：膚色の実際とイメージ, テレビジョン学会編, 測色と色彩心理, 167-189.
35. Land, E. H. (1959) : Experiments in color vision, *Scientific Amer*., **237**, 108-128.
36. 千々岩英彰 (1968)：色弁別に及ぼす等色視野の大きさおよび周辺視野色の効果について, 武蔵野美大研究紀要, **6**, 74-94,
37. Fagan, J. F. (1974) : Infant color perception, *Science*, **140**, 296-297.
38. Fantz, R. L. (1963) : Pattern vision in newborn infants, *Science*, **140**, 296-297.
39. 塚田 敢 (1978)：色彩の美学, 紀伊国屋書店.
40. 千々岩英彰・矢部和子 (1968)：カラーコントラスト感スケール作成の試み, 日本色彩学会予稿集.
41. 神作 博 (1972)：安全色彩の誘目性について, 色彩学会誌, **1**, 1.
42. 篠森敬三 (1997)：高齢化と色の見え, カラーフォーラム JAPAN '97 論文集, 89-95.
43. 雨宮政次 (2001)：色の錯視—同化による視覚効果, 六耀社.

第5章 色の認知的・感情的作用

1. OSA (1953) : Science of Color, Crowell, T. Y.
2. Barlow, H. B. (1958) : Temporal and spatial summation in human vision at different background intensities, *J. of Physiol*., **141**, 337-350.
3. Wallis, W. A. (1953) : The influence of color on apparent size, *J. Gen. Psychol*., **13**, 193.
4. Oyama, T. and Nanri, R. (1960) : The effect of hue and brightness on size

perception, *Jap. Psychol.*, **2**, 13-20.
5. Oyama, T. and Yamamura, T. (1960) : The effect of hue and brightness on the depth perception in normal and color-blind subjects, *Psychologia*, **3**, 191-194.
6. Lundholm, H. (1925) : The affective tone of lines ; Experimental researches, *Psychol. Rev.*, **28**, 43-60.
7. 出村洋二 (1978)：色彩と形態の関連性についての考察, 稲村女子短期大学研究紀要, **3**, 29-38.
8. de Vries, Ad. (山下主一郎, ほか 訳, 1984)：イメージ・シンボル辞典, 大修館.
9. 大山 正 (1962)：色彩の心理効果, 照明学会誌, **46**, 452-458.
10. Odbert, H. A. et al. (1942) : Studies in synesthetic thinking ; I. Musical and verbal association of color and mood, *J. Gen. Psychol.*, **26**, 153-173.
11. Schoen, M. (1940) : The Psychology of Music, New York (Ronald).
12. Kandinsky, W. (西田秀穂 訳, 1958)：抽象芸術論, 美術出版社.
13. 白石 学 (1999)：旋律に対する視覚的要素―旋律の構成要素別による視覚化および情緒反応の研究, 芸術工学会, 日韓国際論文集, **21**, 119-124.
14. 大山 正・瀧木 誓・岩澤秀紀 (1993)：セマンティック・ディファレンシャル法を用いた共感覚性の研究, 行動計量学, **20**(39), 55-64.
15. 川染節子 (2000)：食品の色と官能評価, 官能評価学会誌, **4**, 100-105.
16. 大藤 正 (1981)：味覚識別に対する着色の影響, 官能検査シンポジウム報文集, 55-58.
17. 荻木裕一, ほか (1979)：フレグランス・イメージオロジィ――香りの共通言語の作成, 日科技連・官能検査シンポジウム発表報文集.
18. 官能検査研究会報告 (1980)：匂いと色のイメージの関連性, 日科技連・官能検査シンポジウム発表報文集.
19. Smetz, G. (1969) : The expression of red and blue, *Perceptual and Motor Skill*, **29**, 511-514.
20. Taylor, C. D. (1930) : Visual perception versus visual plus kinaesthetic perception in judging colored weights, *J. of Psychol.*, **4**, 229-246.
21. 千々岩英彰・相馬一郎・富家 直 (1964)：色彩の感情効果に関する研究(2), 日心発表論文集, 100.
22. 木村俊夫 (1950)：色の見かけ上の温かさと重さに就いて, 心理学研究, **20**, 33-36.
23. Newhall, S. M. (1941) : Warmth and coolness of colors, *Psycho. Record*, **4**, 198-212.
24. 川上元郎・近江源太郎・大井義雄 (1993)：暖色・寒色に関する研究, 色彩研究, **41**(2), 13-27.
25. 千々岩英彰 (1999)：図解・世界の色彩感情事典, 河出書房新社.

26. 千々岩英彰・相馬一郎・富家　直（1965）：色彩の感情効果の研究(3), 応心発表論文抄録集, 150-151.
27. 千々岩英彰・相馬一郎・富家　直（1963）：色彩の感情効果の研究(2), 応心発表論文抄録集, 152-153.
28. 柳瀬徹夫（1982）：色彩計画, 工業デザイン全集, 第4巻所収, 日本出版サービス.
29. 神作順子（1963）：色彩感情の分析的研究, 心理学研究, **34**, 1-12.
30. Oyama, T., Soma, I., Tomiie, T. and Chijiiwa, H. (1962): A factor analytical study on affective responses to colors, *Acta Chromatica*, **1**, 164-173.
31. 納谷嘉信・辻本明江, ほか（1965）：2色調和の一対比較法による検討（色調和の研究, その2）, 電試彙報, **29**, 914-932.
32. 乾　正雄（1961）：Semantic Differential 法による建築の色彩効果の測定, 建築学会誌, **67**, 105-113.
33. 納谷嘉信・辻本明江（1968）：3色配色の Semantic Differential 法による感情分析（その2）, 実験結果の因子分析による解析, 電試彙報, **32**, 195-220.
34. 近江源太郎（1974）：配色における調和感と他の評価との関係, 色彩研究, **21**, 23-27.
35. Guilford, J. P. and Allen, E. C. (1936): Factors determining values to color combinations, *Amer. J. Psychol.*, **48**, 643-648.
36. Guilford, J. P. (1940): There is system in color preference, *J. Opt. Soc. Amer.*, **30**, 455-459.
37. Lawler, C. O. and Lawler, E. E. (1965): Color-mood association in young children, *J. Gen. Psychol.*, **107**, 29-32.
38. Eysenck, H. J. (1941): A critical and experimental study of colour preferences, *Amer. J. Psychol.*, **54**, 385-394.
39. Kreitler, H. and Kreitler, S. (1972): Psychology of the Arts, Duke Univ. Press.
40. Teller, D. Y. (1986): Assessment of visual acuity in infants and children, *Developmental Medicine and Child Neurology*, **28**, 779-789.
41. Staples, R. (1932): The responsiveness of infants to colour, *J. Experimental Psychol.*, **15**, 119-141.
42. 影山明子・小森谷慶子・坂田勝亮（1990）：高齢者の色彩嗜好に関する調査研究(1), 色彩学会誌, **14**, 21-22.
43. 今井弥生（1994）：高齢者の色彩嗜好, 色彩学会誌, **17**, 201.
44. 尾崎商事㈱研究グループ（1995）：全国高校生の色彩嗜好とイメージ・意味に関する調査（未発表）.
45. Funatsu, K., Tsukada, I. and Sato, M. (1964): A study of color preferences, *Acta. Chromatica*, **1**, 138-146.

46. Schaie, K. W. and Heis, R. (1964): Color and personality, Grune & Stratton, Inc.
47. 松岡 武 (1995)：色彩とパーソナリティー, 金子書房.
48. 千々岩英彰 (1977)：日本人の色彩嗜好とそれを規定する諸要因の数理的解析, 武蔵野美大研究紀要, **9**, 37-60.
49. 千々岩英彰・代 喜一 (1982)：多変量解析法による色彩嗜好の内的構造分析, 日本心理学会大会予稿集.
50. McClelland, D. C. et al. (1953): The Achievement Motive, Appleton-Centry-Crafts.
51. Berlyne, D. E. (1974): Study in the New Experimental Asthetics, Hemisphere Pub. Co.
52. Wolff, W. (1943): The Expression of Personality, Harper & Brothers.
53. 千々岩英彰・下村千早・馮 節 (1993)：色彩感情の交叉文化的研究(1)―日本中国美術系学生の色彩感情の比較研究, 武蔵野美大研究紀要, **24**, 109-120.
54. 千々岩英彰 (1995)：色彩感情の交叉文化的研究(2)―日・韓・中・台美術系学生の色彩感情の比較研究, 武蔵野美大研究紀要, **26**, 45-54.
55. 千々岩英彰 (1981)：色彩の内包的意味に関する心理学的研究, 武蔵野美大研究紀要, **13**, 62-80.
56. 千々岩英彰, ほか (1997 a)：色彩認知と色彩感情等, 色彩に対する官能値の国際的データベースの構築とそれを製品および生活環境に反映させるマルチメディアシステムの研究開発, 平成7年度提案公募型・最先端分野研究開発・成果報告会予稿集, 350-351, NEDO.
57. 千々岩英彰 (1997 b)：色彩に対する官能値の国際的データベースの構築とその成果, 武蔵野美大研究紀要, **28**, 41-55.

第6章 色の美的作用

1. Brücke, E. (1887): Die Physiologie der Farben für die Zweeke der Kunstwerbe (Judd, D. B., 1950, ISCC, Newsletter).
2. Chevreul, M. E. (1854): The principles of harmony and contrast of colours and their applications to the arts (Based on the first English ed., 1987), Reinhold Pub. Co.
3. Field, G. (1854): on Rood, O. N. (1973): Modern Chromatics, Noted by Birren, F., Van Norstrand Reinhold.
4. Ostwald, W. (1931): Colour Science―The harmony of colours, Winsor & Newton.
5. Munsell, A. H. (1947): A color notation, 10th ed., Baltimore, Munsell Color Co.
6. 星野昌一 (1957)：色彩調和と配色, 丸善.

7. 長崎盛輝（1974）：色の日本史, 淡交社.
8. 矢代幸雄（1965）：日本美術の特質, 岩波書店.
9. 野間清六（1958）：暈繝彩色の展開とその法則, 仏教芸術, **37**, 28-36.
10. 伊原　昭（1982）：平安朝の文学と色彩, 中公新書.
11. 福田邦夫（1996）：色彩調和論, 朝倉書店.
12. Moon, P. and Spencer, D. E. (1944 a) : Geometric formulation of classical color harmony, *J. Opt. Soc. Amer.*, **34**, 46-59.
13. Moon, P. and Spencer, D. E. (1944 b) : Areas in color harmony, *J. Opt. Soc. Amer.*, **34**, 93-103.
14. Moon, P. and Spencer, D. E. (1944 c) : Aesthetic measure applied to color harmony, *J. Opt. Soc. Amer.*, **34**, 234-242.
15. Pope, A. (1944) : Notes on the problem of color harmony and the geometry of color space, *J. Opt. Soc. Amer.*, **34**, 759-765.
16. Birkhoff, G. D. (1933) : Aesthetic Measure, Harvard Univ. Press.
17. 細野尚志・児玉　晃（1956）：調和に対する志向の個人差と類型について, 色彩研究, **5**(2), 5-8.
18. Judd, D. B. (1950) : Color harmony—An annotated bibliography, ISCC Newsletter.
19. Itten, J.（大智　浩・手塚又四郎 訳, 1964）：色彩の芸術, 美術出版社.
20. 納谷嘉信・辻本明江（1966）：2色配色の調和域について（色調和の研究, その5）, 電試彙報, **30**, 889-900.
21. 貞子ネルソン（1994）：新カラーコーディネイト術, 現代書林.
22. 稲村耕雄（1960）：色彩論（改訂版）, 岩波新書.
23. 佐川　賢・清水　豊（1995）：色彩環境の視覚的快適性に関する実験的検討, 照明学会誌, **79**, 703-709.
24. 町田奈津子・佐川　賢・菊地　正（1996）：室内色彩環境の快適性と彩度分布, 色彩学会誌, **20**, 92-93.
25. 千々岩英彰（1997 c）：色彩設計のための色彩快適性評価システムの研究開発, カラーフォーラム JAPAN '97 論文集, 137-140.
26. 千々岩英彰・白石　学（1998）：広告色彩の快適性評価システムの研究開発, 武蔵野美大研究紀要, **29**, 29-39.
27. 千々岩英彰・王　超鷹・宋　璽徳・申　煕卿・崔　貞伊・白石　学（2003）：広告色彩評価に関する先見的研究――日中台韓学生は広告の色彩表現をどう評価するかを予測する, 武蔵野美術大学研究紀要, **34**, 5-12.
28. 千々岩英彰・森江健二・王　超鷹・宋　璽徳・崔　貞伊・多賀いずみ・白石　学（2005）：日本・中国・台湾・韓国美術大学学生の色彩認知と色彩感情に関する交差文化的研究, 武蔵野美術大学研究紀要, No. 36.

注）各章で重複する文献は後の方を省略した．

索　引

ア行

アイゼンク（Eysenck, H. J.）	168
青木誠四郎	168
明るさ	15, 93
アブニー効果	101
油絵の具	30
アマクリン細胞	34
アラウザル説	178
アルバース（Albers, J.）	118, 125, 141, 198-199, 213
暗順応	110
──曲線	98
暗所視曲線	98
アンダートーン	213
閾値・面積曲線	143
池田光男	99
石原忍式色覚検査法	41
市川　宏	43
一色型色覚	41, 42
出村洋二	146, 147
イッテン（Itten, J.）	146, 213
稲村耕雄	216
今井弥生	172
今田　恵	168
色鉛筆	30
色温度	52, 164
色・形分類検査	171
色刺激	7-9
色収差説	145
色順応	113
色知覚における個人差	133
色と味	150
色と音	149
色と温冷（暖寒）感	156
色と香り	150
色と軽重感	155
色と時間感覚	154
色と派手地味感	158
色によるコミュニケーション	187
色の意味	186, 187
──空間	187
色の快適性	17
色の快適度	217
色の概念	5
色の活動性	16
色の感情空間	187
色の感情効果	160
色の樹	16
色の恒常性	116
色の三属性	8, 14, 16
色の識別能力	135
色の象徴	179
──性	187
色の心理的作用	16
色の心理物理学的定義	9
色の属性間効果	162
色の対比	123
色の知覚能力	133
色の定義	8
色の同化現象	127
色のなじみ度	218
色の配置	54
色の迫力	146
色の美的快適作用	218
色の拡がり	141
色のぼかし	198
色の見え方	10
色の見えやすさ	136
色の誘目性	137
色の力量性	17
色の連想	179
色反応	171
色み	74, 75, 93

色見本	105	形反応	175
色立体	16	カッツ（Katz, D.）	13
岩絵の具	30	金子隆芳	65
岩田　誠	3, 37	加法混色	83, 88
因子分析的研究	165	カラー印刷	88
因子分析法	163	カラーオーダーシステム	76
ウァリス（Wallis, W. A.）	144	カラーコントラスト感尺度見本	137
ヴァリュー	63	カラー写真（映画）	86, 88
ヴォルフ（Wolff, W.）	180	カラーテレビジョンの画像	86
ウォルラーヴェン（Walraven, P. L.）	50	カラー・ピラミッド検査	175
暈繝彩色	198	カラー・マッチング法	119
ヴント（Wundt, W.）	166	カラーリスト	90
──の中庸説	177	感覚化時間	106
──の感情三方向説	166	神作順子	165
映像と音楽	150	神作　博	138
エヴァンス（Evans, R. M.）	25, 59	寒色	16, 152
絵の具	30	完全色	68
エル・グレコ（El Greco）	196	桿体	32
演色性	23, 114	──視曲線	98
近江源太郎	167	カンディンスキー（Kandinsky, W.）	146
太田安雄	42	慣用色名	78
大藤　正	152, 153	顔料	29
大山　正（Oyama, T.）	144, 148, 150, 163	黄色い記章	180
オズグッド（Osgood, C. E.）		記憶色	128
	17, 160, 162, 166	記憶による等色法	119
──の情緒的意味の三因子説	195	記憶肌色	131
オースターベルク（Österberg, G. A.）	32	輝度	20
オストワルト（Ostwald, W. F.）		──純度	21
	51-52, 197	鏡映色	13
──表色系	67, 75	共感覚	148
オメガー空間	203, 205	──所有者	148
織物	86	──（様相間）効果	162
オン・オフ効果	106	強度	20
		距離（ピント）調節	32
カ行		キルシュマン（Kirschman, A.）	123
開口色	12	──の法則	124
額縁の色	120	ギルド（Guild, J.）	55
影山明子	172	ギルフォード（Guilford, J. P.）	166, 169
囲みの技法	138-139	緊張	213
可視光線	19	均等色空間	62
可視光の範囲	19	空間加重効果	144

空間色	13	高年齢者	32, 172
クフラー（Kuffler, S. W.）	35	光量子	19
クライツラー夫妻（Kreitler, H. and Kreitler, S.）	170	光量調節	32
		国際照明委員会	18, 51
グラスマン（Grassman, H.）	85	黒体	52
——の法則	85	児玉 晃	130, 131
グラデーション配色	191	コブレエンツ（Coblentz, W. W.）	98
グラニット（Granit, R.）	49	小町谷朝生	11
グレアー効果	138	固有灰	2
クレーク-オブライエン効果	122	ゴールドシュタイン（Goldstein, K.）	17, 154
クレヨン	30		
クロマ	63	コーン（Cohn, J.）	168
黒み	74, 75, 93	混色	48, 83
"け"の色	164	——円盤	88
蛍光化学灯	24	——系	51
蛍光灯	23	コーンスィート錯視	122
継時的対比	118	コンフォート・メーター	217
系統色名	78	**サ行**	
ゲシタルト心理学	93		
化粧したときの肌色	130	サイケデリック運動	199
ゲーテ（von Goethe, J. W.）	16, 142, 195	再現肌色	131
ケーニッヒ（König, A.）	95, 104	彩度	14
ケラー（Keller, H.）	2	——対比	118
眩輝	95, 204	佐川 賢	217
健康用蛍光灯	24	錯覚	121
言語色彩同定実験	186	殺菌灯	22
言語色彩同定法	180	サックス（Sacks, O.）	44
検査野	118	三原色	87, 88
顕色系	51	残効時間	106
減法混色	83, 88-90	三刺激値	56
光覚閾	143	三色型色覚	41
光覚色覚閾差	94, 97	三色説	46
光輝	13	三色配色	191, 213
光源色	11, 12	残像	108
交差文化的研究	186	シェッフェの一対比較法	210
恒常	12	シェパード（Sheppard, J. J.）	10
光浸または放散	142	ジェームソン（Jameson, D.）	47, 48
光束	20	シュルツ（Schultz, M.）	49
後退色	145	視角	103
光沢	13	視覚的言語	190
光度	20	視覚連合野	37

弛緩タイプ	213	シュヴリュール (Chevreul, M. E.)	
視感度曲線	38		123, 197, 198
視感判定	53	自由連想法	179
色覚障害	40	主観色	106
——の遺伝型式	43	主観的評価法	119
——の頻度	42	熟知の原理	214
色覚説	46	主調色による調和	200
色彩感情	189, 191	主波長	20, 59
——空間	165	シュレーディンガー (Schrödinger, E.) 51	
色彩計	13, 124	純紫軌跡	60
色彩計画	187, 199	純色	15
色彩嗜好	168	純度弁別閾値	103
——とパーソナリティ	175	照度	20
色彩象徴性格検査	175	商品の基本色	188
色彩調節	216	商品と色彩	187
色彩調和と面積	205	小面積第三色覚	104
色彩調和の区分	205	ジョルジョウニ (Giorgione)	196
色彩調和の原理	214	白石 学	149, 151, 218
色彩調和論	195-215	視力	103
色彩認知	189, 190	白み	74, 75, 93
色差表示方法	62	神経節細胞	34
色相	14	進出色	145
——打消し法	124	新生児の網膜電図	133
——環	14	心理物理学的相関	6
——対比	118	水銀灯	22, 23
色名	78	水彩絵の具	28, 30
色盲	40	錐体	32
色聴	149	——視曲線	98
色度図	58	水平細胞	34
刺激判別モデル	128	スカラー・モーメント	205
視紅	38	鈴木恒男	11
視紫	38	ステイプルズ (Staples, R.)	171
自然みのある配色	192	ステガー (Steger, J. A.)	127
室内配色	165	ステレオタイプ的態度	179
シニャック (Signac, P.)	121	素肌色	130
シャイエ (Schaie, K. W.)	175	スペクトル	29
尺度構成法	65, 70	——三刺激値	58
灼熱	13	——色	15
ジャッド (Judd, D. B.)	42, 45, 213	スベーチヒン (Svaetichin, G.)	50
シャープ (Sharpe, D. T.)	199	スペンサー (Spencer, D. E.)	197, 203
周辺視曲線	98	スメッツ (Smets, G.)	154

索引

スーラー（Seurat, G.）	121	着色材	29
制限連想法	179	——混合	83
生物学的要因説	170	中間混色	86
生理的混色	83	中心窩	32
セガンティーニ（Segantini, G.）	14	中心視曲線	98
ゼキ（Zeki, S.）	36	チョーク	30
赤緑色盲	43	調色	66
絶対光覚閾	94	塚田 敢	156, 159, 197
絶対色覚閾	94	辻本明江	165, 167, 168, 211
絶対判断法	119	デカルト（Descartes, R.）	142
折衷説	48	テラー（Teller, D. Y.）	171
全色盲	41	テレビジョンの画面	95
全視野	93	テレビジョンの色再現	132
千利休	100	電磁波	9, 19
染料	29	点描画	87
双極細胞	33	ドーヴ（Dove, H. W.）	99
測色	8	同化	126
側抑制	34, 121	透過色	12
外側膝状体	35	等価値色	201
		等黒色量	201
タ行		等彩度の調和	214
対比効果	118	同時的加法混色	84
ダイアモンド（Diamond, A. L.）	119	同時的対比	118
タイラー（Taylar, C. D.）	155	等色	7
ダ・ヴィンチ（da Vinci, L.）	195	——関数	55
ダウリング（Dowling, J. E.）	34	——相の調和	214
田口泖三郎	197	等純色量	201
多色刷り	86	等白色量	201
ダルトン（Dalton, J.）	44	等明度の調和	214
タルボ－プラトー効果	107	特殊エネルギー説	46
段階説	50	ド・フリース（Ad de Vries）	146
暖色	16, 152, 156	ドミネーター	50
単色の感情効果	161	ドール（Dorr, R.）	213
単色の好み	190	泥絵の具	30
端末効果	126	トーン	17, 77
知覚尺度構成法	65		
千々岩英彰		**ナ行**	
134, 137, 143, 157, 158, 160-162, 171, 174, 181, 182, 192, 193, 211, 212, 217, 218		長崎盛輝	198
		ナトリウム灯	23
秩序の原理	213	納谷嘉信	165, 167, 168, 210, 211
チャイルド（Child, I. L.）	177	ニコルス（Nicholls, J. G.）	35

二色型色覚	41	バーンナム（Burnham, R. W.）	22, 28
二色配色	167, 188, 191, 209, 210, 213	反対色過程説	47
二色法	132	反対色説	47, 196
日本色研配色体系	76	比視感度曲線	57, 98
日本人女性の肌色	130	ビタミンA	38, 39, 112
日本の色に関する工業規格（JIS）	52	美度係数	207
乳児の比視感度曲線	133	ヒュー	63
ニュートン（Newton, I.）	12, 29, 196	標準観察者	56
ニューホール（Newhall, S. M.）	102, 156	標準の光（標準イルミナント）A	52, 53
ネオンカラー効果	126-127	――B	53
ネオンサイン	23	――C	52, 53
ネオンフランク拡散	127	――D_{65}	23, 52, 53
ネオンリンク拡散	127	表面色	12, 13
野間清六	198	ピレーニ（Pirenne, M. H.）	96
ハ行		ビレン（Birren, F.）	146
		ファンツ（Fantz, R. L.）	135
ファンツ（Fantz, R. L.）	135	フィールド（Field, G.）	197
灰色調和	201	フェイガン（Fagan, J. F.）	134
配色観	189	フェヒナー（Fechner, G. T.）	70
配色の嗜好	191	フェリー–ポーターの法則	107
配色の美度	206	フォン・クリース（von Kries, J.）	49
ハーヴィッヒ（Hurvich, L. M.）	26, 27, 43, 47	――の二重説	49
白色光	20, 21	フォン・ベツォルト（von Bezold, W.）	127
白熱光源	21	福島邦彦	39
バークホフ（Birkhoff, G. D.）	207	フシャ（Hsia, Y.）	97, 112
薄暮視	99	物体色	12
パステル	30	物理的混色	83
肌色の記憶色	131	船津謹悟	174
波長	19	部分色盲	41
――と色相	14	不変色相	100
――補正法	124	ブーマン（Bouman, M. A.）	50
発光色	12	プリースト（Priest, I. G.）	103
パッケージの色	188	プリズム	29
パーディ（Purdy, D. M.）	100	フリッカー	107
バートルソン（Bartleson, C. J.）	129	ブリュッケ（Brücke, E.）	196
バーライン（Berlyne, D. E.）	178	プルキンエ（Purkinje, J. E.）	98
バランス・ポイント	206	――現象	98
ハリー（Harry, S.）	128	ブレイクスリー（Blakeslee, S.）	3
"はれ"の色	164	ブローカ–スルツェ現象	108
バーロウ（Barlow, H. B.）	142, 143	分光	28

――吸収率	27	マッカダム（MacAdam, D. L.）	60
――組成	8	マッカロウ（McCollough, L.）	109
――透過率	27	マッキンレー（McKinley, R. W.）	19, 22
――反射率（曲線）	26	マックスウェル（Maxwell, I. C.）	29
――分布	21, 52	――の実験	84
平面色	13	マックニコル（McNichol, E. F.）	50
ヘクト（Hecht, S.）	96, 97, 112	マックレランド（McClalland, D.）	178
ベツォルト拡散効果	127	――の蝶型曲線仮説	178
ベツォルト-ブリュッケ現象	47, 48, 100	マット	28
ベナリー（Benary, W.）	126	マッハ（Mach, E.）	4, 120, 141, 154
ヘリング（Hering, K. E. K.）	47	――の帯	120, 121
――の反対色説	68	マリオット（Mariott, E.）	33
ヘルソン（Helson, H.）	127	マンセル（Munsell, A. H.）	63
ヘルムホルツ（Helmholtz, H. L. F.）	29, 101	――の色相環	63
辺縁対比	138	――表色系	63
偏見	179	――立方体	64
ベンハムのこま	106	水絵の具	30
弁別閾値	102	ミューラー（Müller, J.）	46
ボイントン（Boynton, R. M.）	50	ミルトン（Milton, J.）	2
方位随伴色残効	109	無彩色	14
放散	142	村上直子	128
放射	18	ムーン（Moon, P.）	197, 203-207, 213
――エネルギー	9	明順応	112
――束	20	――曲線	98
飽和度	93	明所視曲線	98
ぼかしの技法	139	明度	15
星野昌一	197	――対比	118
補色	14	明白性	214
――主波長	60	目の構造	31
――対比	118	面色	13
――調和	196, 198	盲点	3, 32
ポスターカラー	30	網膜静止像	93
細野尚志	197, 209	モジュレーター	45
ポープ（Pope, A.）	208	モダール間現象	148
ポリヤック（Polyak, S. L.）	33	**ヤ行**	
ホログラフィー芸術	25		
マ行		矢代幸雄	198
		柳瀬徹夫	165, 166
マス効果	144	山崎勝弘	197
松岡　武	176	山中俊夫	123, 124
		夜盲症	40

ヤング（Young, T.）	29
有彩色	14
誘導野	118
夕焼け	90
ユニーク色	75
ユニフォームの色	189
様相間効果	148
ヨハンソン（Johansson, T.）	74

ラ-ワ行

ライト（Wright, W. D.）	90
ラッド・フランクリン（Ladd Franklin, C.）	48
――の発生説	48
ラトリフ（Ratliff, F.）	35, 121
ラマチャンドラン（Ramachandran, V. S.）	3, 4, 115
ランド（Land, E. H.）	132
ランドホルム（Lundholm, H.）	146
ランドルト環	136
リヒター（Richter, M.）	72
リーブマン効果	137, 214
リュッシャー・カラー検査	175
両眼間等色法	119
両極形容詞対尺度	160
輪星の調和	202
臨界融合頻度	107
燐光	24
類同の原理	214
冷光源	23
レ・グランド（Le Grand, Y.）	105, 107
レーザー光線	24
連合細胞	34
ローラー夫妻（Lawler, C. O. and Lawler, E. E.）	169
ロールシャッハ検査	175
和田陽平	126, 128
ワルド（Wald, G.）	39, 40

アルファベット順

[a]-[b]

Abney effect	101
absolute chromatic threshold	94
absolute luminance threshold	94
achromatic color	14
activity of color	16
additive mixture	83
advancing color	145
after image	108
anomalous trichromatism	41
aperture color	12
arousal theory	178
assimilation	126
balance point	206
Benham top	106
Bezold-Brücke phenomenon	100
Bezold spreading effect	127
binocular color matching method	119
bipolar cell	33
blackbody	52
blackness	93
blind spot	32
brightness (=luminousity)	15
Broca-Sulzer phenomenon	108
butterfly curve hypothesis	178

[c]

central fovea	32
CIE (Commission Internationale de l'Éclairage)	18, 51
CIE 表色系	51
Chroma	14, 63
chromatic color	14
chromaticity diagram	58
chromaticness	93
color adaptation	113
color appearance system	51
color assimilation phenomenon	127

color attractiveness	137	**[d]-[g]**	
color cognition	189		
color communication	187	dark adaptation	110
color constancy	12,116	dichromatism	41
color contrast	123	difference threshold	102
color control	216	DIN 表色系	72
color matching	7,66	dispersion of rays	28
—— functions	55	dominant hue	200
color mixing system	51	dominant wavelength	20
color mixture	83	dominator	50
color order system	76	dyes	29
color planning	187	electromagnetic wave	9
color preferrence	168	end effect	126
color pyramid test	175	factor analytical studies	165
color rendering property	23	familiarity	214
color solid	16	Ferry-Porter's law	107
color space of feeling	165	film color	13
color stimulus	9	flat color	13
color symbolism	187	flicker	107
color temperature	52	free association	179
colorant	29	full color	15,68
—— mixture	83	ganglion cell	34
colored hearing	149	Ganzfeld	93
colorimetric purity	21	Gestalt psychology	93
colorimetry	8	glare	95,204
colorist	90	—— effect	138
comfort meter	217	glow	13
comfortableness	17	gradation	198
complementary color	14	**[h]-[l]**	
complementary dominant wavelength	60		
cone	32	Hue	14,63
constancy	12	—— cancellation method	124
contrast effect	118	—— circle	14
controlled association	179	incandescence lamps	21
cool color	16	inducing field	118
cool lamps	23	intensity	20
cornsweet illusion	122	intermodal phenomenon	148
Craik-O'Brien effect	122	intermodality effect	148
critical fusion frequency, CFF	107	illuminance	20
		illusion	122
		invariable hues	100

iodopsin	38	object color	12
irradiation	142	on-off effect	106
isochromes	201	order	212
isotints	201	orientation contingent aftereffect	109
isotones	201	OSA	6
isovalents	201	PCCS 表色系	76
JOSA	203	phosphorescence	24
Kirschman's Law	124	photo chromatic interval	94
Landolt ring	136	photon	19
laser beam	24	photopic vision curve	98
lateral geniculate body	35	pigments	29
lateral inhibition	34	potency of color	17
—— theory	121	psychederic movement	199
Liebmann effect	137	Purkinje phenomenon	98
light adaptation	112	radiant energy	9
light source color	12	radiant flux	19
lightness	15, 93	radiation	18
luminance	20	receding color	145
luminosity	13	relative luminous efficiency curve	57
luminous color	12	relaxed type	213
luminous efficiency curve	38	*RGB* 表色系	54
luminous flux	20	ring stars	202
luminous intensity	20	rod	32
Lüscher color test	175	Rorschach test	175
lustre	13		

[m]-[r]

[s]-[u]

		saturation	93
Mach's band	120	scalar moment	205
marginal contract	138	scotopic vision curve	98
mass effect	144	SD 法	17, 146, 147, 160, 161, 167
mat	28	similarity	214
memory color	128	simultaneous color contrast	118
mesopic vision	99	spatial summation effect	144
mirrored color	13	spectral absorptance	27
moderation theory	177	spectral color	15
modulator	50	spectral composition	8
monochromatism	41	spectral distribution	21
NCS 表色系	74	spectral reflectance	26
neon color effect	127	spectral transmittance	27
neon flank spreading	127	spectrum	29
neon link spreading	127	stabilized image	93

stage theory	50	unambiguity	214
stimulation differential method	128	under tone	213
subjective color	106	uniform color space	62
subtractive mixture	83	unique color	75
successive color contrast	118	**[v]-[x]**	
surface color	12		
synesthesia	148	Value	63
synesthete	149	visibility	136
Talbot-Plateau effect	107	visible rays	19
tension	213	visual language	190
test field	118	visual purple (=rhodopsin)	38
three of color	16	volume color	13
three primaries	88	warm color	16, 156
threshold-size curve	143	wave length (λ, ラムダー)	19-20
tone	17, 78	―― compensation method	124
transparent color	12	whiteness	93
tree of color	16	word-color matching test	180
tristimulus values	56	*XYZ* 表色系	56
two primary color projections	132		
UCS 色度図	61	ω-space	203
UCS 表色系	60, 61		

著者略歴

千々岩英彰（ちぢいわひであき）
現　在　武蔵野美術大学造形学部名誉教授
　　　　日本大学芸術学部非常勤講師

1938年　佐賀県に生れる
1961年　東京教育大学教育学部特殊教育学科卒業
1969年　東京都立大学大学院博士課程修了（心理学専攻）．専門
　　　　は色彩心理学
　　　　日本色彩研究所研究員，武蔵野美術大学講師，助教授を
　　　　経て，1979年教授
　　　　日本色彩学会理事，評議員を歴任．現在，日本デザイン
　　　　学会評議員，日本小児科医会理事
著　書　『図解　世界の色彩感情事典』(1999, 河出書房新社)，
　　　　『人はなぜ色に左右されるのか』(1997, 河出書房新社)，
　　　　『色を心で視る』(1984, 福村出版) ほか

色彩学概説

　　2001年 4 月25日　初　版
　　2024年10月10日　第18刷

［検印廃止］

著　者　千々岩英彰

発行所　一般財団法人　東京大学出版会

代表者　吉見俊哉
〒153-0041 東京都目黒区駒場 4-5-29
電　話 03-6407-1069・振　替 00160-6-59964

印刷所　三美印刷株式会社
製本所　誠製本株式会社

ⓒ2001 Hideaki Chijiiwa
ISBN 978-4-13-082085-1　Printed in Japan

JCOPY 〈出版者著作権管理機構　委託出版物〉
本書の無断複写は著作権法上での例外を除き禁じられています．
複写される場合は，そのつど事前に，出版者著作権管理機構
（電話 03-5244-5088, FAX 03-5244-5089, e-mail : info@jcopy.or.
jp）の許諾を得てください．

| 色彩用語事典 | 日本色彩学会 編 | 菊判/646頁/15000円 |

新編 色彩科学ハンドブック［第3版］
　　　　　　　　　日本色彩学会 編　菊判/1792頁/40000円

色彩学入門　色と感性の心理
　　　　　　　　　大山　正・齋藤美穂 編　A5判/216頁/3200円

建築意匠講義　増補新装版　香山壽夫 著　B5判/280頁/4800円

建築を語る　　　　　　　安藤忠雄 著　菊判/264頁/2800円

連戦連敗　　　　　　　　安藤忠雄 著　菊判/232頁/2400円

まなざしのレッスン　1 西洋伝統絵画
　　　　　　　　　　　　三浦　篤 著　A5判/296頁/2500円

まなざしのレッスン　2 西洋近代絵画
　　　　　　　　　　　　三浦　篤 著　A5判/292頁/2700円

歌舞伎美論　　　　　　　河竹登志夫 著　A5判/272頁/4800円

インダストリアルデザイン講義
　　　　　　　　　　　　青木史郎 著　A5判/388頁/4600円

エコデザイン　　浅井治彦・益田文和 編　菊判/136頁/2600円

ここに表示された価格は本体価格です．御購入の際には消費税が加算されますので御了承下さい．